レリバンスを構築する 歴史授業の論理と実践

― 諸外国および日本の事例研究 ―

二井 正浩 編著

風間書房

は じ め に

　本書は2022年３月に刊行した『レリバンスの視点からの歴史教育改革論─
日・米・英・独の事例研究─』（風間書房）の後継書である。子どもにとって
学ぶ意味や意義のある歴史授業とはどのようなものか、そしてそれはどのよ
うに実現されうるのかといった、古くて新しいレリバンス（relevance）の問
題について、前著では日本および米・英・独における政府、研究者、NGO
などによるカリキュラムやプログラム改革の分析を中心に論じた。本書では、
これらの分析をさらに深めるとともに、国内外の授業実践の分析や、授業づ
くりを取り上げる。

　全体は、３部構成となっている。「第１部　レリバンスを重視する諸外国の
歴史授業構成と実践」では、実際に国外の教室で行った授業観察や情報収集、
教師への聞き取り等を題材に、子どもと歴史授業との間にレリバンスがどの
ように構築されているかを分析する。具体的には、第１章でカナダ・オンタ
リオ州の高校教師の実践した「ジェノサイドと人道に対する罪」コース、第
２章で米国・マサチューセッツ州の高校教師の実践した「世界史」コースを
取り上げ、授業の事実からレリバンス構築の論理の抽出を試みる。

　「第２部　諸外国の歴史教育に見られるレリバンスの論理」では、英・米・
独の歴史教育のプロジェクトやカリキュラムに着目し、レリバンス構築の論
理を究明する。まず、第３章では1970年代の英国でSCHP（学校評議会歴史プ
ロジェクト）が提起した歴史シラバスと評価（テスト）問題を手がかりに、レ
リバンスの構築を目指したニュー・ヒストリーの論理を明らかにする。次に
第４章ではシビックエンゲージメントの視点に基づく歴史教育改革論を提起
している米国のJ・D・ノークスの理論と彼の開発した米国史カリキュラム
を検討し、「性向」概念に着目した市民的レリバンス構築の可能性と意義に

ついて考察する。第5章では近年のドイツにおけるM・ダウミュラーらのレリバンスに基づく歴史学習構想に着目し、生徒のレリバンスを重視することで、コンピテンシー志向の歴史教育の課題を克服する歴史教育の可能性について考察する。そして第6章ではドイツの歴史教育における歴史文化学習の取り扱いについて、多様な単元やカリキュラムの事例を分析し、レリバンスに関わる重要事項である「現在との関連化」という視点から、それぞれの可能性を検討する。

　「第3部　レリバンスを重視する歴史授業の創造と展望」では、日本における歴史授業の改革に焦点をあてる。第7章では中学校「歴史的分野」と高等学校「世界史A」で実施された授業実践を題材に、歴史教育とレリバンスの関係を分析し、子どもにとっての歴史授業の有意味性について検討する。また第8章ではラーニング・プログレッションズ（LPs）研究における駆動問題と駆動性の理論を導入した高等学校「世界史探究」の授業を設計し、実践を通して生徒が構築した「問い」について学習レリバンスの視点から分析する。そして第9章では英国の中等教育資格試験（GCSE）から得られた知見を生かして、英国の歴史教育と日本の「歴史総合」の類似点を整理し、レリバンスの構築を意図した高等学校「歴史総合」の授業モデルを設計している。

　これまでの日本の歴史教育において、レリバンスは手段と見なされることが多かった。しかし、子どもと歴史との間にレリバンスを構築すること自体も歴史教育の本質的な目標であろう。本書がその「構築」のための研究や実践に弾みをつけるものとなることを願っている。

　　　　　　　　　　　　　　　　　　　　　　　　　　　　　　　—井正浩

目　次

第3部 レリバンスを重視する歴史授業の創造と展望

第1部

レリバンスを重視する諸外国の歴史授業構成と実践

第1章　レリバンスの構築をめざす
　　歴史カリキュラムの内容構成と実践
―カナダの歴史教師R・フロスマンの
　「ジェノサイドと人道に対する罪」コースの場合―

1.「ジェノサイドと人道に対する罪」コースの概要

　ロバート・フロスマン（Robert Flosman）は、2007年にトロント大学表彰教師賞（University of Toronto Recognizing Teacher Award）、2017年にカナダ総督優秀歴史教師賞（Governor General's History Award for Excellence in Teaching）を受賞するなど、これまで多くの機関からその実践が評価されているカナダの歴史教師[1]である。また、民主主義社会の市民育成をめざし、ホロコーストをはじめとする社会的なトラウマをもたらす歴史、いわゆる「困難な歴史」を扱うカリキュラムを開発するNPO「歴史と私たち自身に向き合う（Facing History and Ourselves：以後FHAO）」の賛同者でもある[2]。ここでは、彼がオンタリオ州のウォーターダウン地区高等学校（Waterdown District High School：以後WDHS）で実践している「ジェノサイドと人道に対する罪（Genocide & Crimes Against Humanity）」コースを取り上げ、生徒とのレリバンスを構築[3]する歴史カリキュラムがどのようにして構成され、どのような授業が実践されているかについて考察し、そこに見られるレリバンス構築の論理を明らかにする。なお、本章は2019年9月に実際にフロスマンの授業を観察した際の記録と、その後、彼から提供された資料・情報をもとに考察を行う[4]。

　この「ジェノサイドと人道に対する罪」コースは、フロスマンが第11学年[5]の生徒を対象に開発・実施しているもので、オンタリオ州の社会科「カナダと世界の学習（Canadian and World Studies）」の第10学年科目「第一次世

界大戦以降のカナダ史（Canadian History since World War I）」[6]を原則として履修した生徒の選択科目として設計されている[7]。そして、それは第11・12学年の「カナダと世界の学習」[8]で、地理、歴史、政治、法律、政策に関する各分野に分散して扱われていたジェノサイドを歴史学習として統合する独自のプログラムとなっている。

　表1は、2019年9月から半年間行われた「ジェノサイドと人道に対する罪」コースの学習活動の一覧であり、コースの最初に生徒に提示されたものである[9]。ここには、生徒が取り組む学習課題①〜⑧について、その概要、教師がねらいとしている思考概念、成績評価の際のウェイトが示されている。また、表2はその学習活動計画カレンダーである[10]。これを見ると、このコースは9月6日にスタートし、翌年1月23日まで、冬休みや祭日・教師研修日を除く毎日（月曜日〜金曜日）実施されていることが分かる[11]。この表1と表2からは、このコースが、生徒の取り組む活動①〜⑧と、教師が行う通常の授業（講義）の組み合わせによって構成されていることも分かる。

　表3は教師から生徒に配付された教材冊子の項目立てに、生徒が取り組む諸活動①〜⑧が実施されるタイミングを挿入して示したもので、このコース

表1　「ジェノサイドと人道に対する罪」で生徒が取り組む学習活動とねらい

学習活動（Requirements）	ねらいとする思考概念 （Overall Expectations）	評価%
①個人的所感1（Journal 1）： あなたが他の人にレッテルを貼った時、または貼られた時のことを説明する。そして、そのことがあなたやあなたがレッテルを貼った人（人々）に及ぼした影響の大筋を述べる。	・変化と継続（社会制度が不平等や安定にどのように貢献できるか分析する。） ・社会・経済・政治・法の構造（社会構造と制度の間の力関係の変化を分析する。） ・コミュニティ：発展と相互作用（「包括的」または「排他的」な社会の特徴を分析する。）	10
②ナチスの関係者についての発表 　　　（Nazi Presentations）： 加害者であるナチスの関係者をひとりずつ調べ、なぜ彼らが加害者	・変化と継続（ジェノサイド・人道に対する罪・戦争犯罪につながる社会の変化を分析する。またそのような極端な結果につながる社会の崩壊の原因を分析する。）	10

となっていったのか（動機・決断）について発表する。	・社会・経済・政治・法の構造（経済的な力がどのようにしてジェノサイド・人道に対する罪・戦争犯罪を促進、正当化し、それらを打ち消してきたかを分析する。） ・あらゆる歴史的探究の方法	
③追悼碑と私の主張 （Monument and Spoken word）：ジェノサイドについての記念碑を描き、実際に制作して説明する。また、自分の身の回りにある諸問題（環境・ジェンダーサイド・学校など）について意見をまとめて発表する。	・市民性と継承（社会的伝統・価値・宗教・芸術形式を継承するためのジェノサイドの記憶の重要性の意味を理解し説明する。）	10
④テスト1：知識が問われる。	・コミュニティ：発展と相互作用（ジェノサイドを経験した社会における社会集団間の相互作用を分析する。）	7.5
⑤博物館活動・個人的所感2 （Museum・Journal 2）：博物館活動を行い、その後何を学んだか、展示物の制作や地域との交流を通してどのような歴史を認識したか、どんな苦労があったかなどを報告する。	・歴史的探究の方法（①探し、集め、評価を加えるための歴史的探究の方法を用い、様々な史資料から調査の材料を揃える。②歴史の探究にふさわしい概念と方法を用いて、調査によって得られた情報を解釈し分析する。③ふさわしい用語と概念、そして様々なコミュニケーションの手段を用いて歴史的探究の結果を伝える。）	15
⑥「行動者」についての発表 （Upstander Presentations）：ある目的のため、人々を助けるために立ち上がり、変化をもたらそうとした人々をひとりずつ調べ、人間の行為の選択・レガシーについて発表する。	・社会・経済・政治・法の構造（政治的なイデオロギー・組織・運動などが、個人や集団の権利を守ったり損なったりしてきた方法を分析する。） ・市民性と継承（ジェノサイドの前・中・後の権威に対する個人と集団の間の関係の変化を分析する。市民の権利・特権・義務とジェノサイドの時の人権保護の影響の程度について評価を加える。） ・あらゆる歴史的探究の方法	10
⑦テスト2：知識が問われる。	・コミュニティ：発展と相互作用（ジェノサイド後のコミュニティの再建に活用される様々な事例を分析する。）	7.5
⑧総まとめ：希望プロジェクト（Hope Project）の発表		30

（①～⑧は筆者が付加した。）

表2　「ジェノサイドと人道に対する罪」コースの学習活動計画カレンダー

月曜日	火曜日	水曜日	木曜日	金曜日
2019年9月5日まで夏休み				2019年9月6日 授業初日
9月9日	9月10日 ①個人的所感1	9月11日 ①個人的所感1	9月12日 ①個人的所感1	9月13日
9月16日	9月17日	9月18日 二井・観察日 ⑤博物館活動（準備）	9月19日	9月20日
9月23日 ⑤博物館活動（準備）	9月24日	9月25日	9月26日	9月27日 ②ナチスの関係者についての発表（準備）
9月30日 ②ナチスの関係者についての発表（準備）	10月1日 ②ナチスの関係者についての発表（発表）	10月2日 ②ナチスの関係者についての発表（発表）	10月3日 ②ナチスの関係者についての発表（発表）	10月4日 ⑤博物館活動（準備）
10月7日 ⑤博物館活動（準備）	10月8日	10月9日	10月10日	10月11日
10月14日 Thanks Giving Day	10月15日 ⑤博物館活動（準備）	10月16日	10月17日	10月18日
10月21日 ⑤博物館活動（準備）	10月22日	10月23日	10月24日	10月25日
10月28日 教師研修日	10月29日	10月30日	10月31日 ③追悼碑と私の主張	11月1日 ⑤博物館活動（準備）
11月4日	11月5日 ④テスト1	11月6日	11月7日 ⑤博物館活動（準備）	11月8日 ⑤博物館活動（準備）
11月11日 戦没者追悼記念日 ⑤博物館活動（公開・個人的所感2）	11月12日 ⑤博物館活動（公開・個人的所感2）	11月13日 ⑤博物館活動（公開・個人的所感2）	11月14日 ⑤博物館活動（公開・個人的所感2）	11月15日 ⑤博物館活動（公開・個人的所感2）
11月18日 ⑤博物館活動（公開・個人的所感2）	11月19日 ⑤博物館活動（公開・個人的所感2）	11月20日 ⑤博物館活動（公開・個人的所感2）	11月21日 ⑤博物館活動（公開・個人的所感2）	11月22日 ⑤博物館活動（片付け・個人的所感2）
11月25日	11月26日	11月27日	11月28日	11月29日
12月2日	12月3日	12月4日	12月5日	12月6日 教師研修日
12月9日	12月10日	12月11日	12月12日	12月13日 ⑥「行動者」についての発表（準備）

12月16日 ⑥「行動者」についての発表（準備）	12月17日 ⑥「行動者」についての発表（発表）	12月18日 ⑥「行動者」についての発表（発表）	12月19日 ⑥「行動者」についての発表（発表）	12月20日
12月23日	2019年12月24から2020年1月8日まで 冬休み		1月9日 ⑦テスト2	1月10日
1月13日 ⑧総まとめ：希望プロジェクト（発表）	1月14日 ⑧総まとめ：希望プロジェクト（発表）	1月15日 ⑧総まとめ：希望プロジェクト（発表）	1月16日 ⑧総まとめ：希望プロジェクト（発表）	1月17日 ⑧総まとめ：希望プロジェクト（発表）
1月20日 ⑧総まとめ	1月21日 ⑧総まとめ	1月22日 ⑧総まとめ	1月23日 授業最終日 ⑧総まとめ	1月24日 期末試験週間初日
1月24〜30日 期末試験週間、1月31日 教師研修日、2月1〜29日 春休み				

（■■■：授業のない日、①〜⑧は表1の番号と一致するように筆者が付加した。基本的に授業は月〜金の毎日75分間行われる。表には特に生徒が中心になって行う学習活動を行う際の内容が記されている。）

表3　「ジェノサイドと人道に対する罪」コースのカリキュラム（生徒用教材冊子の項目と諸活動）

○オリエンテーション
○学習課題とねらい
○希望プロジェクトについての指示
　　　　　　　　　　【①個人的所感1】
第1部　ジェノサイド（集団大量虐殺）
○アルメニア：現代における最初のジェノサイド
○ジェノサイドの定義
○ホロコースト
・反ユダヤ主義
・ヴァイマル共和国 1919-1933年
・「抵抗者」「行動者」「加害者」「傍観者」
　　　　【②ナチスの関係者についての発表】
・優生学
・ニュルンベルク法
・人種主義国家の建設 1933-1945年
・水晶の夜
・強制収容所
・ニュルンベルク裁判 1945-1948年
○ソ連：スターリンの大粛清とホロモドール
○日本：南京事件
○中国：毛沢東の「大躍進」「文化大革命」

○カンボジア：ポル・ポトとクメール・ルージュ
○北朝鮮
○ルワンダ虐殺
○ボスニアの民族浄化
○ジェンダーサイド（gendercide）
　　　　　　　【③追悼碑と私の主張】
　　　　　　　【④テスト1】
　　　　【⑤博物館活動・個人的所感2】

第2部　スタンディング アップ
○「抵抗者」：積極的に戦った人々
・オスカー＝シンドラー
○「行動者」と客観性
・ジョン＝ラーベと杉原千畝
○「行動者」と反体制派
・ソフィ＝ショルと「白いバラ」運動
・ヴァーツラフ＝ハベル、
　　　　アウン＝サン＝スー＝チー
　　　　　【⑥「行動者」についての発表】
○ミルグラム実験とスタンフォード監獄実験
　　　　　　　【⑦テスト2】
　　　　【⑧総まとめ：希望プロジェクト発表】

（【　】は表1・表2に示された①〜⑧の学習活動の実施タイミングを示す。フロスマン提供の資料に筆者が付加した。）

のカリキュラムに相当する[(12)]。

2．生徒が取り組む諸活動とレリバンス

　J・S・ブルーナー（Bruner）は、教育におけるレリバンスについて「一つは、我々人類の存亡に関わる世界が直面している諸問題との関連としての社会的レリバンス（social relevance）。もう一つは、自己の実存的尺度に基づく真実・興味・意味といった個人的レリバンス（personal relevance）」[(13)]と説いている。ここでは、生徒が取り組む諸活動①〜⑧について、それぞれ具体的にどのような実践がなされ、どのようなレリバンスが構築されているかについて整理する。

①個人的所感 1 （Journal 1）

　この活動はコースの最初の週に行われ、このコースの導入として位置づけられている。フロスマンは生徒に「あなたが他の人にレッテルを貼った時のこと、また他の人からレッテルを貼られた時のこと、そして、そのことがあなたにレッテルを貼られた（貼った）人やあなたに及ぼした影響について説明して下さい」という指示を行い、生徒に自己の経験を語らせ、クラスで話し合いをさせる。フロスマンはこの活動について「このコースを始めるにあたり、"レッテルを貼る" という行為がいかに破壊的なものであるかについて考えさせます。"レッテルを貼る" という行為をリアルに感じさせるため、生徒たちがこれまでどんなレッテルを貼られ、それが自分の人生にどのような影響を与えたか、またレッテルを貼ることが他人にどのような影響を与えたかを話し合います。ただ、自らの個人的な経験を振り返ることは、生徒たちにとって決して愉快なことばかりではありません。実際、小学生の頃にいじめっ子にネガティブなレッテルを貼られた時の経験を語る生徒も多くいます。また、今現在、自分たちが周囲の人にレッテルを貼り続けていることに気づく生徒もいます。」と説明している[(14)]。

　コースの導入としてここでは、生徒一人ひとりがジェノサイドを構成する主要な要件である「ラベリング（レッテル貼り：Symbolization）」という概念を、自らの個人的な経験（歴史）と結びつける。この活動を通して、生徒は「被害者」としての苦痛と同時に、自分自身も被害者のみならず「加害者」「傍観者」にも容易になりうる危うさを実感を伴って想起することになる。そして、「ラベリング」が自分とは決して無関係でない「自分事」の問題であると認識し、「ラベリング」の問題との「個人的レリバンス」に気付くようになる。

②ナチスの関係者についての発表（Nazi Presentations）

　この活動は、「第1部　ジェノサイド」の「ホロコースト」の単元で実施するもので、ナチスに同調して積極的に協力し、「加害者」としてラベリングされている人物を挙げて、一人ずつ各生徒に調べさせ、クラスで発表させる活動である。フロスマンは調査対象として、エルンスト・レーム、イルゼ・コッホ、ヨセフ・ゲッペルス、ハインリッヒ・ヒムラー、ルドルフ・ヘス、アルベルト・シュペーア、ラインハルト・ハイドリヒ、イルマ・グレーゼ、ハンナ・ライチュ、ヘルマン・ゲーリング、レニ・リーフェンシュタールなどを例示するが、生徒はその他の人物を調べることもできる。発表の準備には2時間の授業時間が充てられ、発表では該当人物の経歴・任務・出来事などを紹介し、特に「加害者」となった動機を明らかにすることが必須とされている。また、同時に調査に伴って生じた疑問があればそれも探究し、その成果もプレゼンテーションするよう指示がなされている[15]。

　表4はフロスマンが生徒に提示しているこの活動の評価のルーブリックである[16]。これを見ると、この活動が該当人物の背景について的確に調べ、記録として提示していること、そして該当人物が「加害者」となった動機について理解し、プレゼンテーションを通じて適切に説明することが重視されていると分かる。

表4　ナチスの関係者についての発表の評価ルーブリック

段階	調査内容・知識 （Research）	プレゼンテーション （Presentation）	動機（Motivation）
4以下	該当人物についてのこれまでの研究を反映していない。人物の背景がわからない。記録がない。	適切な知識を示さず、熱意やプレゼンテーションの能力が伝わってこない。	個人の動機について結論を出そうとしない。
5	該当人物についてのこれまでの研究を十分に反映していない。人物の背景を十分に理解していない。記録が不十分である。	基本的なプレゼンテーション能力を発揮し、テーマに対する基本的な理解を示している。	個人の動機についてあまり理解していない。
6	該当人物について十分に調べている。人物の背景を最低限理解している。記録は十分である。	プレゼンテーションの簡単なスキルを発揮し、テーマに対する理解を示している。聞き手をある程度惹きつけることができる。	個人の動機について結論に達しようとしている。
7	該当人物についてよく調べている。人物の背景を理解している。記録は完全である。	良いプレゼンテーション能力を発揮し、テーマについてしっかり理解している。聞き手を惹きつけることができる。	個人の動機についてうまく説明することができる。
8～10	該当人物について徹底的に調べている。人物の背景を完全に理解している。記録は卓越している。	卓越したプレゼンテーション。素晴らしいコミュニケーション能力と、テーマに対する鋭い理解を示している。聞き手の心を強く惹きつける。	個人の動機について十分に理解し、その判断の背後にある理由を説明することができる。

　この活動において、「動機」の調査が必須とされたのは、「加害者」も決して異常な人物ではないこと、自分と同じような普通の人間が「加害者」とラベリングされるような行為者に変容したことを理解させることが大きなねらいであったと考えられる。これは、生徒自身にも「加害者」に変容する可能性があることを認識させることになり、「加害」の問題が決して他人事ではなく、自分とレリバンス（「個人的レリバンス」）のある問題であることを意識させるものとなっている。

③追悼碑と私の主張（Monument and Spoken word）

　10月末に行われるこの活動は、「第1部　ジェノサイド」のまとめであり、生徒はジェノサイドの犠牲者への追悼の意を、制作活動（追悼碑制作）か言語活動（私の主張）で表現する。フロスマンはこの活動の目的を「ジェノサイドを追悼し、世界に起きている諸問題に対して発言すること」と説明し、「追悼碑制作の場合は芸術的で感覚的、主張として表現する場合は詩的で文学的な活動になるが、生徒それぞれが得意ないずれかのスタイルを選んで表現する。（中略）この活動は準備のために授業時間を使用せず、すべて自分ひとりで授業外で準備し、授業でその発表や展示を行う」と説明している[17]。

図1　生徒の描いた追悼碑

　作業にあたり、フロスマンは追悼碑を作成する生徒には、世界各地の追悼碑を紹介し、追悼碑に求められる要件、つまりジェノサイドの犠牲者や追悼碑を訪れる人のために配慮すべきことについて考えさせ、発展的でオリジナルな追悼碑を構想し、絵画や模型で表現するよう指示している。また、主張を行う生徒には、隠喩・直喩・擬人化といった技法を少なくとも一つずつ用いるように指示し、YouTubeの事例[18]などを紹介しながら主張をまとめるように指導している[19]。**図1**はこの活動で生徒が描いた追悼碑の一例である[20]。

　また、**表5**はフロスマンが生徒に提示しているこの活動の評価のルーブリックである[21]。これを見ると、追悼碑については制作物の創造性・芸術性の他に、追悼碑としての要件が作品に反映されていることが重視されていると分かる。また、主張については聞き手の興味や関心を引き出すコミュニケ

表5　「追悼碑制作」と「私の主張」の評価ルーブリック

段階	追悼碑制作	私の主張
4以下	創造性がとぼしく、切り貼りしただけ、または急いで描いた粗悪なもの。記念碑の構成要素、犠牲者や訪問者への配慮が満たされていない。	聞き手との関与が全くない。プレゼンテーションが不明瞭で準備がない。信念や意見を裏付ける証拠を欠いている。詩的な仕掛けの試みが全くない。
5〜6	創造性をいくらか発揮している。記念碑の構成要素の整理が不十分で、犠牲者や訪問者のことをほとんど考えていない。	聞き手が関与を感じられない。プレゼンテーションが不明瞭で準備が乏しい。信念や意見を裏付ける証拠が乏しい。隠喩・直喩・擬人化などの試みがない。
7	ビジュアルはある程度の創造性が見られる。記念碑の構成要素の整理が試みられている。犠牲者や訪問者のことを考え、ある程度の配慮がなされている。	一部の聞き手が関与を実感できる。プレゼンテーションは十分に明確であり、準備もされている。信念や意見を裏付ける証拠が限定的である。
8	すべての要素が創造的で視覚的にも魅力的である。創造性と配慮を伴って描かれ、記念碑の構成要素はしっかりと整理され、犠牲者や訪問者への配慮がなされている。	聞き手の関与を引き出すことができている。プレゼンテーションは明確であり、準備もできている。信念や意見を裏付ける確かな証拠がある。隠喩・直喩・擬人化などが試みられている。
9〜10	傑出している。芸術性が極めて優れている。プロジェクトの意義を高めるために大変な努力をしている。美しい創造性と配慮を伴って描かれ、記念碑の構成要素はしっかりと整理され、犠牲者やその親族、さらに作成物の材料や位置が大変良く配慮されている。	聞き手の関与を最大限に引き出している。プレゼンテーションは明確であり、多大な準備がなされている。絶対的な信念や意見を裏付ける確固たる証拠がある。隠喩・直喩・擬人化などが効果的に用いられている。

ーション技能、隠喩・直喩・擬人化などの表現技能の他に、主張が独善的なものでなく、確固たる証拠をもとにしていることが重視されていると分かる。

　この活動は、ジェノサイドを単なる知識としてではなく、生徒に社会や世界が抱える深刻な問題として、ジェノサイドを追悼させ、表現させようとしている。その意味で、この創作活動は、ジェノサイドを「自分事」として生徒にとらえさせ、自分とジェノサイドという問題との間のレリバンス（「社会的レリバンス」）を意識させるものとなっている。

④テスト1

　「第1部ジェノサイド」の終了時に行われるテスト1では、フロスマンの授業や生徒用教材冊子、ナチスの関係者についてのプレゼンテーションの内容などから、アウシュビッツ・ビルケナウで起きたこと、ホロコーストで600万人のユダヤ人が死亡したことなどの一般的な知識を確認する。出題は多肢選択式や記述式で行われる。例えば「ジェノサイドの8段階のうち4つの段階を使ってホロコーストがなぜ起ったかについてを概説しなさい」といった出題では、生徒はスタントン（G. H. Stanton）のジェ

表6　スタントンのジェノサイドの8段階

1	**二分割する（Classification）** 人間を「我々」と「彼ら」に二分割すること。
2	**名づける（Symbolization）** 「我々」と「彼ら」に名前を付与すること。例えば、「我々」をドイツ人、彼らを「ユダヤ人」など。
3	**非人間化する（Dehumanization）** 「彼ら」を人間ではない存在と位置づけること。「人間ではない存在」と位置づけられた集団の構成員は、動物、害虫、昆虫、病気と同類と見なされる。
4	**組織する（Organization）** 組織すること。例えば、民兵を動員すること。
5	**分離する（Polarization）** 「我々」と「彼ら」の間の交わりを断つこと。例えば、異なる集団間の結婚を禁止すること。
6	**備える（Preparation）** 備えること。例えば、暗殺リストを作成したり、財産を没収したり、収容所に隔離したりすること。
7	**絶滅させる（Extermination）** 「彼ら」に属する構成員を大量に殺害すること。
8	**否定する（Denial）** 証拠を隠蔽すること。例えば、共同墓地を掘り返したり遺体を焼却したりすること。

ノサイドの8段階モデル（**表6**）[22]を準拠枠とする指示に対応しながら、学習したことを生かし、歴史的な史料を証拠として用いて、説明することが求められている[23]。

⑤博物館活動・個人的所感2（Museum & Journal 2）

　博物館活動は11月11日の戦没者追悼記念日（Remembrance Day）[24]にあわせ、生徒が第一次世界大戦、第二次世界大戦及び20世紀以降のジェノサイド

に関する博物館を学校内に開設するというものであり、フロスマンのカナダ総督優秀歴史教師賞、シャロン・エンキン賞（Sharon Enkin Award for Excellence in Holocaust Education）[25]などの受賞は、主にこの活動が評価されたものである。

　この活動のため、9月中旬から11月初旬にかけて基本的に毎週1時間の授業を充て、生徒は展示物の収集や選択、展示のための人形や制作物のスケールモデルの作成、キャプションの準備等を行う。開館は11月11日から2週間行い、開館中、生徒は来訪者に展示物の説明や、館内ガイドを行う[26]。この博物館には毎年 WDHS の生徒や教職員だけでなく、家族や地域からの来訪者が毎回1000人を超える。生徒もこの活動を「ジェノサイドと人道に対する罪」コースのハイライトとしてとらえている。

　以下は、歴史博物館活動についての1回目の授業（9月18日）の書き起こしの抄訳[27]である。この授業では、主に博物館活動の説明と展示物の実見や検討が行われている。

（T：教師、S：生徒）

《**授業開始**（最初の15分間）》
（T）ジェイミーさん、あなたが見つけたものから始めてもらえますか？
（S）（ジェイミーはメダルを皆に見せながら）このメダルは曾祖父の連隊の全将校に贈られたものだと思います。私はあまりフランス語ができないので、何が書いてあるか分かりませんが、彼のメダルのほとんどはフランス語で書かれています。つまり、彼はフランスに配備されていたのです。そしてこのメダルは、彼が戦争での任務を終えて本国に送られるときに授与されたものだと思います。そしてもうひとつ、小さな事実があります。私の祖母は、ドアのストッパーとして第一次世界大戦の弾丸を使っています。
（T）わあ、じゃあ、それもミュージアムに持ち込もうか。みんな、もし君たちが家から何か持ってきたり、僕らのミュージアムで取り上げたい物語があるなら、僕は大歓迎だよ。素晴らしいことだと思います。（中略）この博物館のアイデアは、皆さんにワクワクしてもらうことなのです。その一例を挙げましょう。昨日からミュージアムの準備を始めた他のクラスのヒーターさんが「私は今学校にあ

るホロコーストの遺物にはあまり満足して
いません」と言ったのです。私は「どうし
たらいいのですか」と尋ねました。彼女が
「教室を作ってもいいですか」と言うので
「もちろん」と答えました。学校には当時
の教師が使っていた雑誌などもあります。
彼女は博物館の中に実際に教室を作ろうと
考えているのです。そこにヒトラーユーゲ
ント役のマネキンを2体置こうと考えてい
ます。バリュービレッジ（カナダの古着屋
のチェーン店）に行くのもいいかもしれま
せんね。興味がある人は、ヒーターさんと
ペアを組んで、それをやってください。他
にもやりたいことがあったら、是非、やり

たいことをして下さい。興味のわかないものにしがみつかないようにね。ホルト
ンさんは第一次世界大戦が好きなようですね。私ならそれにこだわりますね。
（中略）隣の部屋は第二次世界大戦、そして塹壕の作ってある部屋は第一次世界
大戦、そして向こうの部屋はホロコーストなどの部屋になります。（中略）今日、
考えてほしいのは、今日は初日なので大まかでいいんですが、基本的に学校が所
有している色々な遺物を見てきて下さい。遺物の置いてある部屋を巡りながら、
「これをやりたいな」ということを探して下さい。そして、今展示している遺物
に満足できなければ、私に声をかけて下さい。（スペースの関係で学校が所有す
る遺物を全てを陳列することはできなかったので）適当なものがないか探してみ
ます。例えば、昨日の授業ではカイルさんが「先生、第二次世界大戦中の刀剣が
あると聞きました」と言ってきました。私は「ええ、刀剣は持っていますが、今
年は飾らないつもりでしまってあります」と答えました。彼が「刀剣展をやって
もいいですか？」と尋ねるので、今日は刀剣も並べておくことにしました。（中略）
　それから、どうやって展示するかも考えないとね。去年の博物館は、どんな感
じだったか思い出せますか。どうだろう？（中略）さあ、皆さん、リサーチを始
めましょう。博物館の開館まであと6週間です。今そこに作ってある塹壕だった
ら、それを修正することもできます。もちろん、あなたの家族のものを持ってく
ることもできます。でも、どうしてもやらなきゃいけない問題があります。冷戦

期のバイクをやるのはいいんだけど、冷戦って何なのかっていうのを知らないのでは困る。冷戦のことを聞かれてもよく分からなくて説明できないのに、バイクのことは何でも知っているとしたら、それは問題です。だから、（11月の展示に向けて）もっともっと説明できるように学ばなければならないのです。いいですか？（中略）

　教室にある塹壕は生徒によって年々手が加えられ、今に至っているのです。本当に良い遺物も置いてあります。左側にはソンムの戦いの砲弾があり、右側には塹壕の写真も貼ってあります。（中略）こちらは家族の展示です。家族の遺物を持っている人もいますよね。もちろん、この彼女は、第一次世界大戦の曾祖父を称えたわけですが、それも許容範囲内です。（中略）

　ええと、来館者から頂いた私の好きな言葉を紹介します。「この博物館はオタワの戦争博物館より良い。同じものが全部そろっているし、それほど遠くまで行かなくていいんだ。」この言葉を残しておきます。皆さん、この博物館はきっと楽しいと思いますよ。何人くらいがもう何をするか決めているのかな。いいね。では、遺物を色々見てきて下さい。手袋をするのを忘れないで下さいね。何か質問はないですか。気合い入ってますか。では皆さん、出発です。

《生徒が展示物巡回（60分間：以下、会話からピックアップ）》

（T）去年やったものに君たちが手を加えてもいいんだよ。さっき言ったように、別のクラスのヒーターはここに教室を作ろうと思っているんだ。良いアイデアだと思う。ここにある2人の子どものマネキンを生徒にするんだ。マネキンがもう一つあるので、ここに置いて、ほら、こんな感じで先生にして。『毒キノコ（Der Giftpilz：反ユダヤ主義のプロパガンダ絵本）』もあるので、使いましょう。新しいアイテムとして、教師用の雑誌もあります。これ

はナチの教師用雑誌で、生徒に良いナチになるよう教えるための雑誌です。もし興味があれば、これも使いましょう。（中略）

（T）ホロコーストの生存者で、ハミルトン市に住むナディア・ローザ[28]の展示品です。この黄色いのが彼女のつけていたホロコーストの星です。手に持ってもいいですよ。手袋をつけて下さいね。彼女は1〜2年くらいこれをつけていました。彼女はチェコスロバキアにいたんですね。彼女は家族の友人に裏切られたんです。友人は彼女を裏切って、お金のためにドイツ兵に連絡したんですね。ひどい話です。彼女はアウシュビッツに行くはずだったんですが、アメリカ軍が線路を爆撃してしまって、そのおかげで命拾いしました。誰もが本当にこの展示には惹きつけられます。（中略）

（T）アンネ・フランクをやりたい人はいるかな。これはアンネの隠れ家の模型です。もっと大きくするべきだと思う？　それとも去年みたいなのがいい？かなり印象的ですね。（中略）

《授業終結（最後の3分間：以下、会話からピックアップ）》

（T）皆さん、真面目にやってくれてありがとう。また、「私にできるだろうか」などと興味を持ってくれていたことにも感謝したい。歴史ではそれが大切です。あなたがワクワクしなければ、誰がワクワクすると思いますか？　あなたがワクワクしなければ、博物館に来てくれた人はワクワクしないでしょう。（中略）

（T）えーと、エイデンさん、このクラスにいますね。彼の家族は戦争中ユダヤ人を匿っていたんですね。驚くべきことに、イスラエルから手紙が届いたんです。WDHSの生徒が、彼の家族がユダヤ人を隠したことを証明したんです。その子

どもを知っていますか。名前はイーサン・ラングで12年生にいます。この手紙は
イスラエルから来た名誉の式典の案内です。これもどこかに展示したいですね。
（中略）
　皆さん、何か質問はあるかな？　毎週月曜か、少なくとも週に一度、これから
準備を進め、博物館を作りましょう。何か質問はありますか。

　歴史博物館活動についてのこの1回目の授業は、生徒が博物館活動の準備
に関する説明をフロスマンから受け、実際に教師が用意した多数の具体的な
歴史的遺物や制作物を手にふれ、第一次世界大戦、第二次世界大戦、ホロコ
ーストやその他のジェノサイドについて、各自が何を展示したいか、どのよ
うな展示をしたらよいかを考えるものであった。この授業記録と、フロスマ
ンから提供された資料・情報[29]からは、この博物館活動について、次のよ
うな留意点や指示を読み取ることができる。

ⓐフロスマンは第一次世界大戦以降の戦争やホロコーストをはじめとし
たジェノサイドに関する1000点を超える歴史的遺物を収集[30]している。
生徒はこれらの収集物の中から関心のあるものを見つけ、展示のための
調査対象として選択する。（ただし、一度に1000点を生徒に紹介することは難
しいので、基本的には毎年違うものをローテーションして生徒に示している。も
し、生徒からリクエストがあれば、ローテーション外のものも紹介する。）

ⓑ展示のための調査対象とする歴史的遺物については、生徒が家庭や地
域から持ち寄ったものでもよい。

ⓒ実物大もしくは縮小・拡大したスケール模型を作成して展示すること
もできる。前年までの博物館活動で作成した展示物（例：塹壕など）に
手を加えて使用することもできる。

ⓓ個人で取り組んでもよいし、グループで取り組んでもよい。

ⓔ博物館の開館中は、生徒は来訪者に展示品の説明を行わなければなら
ない。そのため、生徒は展示品や制作物の歴史的な意味や意義について

調べ、説明できるように
しておかなければならな
い。

　図2は、第二次世界大戦中
の母親をテーマにし、当時の
写真などを集めてその心境や
生活を伝えようとした展示の
様子である[31]。

　また、フロスマンは、歴史
博物館の開館中、一人ひとり

図2　展示風景

の生徒に話しかけ、この活動を通じて何を学んだか、展示や制作を通してど
のような歴史を調べたか、その際、どのような苦労があったかなどの聞き取
りを行う。こうした聞き取りによって得た、生徒の主体的な取り組みの状況
についての情報は「個人的所感2」としてこの活動の評価の材料とされ
る[32]。

　博物館を準備し、公開するというこの活動は、まず、生徒自身が自分の興
味や関心のある歴史的遺物や制作物を選ぶ時点で、生徒の「個人的レリバン
ス」を重視したものになっており、その対象について調べ、説明する過程で
そのレリバンスはさらに深まっていく。また同時に、展示自体が第一次世界
大戦以降の戦争やジェノサイドという、前述のブルーナーの言葉を借りれば、
まさに「人類の存亡に関わる世界が直面している諸問題」に関するものであ
り、活動を通じてこれらの問題と自分とのレリバンス（「社会的レリバンス」）
も深まる構造になっている。

⑥「行動者」についての発表（Upstander Presentations）

　この活動は、「第2部　スタンディング　アップ」の「行動者と反体制者」
の単元で実施するもので、ある目的のため、人々を助けるために立ち上がる

「行動者（upstander）」を様々に挙げ、一人ずつ各生徒に調べさせ、クラスで
発表させる活動であり、対象はホロコースト関係者とは限らないが、活動と
しては「②ナチスの関係者についての発表」と対をなすものと位置づけられ
ている。フロスマンは調査対象として、オスカー・シンドラー、白いバラ、
マルコムＸ、ローザ・パークス、ガンジー、マララ・ユサフザイ、ネルソ
ン・マンデラ、ポンショー神父、ワレサ大統領、コルベ神父、ル・シャンボ
ン・シュル・リニョン自治体、イレーナ・センドラー、ハーヴェイ・ミルク、
ロメオ・ダレールなどを例示するが、生徒はその他の人物を調べてもよい。
生徒には、該当人物の経歴・任務や「行動者」となった動機、その成果・影
響力などを明らかにし、その成果をプレゼンテーションするという指示がな
される(33)。

　発表の準備には、「②ナチスの関係者についての発表」の時と同様、2時
間の授業時間が充てられる。ここでフロスマンは生徒に「②ナチスの関係者
についての発表」の時の反省点や課題を活かした発表にするよう指示し、一
人ひとりの生徒に具体的なアドバイスを行う。

　図3は環境活動家で動物行動学者のジェーン・グドールについてプレゼン
テーションした生徒のスライドの一部である(34)。彼女は歴史的人物ではな
いが、プレゼンテーションした生徒は、自分と同じ課題意識を持って立ち上
った同時代の「行動者」として彼女を報告したと思われる。

　表7はフロスマンが生徒に提示しているこの活動の評価のルーブリックで
ある(35)。このルーブリックを見ても、この活動が該当人物の経歴・任務と
いった背景について的確に調べていること、そして該当人物が「行動者」と
なった動機、残した成果・影響力などについて理解し、プレゼンテーション
を通じて適切に説明できることが重視されていると分かる。これは、生徒が
「行動者」の社会的な意味を理解すると同時に、自分自身も「行動者」とな
れる可能性があることを認識させ、勇気づけることになる。その意味で「行
動者」の行為は決して他人事ではなく、自分とレリバンス（「個人的レリバン

図3　環境活動家ジェーン・グドールについてのスライド（一部）

表7　行動者についての発表の評価ルーブリック

段階	調査内容・知識 （Research）	プレゼンテーション （Presentation）	成果について （Effectiveness）
4以下	該当人物についてのこれまでの研究を反映していない。人物の背景がわからない。	適切な知識を示さず、熱意やプレゼンテーションの能力が伝わってこない。	個人の動機、活動の成功、影響力、レガシーについて結論を出そうとしない。
5	該当人物についてのこれまでの研究を十分に反映していない。人物の背景を十分に理解していない。	基本的なプレゼンテーション能力を発揮し、テーマに対する基本的な理解を示している。	個人の動機、活動の成功、影響力、レガシーについてあまり理解していない。
6	該当人物について十分に調べている。人物の背景を最低限理解している。	プレゼンテーションの簡単なスキルを発揮し、テーマに対する理解を示している。聞き手をある程度惹きつけることができる。	個人の動機、活動の成功、影響力、レガシーについて結論に達しようとしている。
7	該当人物についてよく調べている。人物の背景を理解している。	良いプレゼンテーション能力を発揮し、テーマについてしっかり理解している。聞き手を惹きつけることができる。	個人の動機、活動の成功、影響力、レガシーについてうまく説明することができる。
8～10	該当人物について徹底的に調べている。人物の背景を完全に理解している。	卓越したプレゼンテーション。素晴らしいコミュニケーション能力と、テーマに対する鋭い理解を示している。聞き手の心を強く惹きつける。	個人の動機、活動の成功、影響力、レガシーについて十分に理解し、その判断の背後にある理由を説明することができる。

ス」）があることを意識させるものとなっている。

⑦テスト2

　テスト2は「第2部スタンディング　アップ」の終了時に行われる。テスト1同様、フロスマンの授業や生徒用教材冊子、そしてここでは「行動者」についてのプレゼンテーションの内容などから、一般的な知識を確認する。出題は多肢選択式や記述式で行われる。

⑧総まとめ：希望プロジェクト（Hope Project）の発表

　「希望プロジェクト」は、このコースの総まとめにあたる活動で、コースの総括的評価に直接に関わる。この活動では、コースの最終盤にあたる1月中旬に一人ひとりの生徒が発表を行うが、発表の準備には授業時間を使用せず、すべて自分ひとりで準備することになっている。ただし、各生徒の準備が円滑に進むよう、9月27日までに発表の方向性と準備の進め方、10月25日までに調査をもとにした発表のプラン、11月29日までにスライドや作品の作成状況などについて教師と各生徒が話し合うことになっており、計画的に準備が進むように指導が行われる[36]。

　この活動では、各生徒は「Ⓐ教材づくり（The Class）」「Ⓑコミュニティ・学校での活動参加（Your School & Community）」「Ⓒ自分自身の家族の歴史（The Self & Family）」の三つの活動からいずれか一つを選択することになっている。そして発表会の際には、パワーポイント、インタビュー、レッスン、アクティビティなどを用いて創造的なプレゼンテーションにすること、カナダを今よりももっと良い場所に、そしてカナダ人を寛容のリーダー（leaders of tolerance）にするための発表にすること、という教師の指示に対応するよう求められる。

　Ⓐ教材づくり（The Class）

　これは、ジェノサイドについての教材を後輩のために作る活動で、世界で

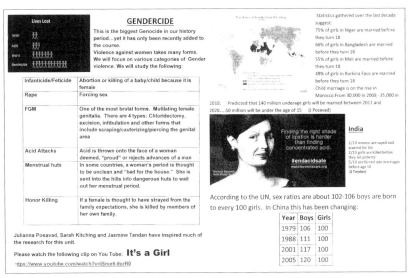

図4　ジェンダーサイド（Gendercide）についての生徒用教材冊子の部分[37]

現在進行中の不寛容の問題を一つ選んでハイライトをあて、スライドを作成し、その問題が自分たちにとってなぜ重要な問題なのかについて説明することになっている[38]。

　フロスマンはここでスーダン、イラク、イラン、グアテマラ、チリ、コンゴ、アルゼンチン、エルサルバドル、その他ロヒンギャ、アラン・チューリングとLGBTコミュニティなどの例を示しているが、生徒はその他の事例を扱うこともできる[39]。図4は過去に生徒が作成したジェンダーサイド（Gendercide）についてのスライドをもとにして、フロスマンが2019年の生徒用教材冊子に盛り込んだページである[40]。

　この活動は、生徒自身が自分の興味や関心のあるジェノサイドを選ぶ時点で、生徒の「個人的レリバンス」を重視したものになっており、その対象について調べ、教材を作る過程でそのレリバンスはさらに深まっていく。また同時に、教材の内容自体が「世界で現在進行中の不寛容な問題」であり、活

動を通じてこれらの問題と自分とのレリバンス（「社会的レリバンス」）も深まる構造になっている。

　Ｂコミュニティ・学校での活動参加（Your School & Community）

　フロスマンは図5を用い、この活動がFHAOの「参加を選択する（Choose to Participate）」プロセス[41]にあたるものであり、「自分たちの周りで起きているさまざまな参加方法に目を向け、他の人々が自分たちのコミュニティにポジティブな変化をもたらすために使ってきたツールに目を向けること」[42]がねらいであると説明している。生徒は学校やコミュニティにおいて自分たちにできることを見つけ、「行動者（upstander）」として参加し、体験したことをここで報告する。フロスマンは「ルワンダのための募金と啓蒙活動に参加する」「学校でのいじめ防止のためにプレゼンテーションや寸劇を実施する」[43]などを例示しているが、もちろんこれら以外の活動に参加して報告することもできる。授業で学んだことを生かし、自分たちの学校やコミュニティをより良くするための活動に参加することは、まさに学んだことと自分自身を結びつける取り組みといえる。その意味で、この活動は、生徒自身が自分の興味や関心のある活動に参加することを選択する時点で、生徒

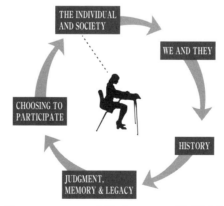

図5　フロスマンが示した FHAO の説明図[44]

の「個人的レリバンス」を重視したものになっている。また、活動の内容は社会の具体的な問題であり、活動を通じてこれらの問題と生徒のとレリバンス（「社会的レリバンス」）も深まる構造になっている。

ⓒ家族の歴史（The Self & Family）

　これは、生徒が自分の家族に焦点を当て、その人物の伝記をまとめる活動で、フロスマンは人物を選ぶにあたって「軍隊に所属していた人」「女性の

図6　廊下の「英雄の壁」に掲示されたプレート

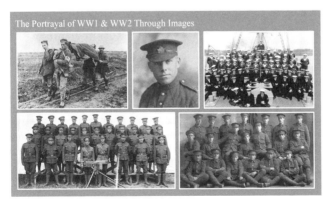

図7　第一次世界大戦・第二次世界大戦に従軍した曾祖父についてのスライド（一部）

権利のパイオニア」「行動者（upstander）だった人」「非常時を生き抜いた人」などを例示している。この活動では二つの作品の制作が求められる。一つは、人物を紹介する縦30cm 横20cm 程度のプレートを作成することで、このプレートには、紹介する人物の紹介文や写真などがレイアウトされ、フロスマンが「英雄の壁（Wall of Heroes）」と称する社会科教室の前の廊下の壁に掲示される（図6）[45]。もう一つは、その家族についてのプレゼンテーションを行うことである。家族の歴史は生徒にとって自らのルーツである。自分の家族がどのように生きてきたか、どのような行動を選び取っていたかを生徒はここで調べる（図7）[46]。

　表8はフロスマンが生徒に提示している「希望プロジェクト」および「ジェノサイドと人道に対する罪」コースの総括的評価のルーブリックである[47]。このルーブリックの評価項目の「適用力」と「影響力」に着目すると、フロスマンは、生徒がこのコースを通じて学習したことを、自分自身、そして学校やコミュニティといった集団の中で生かしていこうとする姿勢を評価しようとしていることが分かり、言わば「行動者」として、そして「良き市民」としての生徒の成長をねらいとした活動であったことが分かる。

　この活動は、まず、生徒自身の家族を調査対象に選ぶ時点で、生徒の「個人的レリバンス」を重視したものになっており、同時に、その家族が時代や社会とどう関わってきたか、いわば自己のルーツについて調べ、プレゼンテーションする活動を通じて過去の社会と自分とのレリバンス（「社会的レリバンス」）も深まる構造になっている。

3．「ジェノサイドと人道に対する罪」コースのカリキュラム構成

⑴ FHAO との対比

　フロスマンの「ジェノサイドと人道に対する罪」コースのカリキュラム構成にはどのような特徴が見られるだろうか。ここでは、フロスマンも賛同しているFHAOのカリキュラムと対比させながら考察したい。FHAOについ

表8　「ジェノサイドと人道に対する罪」コースの総括的評価ルーブリック

段階	取組 (Preparation)	適用力 (Application)	影響力 (Impact)	伝え方 (Delivery)	ヴィジュアル (Visual)
1	プロジェクトにほとんど参加していない。	コースで明らかになったジェノサイド・モラル・真実を適用していない。	生徒、学校、地域社会に対して有意義な影響を与えていない。	聞き手との関与が全くない。プレゼンテーションは不明瞭で準備がない。	創造性がとぼしく、切り貼りしただけ。
2	プロジェクトの遂行に何らかの責任と努力を示している。	コースで明らかになった教訓やモラルが雑に適用されている。	生徒、学校、地域社会に対する影響が限定的。	聞き手が関与を感じられない。プレゼンテーションは不明瞭で準備が乏しい。	創造性をいくらか発揮している。
3	プロジェクトの遂行に十分な責任と努力を示している。	コースの内容を洞察し、反映している。	生徒、学校、地域社会に有意義な影響を与えている。	一部の聞き手が関与を実感できる。プレゼンテーションは十分に明瞭で、準備した証拠が明確である。	ビジュアルはある程度の創造性が見られる。
4	プロジェクトの遂行への強い責任と多大な努力を示している。	コースの重要性を理解し、それが生徒や地域社会にどのように適応されたかを理解する洞察力と能力を示している。	生徒、学校、地域社会に深く有意義な影響を与えている。	聞き手の関与を引き出すことができている。プレゼンテーションは明確であり、準備ができている。	すべての要素が創造的で視覚的にも魅力的である。
5	期待以上の働きをした。プロジェクトの遂行に果たした責任と努力は卓越したものである。	優れた洞察力と能力を示している。コースの意義と理解、そしてそれが生徒や地域社会にどのように適用されたかについての卓越した理解がある。	生徒、学校、地域社会に卓越した影響を与えている。	聞き手の関与を最大限に引き出している。プレゼンテーションは明確であり、多大な準備がなされている。	視覚機材の使用が卓越している。パワーポイントやポスターボードの使用がプロジェクトの意義を高めている。

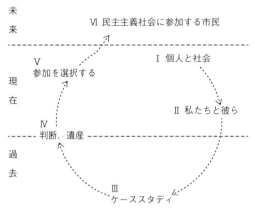

図8　FHAO の教育プロセス図

ては、空健太がその代表的なカリキュラムである「ホロコーストと人間行動」について具体的な分析を行っている[48]。**図8**は空の整理をもとにしたFHAO の教育プロセス図である[49]。FHAO のカリキュラムは、この図のように「Ⅰ個人と社会」「Ⅱ私たちと彼ら」で“現在”の生徒自身や社会の状況に向き合い、省みることからスタートする。「Ⅰ個人と社会」では特に生徒一人ひとりが持っている考え方・態度・アイデンティティと社会の関係、「Ⅱ私たちと彼ら」では社会集団における彼我の隔てについて考察が行われる。「Ⅲケーススタディ」ではホロコーストなど、“過去”の暴力や苦しみを伴う「困難な歴史」について考察する。ここでは、過去の人間の選択と行動がいかにして「困難な歴史」をもたらしたかという民主主義の危機の歴史と向き合うことが求められる。「Ⅳ判断、遺産」は生徒の意識を“過去から現在”の自分自身へと戻す段階で、「困難な過去」に対して自らどう向き合うか、何をなすべきかを考察するプロセスである。そして「Ⅴ参加を選択する」では、“現在”の社会の問題を改善するために行動した人々の選択や行動の分析を行い、“未来”において「Ⅵ民主主義社会に参加する市民」としてふさわしい選択や行動について考察する[50]。このように、FHAO の教育

プロセスは生徒自身の「現在」からスタートし、「過去」に学び、再び自分自身の「現在」に戻り、そして「未来」を志向する。FHAOではこのプロセスをしばしば「旅（journey）」と呼び[51]、フロスマンの生徒用教材冊子にもこの言葉を見つけることができる[52]。

　表9は、空が分析したFHAOの「ホロコーストと人間行動」のカリキュラムと表3に示したフロスマンの「ジェノサイドと人道に対する罪」のカリキュラムを対照させたものである[53]。これを見ると、「ホロコーストと人間行動」の「Ⅰ個人と社会」「Ⅱ私たちと彼ら」で、生徒は現在の自分自身の持っている考え方や態度が自分だけで形成されているものではなく、個人の中の歴史を通して他者や社会から影響を受けたものであること、および「私たち」と「彼ら」の区別の範囲は、現在の状況や考え方のもとで、集団や社会の歴史性を反映して変化・形成されてきたものであることを理解するよう期待されている[54]。一方、フロスマンのコースでは「①個人的所感１」で生徒が「他の人にレッテルを貼った時のこと、また他の人からレッテルを貼られた時のこと、そして、そのことがレッテルを貼られた（貼った）人やあなた（生徒）に及ぼした影響」について語り合うことが求められている。これは、各生徒がそれぞれ自らの実体験を通して、過去の経験が自分自身の考え方や態度にどう影響しているか、そして社会集団における彼我の隔てがどう生じていたかを考察することに他ならない。その意味で生徒が「ホロコーストと人間行動」の「Ⅰ個人と社会」「Ⅱ私たちと彼ら」のねらいを、自らの体験をもとに実感を伴いながら実現できるよう改めたものと言える。

　「ホロコーストと人間行動」の「Ⅲケーススタディ」では、ヴァイマル共和国とホロコーストの歴史全般が扱われている。ここでは、特徴的な「ゲットー―ナチスがもたらした苦しみに立ち向かう―」「大量殺人―サバイバーの物語―」「加害者―殺人を選択する―」「抵抗する人、助ける人、傍観する人」の授業に着目したい。ここではホロコーストに関わった加害者・傍観者・抵抗者・犠牲者・生存者などの様々な立場の人々の当時の選択や行動を

表9　FHAO の「ホロコーストと人間行動」とフロスマンの「ジェノサイドと人道に対する罪」のカリキュラムの対照

FHAO の「ホロコーストと人間行動」			フロスマンの「ジェノサイド と人道に対する罪」の単元・諸活動 ※ホロコーストに直接関連しない生徒用資料の単元は（　）内
授業タイトル	ねらい（授業によって学習者に期待される解釈）	構成原理・ステップ（journey）	
アイデンティティを図化する	個人が持っている考え方や態度、アイデンティティが他者や社会（文化や宗教など）からの影響を受け形成されてきたものであることを認識する。	Ⅰ　個人と社会：選択と行動に影響を与える自分の中にある歴史と向き合う。（現在）	（○オリエンテーション）（○学習課題とねらい）（○希望プロジェクトについての指示）【①個人的所感1】
ステレオタイプと「ひとつの物語」			
宗教の影響			
違いと所属	社会が集団をどのように区別しているか（してきたか）を認識する。	Ⅱ　私たちと彼ら：所属する社会の選択や行動に影響を与える社会の中にある歴史と向き合う。（現在）	
人種の概念			
反ユダヤ主義を定義する			
戦争（WWⅠ）の終焉と民主主義の開始	第一次世界大戦後に成立したヴァイマル共和国における民主主義社会としての特徴と、この社会の中でどのようにナチスが権力を握り独裁が行われるようになったかについての解釈を形成する。	Ⅲ　ケーススタディ：人間の行動と選択によって陥った民主主義の危機の歴史と向き合う。（過去）	第1部　ジェノサイド（○アルメニア）○ジェノサイドの定義○ホロコースト ・反ユダヤ主義 ・ヴァイマル共和国1919-1933年
ヴァイマル共和国の芸術と文化			
ヴァイマル共和国の政治と選挙			
民主政治から独裁制へ			
服従と抵抗の選択	ナチスドイツが支配した社会の中で、人々や組織がどのような選択や行動をとり、その選択や行動がどのような要因に基づくものであるのかについての解釈を形成する。		・「抵抗者」「行動者」「加害者」「傍観者」【②ナチ関係者についての発表】 ・優生学 ・人種主義国家の建設1933-1945年 ・ニュルンベルク法 ・水晶の夜 ・強制収容所 ・ニュルンベルク裁判1945-1948年（○ソ連、○日本、○
ナチスのプロパガンダを分析する			
ナチス・ドイツの若者			
Ⓝ水晶の夜を理解する			
人種と空間のための戦争			

			中国、○カンボジア、○北朝鮮、○ルワンダ、○ボスニア、○ジェンダーサイド） 【④テスト1】
ゲットー　—ナチスがもたらした苦しみに立ち向かう—	ホロコーストという悲劇的な過去の出来事について共感的に理解し、ホロコーストに関わった様々な立場の人々や組織の選択や行動についての主体的な解釈を形成し、人間の選択と行動の可能性について考える。		第2部　スタンディングアップ ○「抵抗者」 　・オスカー＝シンドラー ○「行動者」と客観性 　・（ジョン＝ラーベと）杉原千畝 ○「行動者」と反体制者 　・ソフィ＝ショルと「白いバラ」運動 （・ヴァーツラフ＝ハベル、アウン＝サン＝スー＝チー） 【⑥「行動者」についての発表】 ○ミルグラム実験とスタンフォード監獄実験 【⑦テスト2】
大量殺人—サバイバーの物語—			
加害者　—殺人を選択する—			
抵抗する人、助ける人、傍観する人			
ホロコーストの後の正義	過去に行われた選択や行動を判断したり断罪することの難しさ、人間の選択や行動に環境が及ぼす影響、ホロコーストの歴史をどのように記憶し行動すべきであるかについて主体的な解釈を形成する。	Ⅳ 判断と遺産：民主主義の危機の歴史に対する現在からの選択や行動に向き合う（現在と過去）	【③追悼碑と私の主張】
判断のジレンマ			
ホロコーストへの現代の対応			
参加を選ぶ	民主主義社会に効果的に参加するための方法についての主体的な解釈を形成する。	Ⅴ 参加を選択する：現在の社会で状況を変えようとする人々の歴史に向き合い、これからの自分の選択と行動に向き合う。（現在） →Ⅵ 民主主義社会に参加する市民（未来）	【⑧総まとめ：希望プロジェクト発表 　ⓐ教材づくり 　ⓑコミュニティ・学校での活動参加】

分析し、人間の選択と行動の可能性について考えさせようとしている[55]。一方、「ジェノサイドと人道に対する罪」でもヴァイマル共和国とホロコーストの歴史的知識は念入りに扱われる[56]。ここでも、加害者・傍観者・抵抗者・行動者といった立場を枠組みにした考察が随所で見られ、特に「②ナチスの関係者についての発表」では加害者の、「⑥“行動者”についての発表」では行動者の選択や行動について生徒のプレゼンテーションが行われる。この2つのプレゼンテーション活動は、人々の選択や行動について分析し、その可能性を考察させようとしている点で「ホロコーストと人間行動」のねらいと共通しているが、フロスマンの場合、特に「動機」についての考察が重視され、加害者も行動者も決して特別な人間ではないこと、自分と同じ普通の人間が変容していったことを理解させることで、より強く「自分事」の問題となるよう構成されている。また、ここで見られる「困難な歴史」の中の人間の選択と行動の可能性についての分析は、同時に歴史的エンパシーを伴う考察を生徒に求めるものにもなっており[57]、ここで生徒は自己を過去の文脈や状況に立たせ、過去における多様な複数の視点を理解し、自分ならば何を選択するか、どう行動するかを判断することで、過去を「自分事」として受け止めるようになる。

　また、ここではフロスマンが「第2部スタンディング アップ」という項目を設けていることも注目に値する。アップスタンダー（upstander：「行動者」）についての学びを「第1部ジェノサイド」と並列させることは、行動者を、ジェノサイドと同等に重視していることを意味する。「⑥“行動者”についての発表」の活動についてフロスマンは「人々が行う選択について、ポジティブな例を扱うことでこのコースを締めくくるため」とその意義を説明している[58]が、そこには生徒を民主的な社会の形成者に向けて強く開いていこうとするフロスマンの意思がうかがわれる。

　次に「ホロコーストと人間行動」の「Ⅳ 判断と遺産」では、ホロコースト後の正義について「傍観者」も罰せられるべきかを議論したり、ニュルンベ

ルク裁判の課題やホロコーストの歴史を記憶するための活動の意味について考察させ、ホロコーストの歴史を現在の自分自身の選択や判断にどう生かすかについて考えさせている⁽⁵⁹⁾。一方、フロスマンは、「第1部ジェノサイド」の終了時点で「③追悼碑と私の主張」という活動を実施し、ホロコーストを含むジェノサイドに対する現在の自分自身の考えや判断を創作活動を通じて表出させようとしている。この活動も「ホロコーストと人間行動」と共通するねらいを、生徒が実感を伴いながら実現しようとするものと言える。

　「ホロコーストと人間行動」の最終部の「Ⅴ参加を選択する」「Ⅵ民主主義社会に参加する市民」では、生徒の意識を現在に戻し、現在の社会問題を改善しようとしている行動者の分析を行う。そして、社会の中で自分がどのような行動を選択し、行動するべきなのかについて考え、未来において、民主主義社会にどう参加していくのか具体的なイメージを描かせる⁽⁶⁰⁾。一方、フロスマンはコースの最後に「⑧総まとめ：希望プロジェクト発表」を実施する。この活動の「Ⓐ教材づくり」では、生徒は世界で現在進行形の不寛容の問題を一つ選び、後輩に向けての教材を作成する。この活動は、教材とする問題を選ぶ時点で生徒は自己の興味や関心のある社会問題の解決に向かって一歩踏み出していると言うこともでき、後輩に向けた教材を創作すること自体が問題の解決に向けた行動となっている。また、「Ⓑコミュニティ・学校での参加」の活動では、社会問題の解決のための具体的活動に生徒を直接参加させようとしている。これらの活動は「ホロコーストと人間行動」と共通するねらいではあるが、問題の積極的な解決に向け、直接的具体的な行動を求めるものとなっている点に特徴がある。

　以上のことから、フロスマンの「ジェノサイドと人道に対する罪」コースを、FHAOの「ホロコーストと人間行動」の構成と比較すると、次の三点の特徴が指摘できる。

　ⓐ全体の構成から見ると、FHAOもフロスマンの実践も、生徒自身の「現在」からスタートし、「過去」に学び、再び「現在」に戻り、そして

「未来」を志向する「旅（journey）」となっている。

ⓑカリキュラムを構成する各プロセスを見ると、FHAOとフロスマンには共通したねらいが見られる。ただし、フロスマンの実践は生徒の体験や活動を活かし、できるだけ実感を伴う形でねらいを実現することを重視している。

ⓒ「Ⅲケーススタディ」を見ると、FHAOもフロスマンもホロコーストの当事者を「加害者」「傍観者」「抵抗者」「行動者」などにラベリングし、立場の違いによる人間の選択や行動について解釈させる手法が用いられ、歴史的エンパシーを伴うアプローチがなされている。また、フロスマンはここで、ジェノサイドと同等にアップスタンダーについても取り扱い、生徒に考察させていた。

　これらのことから、FHAOの「ホロコーストと人間行動」はモデルとして典型的に、フロスマンの実践は生徒の実態に基づいた諸活動によって生徒が実感を伴いながらより現実的・実践的に「旅（journey）」を実現していることが分かる。

⑵「⑤博物館活動」と「⑧総まとめ：希望プロジェクトⓒ家族の歴史」

　フロスマンの実践には、前項のFHAOとの対比では検討対象にならなかった活動もある。「⑤博物館活動」と「⑧総まとめ：希望プロジェクトⓒ家族の歴史」である。

　歴史博物館を創る授業については、バートンとレヴスティック（K. Barton & L. Levstik）の『歴史をする（Doing History）』に取り上げられているリー（A. Leigh）の実践[61]がある。第4学年の児童を対象にしたこの実践は、指導期間に約1ヶ月を充て、子どもにとって身近な事物がこの100年の間でどのように変遷してきたのかについて、子どもが繰り返し問いを構成し、グループやペアで調査を行い、その調査に基づいて展示によるプレゼンテーションやレポートの作成を行ったものである[62]。この実践について、中村洋樹は

バートンとレヴスティックが「同級生や他のクラスの学習者、保護者や地域住民などの"真正のオーディエンス"に歴史情報を提供するよう方向づけられた時、（子どもは）高いパフォーマンスを行う」と指摘したこと[63]、また「真正の学習」という視点から「学習者に歴史像を構築させることが真正の歴史学習であること、そしてそれを指導することが教師の役割」だと指摘している[64]ことに着目している。

　バートンとレヴスティックの『歴史をする』には、レイノルズ（T. Reynolds）の実践として、自分の家族の歴史を調べ、物語る授業も取り上げられている。この実践[65]は、第4学年の児童に家族史図を作成させ、祖父母へのインタビューをさせて、そして集めた情報を用いて自分が子どもの頃の祖父母になったつもりで当時の日記を書かせ、最後に自分たちと祖父母の世代の生活の差異についてプレゼンテーションさせるというもので、田口紘子による分析[66]がある。田口は構築主義の視点から、この実践が子どもたち自身が歴史との関係を作り出すことで、子どもたちが自分の調査や解釈によって主体的に歴史と関わってゆく点を重視している[67]。レイノルズ自身もこの実践の意義について「子どもが時間の経過に伴う変化に対して個人的なレリバンス（personally relevant）を見つけ出すことができる」[68]と語っている。

　また、カナダの歴史教育に大きな影響力を持つセイシャス（P. Seixas）も「教室に博物館を作ろう」というアクテビティについて、彼の挙げる6つの歴史的思考概念[69]のうち「一次史料（primary source evidence）」の視点から、ⓐリソースの収集（一次史料がアクセスしやすく、子どもの発達段階にあった史料があることを確認する）、ⓑ導入（子どもの想像力を刺激する魅力ある一次史料や展示物を示しながら始める）、ⓒ課題提示（史料を使って歴史的視点から調査を行い、調査結果を使って博物館の展示を行うことを説明する）、ⓓ探究的問いの構築（クラス、グループ、個々の生徒で探究可能な焦点化された問いに改善する）、ⓔ基準の構築（実際の博物館やオンラインの仮想博物館などの展示物を参照し、質の高い展示の在り方を考える）、ⓕグループ編成（グループで作業をする場合、適切な役割分

担を行う）、ⓖリソースの提供（信頼性の高い史料を提供する。子どもが自分で史料を見つけることもある）、ⓗリソースの背景情報の提供（史料の背景や文脈について十分な情報を提供する）、ⓘ調査の実施、ⓙ調査の支援（子どもの集中力が維持されるように適宜支援する）、ⓚ振り返り（子どもが史料の使用等について振り返り、自己評価する）のプロセスの重要性について論じている(70)。

　フロスマンの「⑤博物館活動」と「⑧総まとめ：希望プロジェクトⒸ家族の歴史」については、中村や田口に倣って詳細に分析するには情報量に限界がある。しかし、フロスマンの「⑤博物館活動」の場合、生徒は自分が関心を抱いた一次史料としての歴史的遺物や二次史料的な位置づけの制作物について、生徒が「問い」発見し、一体これは何か、どういった文脈に意味づけ、価値づけて説明すればよいのかなどを調査し、整理して展示・発表するものであったし、「⑧総まとめ：希望プロジェクトⒸ家族の歴史」の場合、身近な自分の家族がかつてどのように生き、なぜ自分が今ここにいるかを「問い」、それを調査し、整理して展示・発表するものであった。これらの活動は、いわば歴史的探究のレッスンであり、生徒はここで歴史の探究を実体験するものになっていたことは明らかである。その意味で、この実践は、バートンとレヴィスティックの描く「真性の学び」やセイシャスの歴史的思考の視点からも十分に評価が得られるものと言える。そして同時に、これらは何より自己の興味や関心から発する「問い」に基づいた活動であり、それぞれの生徒の「個人的レリバンス」に基づいた探究であった。

4．おわりに─「ジェノサイドと人道に対する罪」コースの実践の事実から見えるレリバンス構築の論理─

　授業の事実は、教室での教師と生徒の営みの中にしか見られない。そのため、本章では2節でフロスマンの実践の具体的事実を提示し、3節ではカリキュラム構成の視点から、その事実の説明を試みた。フロスマンのカリキュラムや実践については他にも分析の視点は設けられようが、本節では、ここ

までの考察をもとに、あらためてフロスマンのカリキュラムと実践に見られたレリバンス構築のための論理について2点整理する。

ⓐ**レリバンス構築には「教科・科目のカリキュラム全体のレベル」と「学習（単元・授業）のまとまりのレベル」という二層からのアプローチが考えられる。**

　フロスマンの「ジェノサイドと人道に対する罪」コースのカリキュラムは、まず「①個人的所感1」の活動で現在の視点から生徒と教育内容との間に「個人的レリバンス」を構築し、その後の諸活動と講義を通して生徒と過去の歴史の間に「個人的レリバンス」と「社会的レリバンス」の構築に取り組む。そして、最終的に現在と未来の社会へのレリバンス（「社会的レリバンス」）を構築しようとする「旅（journey）」であった。つまり、カリキュラム全体が、過去および現在・未来と生徒自身の間にレリバンスを構築する構造となっていた。

　また一方、「①個人的所感1」「②ナチスの関係者についての発表」「③追悼碑と私の主張」「⑤博物館活動」「⑥"行動者"についての発表」「⑧総まとめ：希望プロジェクト発表Ⓐ教材づくりⒷコミュニティ・学校での活動参加Ⓒ家族の歴史」といった、テストを除く各学習のまとまり（単元・授業）で行った活動も、それぞれの活動自体が生徒との間に「個人的レリバンス」や「社会的レリバンス」を構築するものであった。

　このように、レリバンスの構築には「教科・科目のカリキュラム全体のレベル」と「学習（単元・授業）のまとまりのレベル」という二層からのアプローチが考えられる。

ⓑ**レリバンスを構築する「問い」は、各生徒自身が一人称で抱く「問い」である。**

　フロスマンのコースの諸活動で生徒が追究する「問い」には共通点が見られた。**表10**は、それぞれの活動において生徒が取り組む中心的な「問い」を整理したものである。これを見ると、それぞれの活動で生徒が追究しようと

表10 「ジェノサイドと人道に対する罪」コースの各活動における中心的な「問い」

活　　動		生徒の中心的な「問い」
①個人的所感1		私が他人にレッテルを貼ったり、貼られたりした時、どのような影響が生じたか。
②ナチ関係者についての発表		なぜ、彼／彼女はホロコーストの「加害者」になったのか。（私なら、どのような行動をしただろうか。）
③追悼碑と私の主張		私は、ジェノサイドの犠牲者をどのようにして追悼すればよいか。
⑤博物館活動・個人的所感2		私は、自分が関心を持った一次史料としての歴史的遺物や二次史料的な制作物を、どういった文脈に意味づけ、価値づけて説明すればよいか。
⑥「行動者」についての発表		なぜ、彼／彼女は「行動者」になったのか。（私なら、どのような行動をしただろうか。）
⑧総まとめ：希望プロジェクト	Ⓐ教材づくり	私にとって重要な社会問題を、どういった文脈に意味づけ、価値づけて説明すればよいか。
	Ⓑコミュニティ・学校での活動参加	私は、どうすれば、そしてどのような「行動者」になることができるのか。
	Ⓒ家族の歴史	私の家族は、これまでどのような行動を選び取っていたか。

する中心的な「問い」は、いずれも生徒自身が一人称で抱く「問い」であることが分かる。一見、「②ナチスの関係者についての発表」と「⑥“行動者”についての発表」での問いについては、教師がホロコーストやジェノサイドを教えるために設定した「問い」にも見えるが、この問いは生徒に歴史的エンパシーを伴う考察を求めるものであり、その結果、生徒は自分自身が同じ状況に置かれた場合、自分はどう判断し行動するのかを問わざるを得ないものになっている。これらのことから、レリバンスを構築する「問い」は、各生徒自身が一人称で抱く「問い」であると言える。そして、その「問い」が自分にとってどの程度重要な問いであるかが、レリバンスの強さに反映すると考えられる。

　このことは、教師の都合で教師が設ける「為にする問い」、例えば「ヴェ

ルサイユ・ワシントン体制に不満をもつようになったドイツ、イタリア、日本が、軍需産業を拡張し、軍事力により勢力圏の拡大を図り、第一次世界大戦後の国際協調秩序であるヴェルサイユ・ワシントン体制を動揺させていったこと」を教えるために、「なぜ、ヴェルサイユ・ワシントン体制は動揺するに至ったのだろうか」と問うような「問い」では生徒がレリバンスを構築し難いということを意味している。

　なお、この2つの論理は、2018年告示の高等学校学習指導要領地理歴史科に見られる歴史教育改革にとっても示唆的である。とりわけ「歴史総合」では、カリキュラム構成自体が生徒が「個人的レリバンス」および「社会的レリバンス」を構築することをプロセスに組み込んだものでもあるし、そのために生徒自身の「問い」を作らせる（問いを表現する）ことが重視されているからである[71]。その意味で、フロスマンの「ジェノサイドと人道に対する罪」コースのカリキュラムと「歴史総合」は一見異なるが、構造的には類似するという見方もでき、これらの論理は学習指導要領に見られる歴史教育改革の趣旨を具体化する実践の創造、そして改革自体をこれから深化・進化させていく方向を示していると言えよう。

　フロスマンのカリキュラムと実践を分析を通して、生徒が歴史とのレリバンス構築をめざす（目標とする）歴史教育の姿と、そのための教育内容と方法の選択の論理が見えてきた。今後も検討を続けたい。

（成蹊大学　二井正浩）

【註】

⑴主な表彰歴として、University of Toronto Recognizing Teacher Award（2007）、HWDSB Profiling Excellence（2007・2013・2018・2019）、Sharon Enkin Award for Excellence in Holocaust Education（2013・2019）、Paul Harris Fellow; Rotary International（2016）、Governor General's History Award for Excellence in Teaching（2017）などが挙げられる。

⑵FHAO については空健太「生徒の感情に関与することを重視する米国の歴史学習

プログラム」二井正浩編著『レリバンスの視点からの歴史教育改革論―日・米・英・独の事例研究―』風間書房、2022年、139-163頁に詳しい。なお、https://facingtoday.facinghistory.org/author/rob-flosman（参照2022年9月27日）に、フロスマンとFHAOとの関係が紹介されている。

⑶本章で「レリバンスの構築」といった表現で用いる「構築」は、一般的な「作り上げる」といった意味である。

⑷フロスマンの授業観察の記録、および彼から提供された資料・情報は、https://history-lessons.site/ において、諸外国の歴史授業の実践事例の一つとして公開（2022年12月31日）した。ここから、以下の情報を入手できる。

①フロスマンの授業実践の書き起こし、彼から提供された諸情報（PDF）

https://history-lessons.site/pdf/20230124%EF%BC%88Mr.Robert%20Flosman%EF%BC%89.pdf　　　　　　　　　（以後、「フロスマンデータ①」と表記）

②フロスマンの授業実践の映像（動画）

https://history-lessons.site/movie/mr-robert-flosman/

（以後、「フロスマンデータ②」と表記）

③フロスマンが作成した教材冊子

https://history-lessons.site/pdf/RobFlosman%202019TEXT.pdf

（以後、「フロスマンデータ③」と表記）

④評価のためのルーブリック

https://history-lessons.site/pdf/RobFlosman%20Rubric.pdf

（以後、「フロスマンデータ④」と表記）

なお、https://history-lessons.site/ には、これまで二井が研究代表者となり、科学研究費補助金等で分担者とともに収集した諸外国の歴史授業の情報も公開されている。

⑸オンタリオ州では、9学年（14〜15歳）または10学年（15歳〜16歳）から12学年（17〜18歳）までが高等学校に相当する。Waterdown District High School は四年制の高等学校（9-12学年）に該当する。

⑹2018 REVISED The Ontario Curriculum Grades 9 and 10, Canadian and World Studies GEOGRAPHY・HISTORY・CIVICS（POLITICS）, pp. 103-148. https://www.edu.gov.on.ca/eng/curriculum/secondary/canworld910curr2018.pdf（参照2022年9月18日）

⑺Waterdown District High School の2023-2024年の履修ガイドに履修条件が明記されている。今回分析する2019年の場合も同様の条件であったことはフロスマンに確

認 し た 。 https://educator.xello.world/course-guide/9e242762-2be5-4507-841c-abc
da9d94f27（参照2022年9月18日）

⑻2015 REVISED The Ontario Curriculum Grades 11 and 12, Canadian and World
Studies ECONOMICS・GEOGRAPHY・HISTORY・LOW・POLITICS, pp. 351-
367. https://www.edu.gov.on.ca/eng/curriculum/secondary/2015cws11and12.pdf
（参照2022年9月18日）

⑼フロスマンデータ①、2-7頁をもとに作成した。

⑽同上、2頁をもとに作成した。

⑾WDHSは二期制で、1コマの授業時間が75分程度となっている。指導計画カレン
ダーからは82回の授業が行われることが分かるので、「ジェノサイドと人道に対す
る罪」コースは、総時間数が日本の高等学校の4単位授業に概ね相当する。

⑿フロスマンデータ③、2-7頁のオリエンテーション部分と、8-45頁の項目構成をも
とに作成した。

⒀Bruner, J. S., *The Relevance of Education*, W. W. Norton & Company, 1971, p. 114.
邦訳、平光昭久『教育の適切性』1972年、明治図書、204頁。

⒁フロスマンデータ①、17-18頁。

⒂同上、18頁。フロスマンデータ③、18-19頁。

⒃フロスマンデータ④、46頁。

⒄フロスマンデータ①、18頁。

⒅同上、18頁において、https://www.youtube.com/watch?v=ltun92DfnPY を好事例
としてフロスマンは生徒に紹介している。

⒆同上、18頁。

⒇フロスマンデータ①、20頁。

㉑フロスマンデータ④、47頁。

㉒澤正輝「ジェノサイドに至る段階（Genocide Timetable）」（日本平和学会2015年度
春期研究大会、ジェノサイド研究分科会、報告レジュメ）より整理した。https://
heiwagakkai.jimdo.com/2015/06/11/ジェノサイドに至る段階-genocide-timeline/
（参照2022年10月15日）

㉓フロスマンデータ①、19頁。

㉔第一次世界大戦終結を記念してイギリス国王ジョージ5世によって定められた記念
日。オンタリオ州では法定休日ではなく、学校も休日ではない。

㉕トロントを拠点とする慈善家ラリー・エンキンが、地域の社会活動・教育活動に取
り組んだ妻のシャロンを記念し、開設した。ホロコースト教育に功績のあった初等

または中等学校の教師に授与される。
㉖フロスマンデータ①、18頁。
㉗同上、1-8頁。フロスマンデータ②。2019年９月18日に訪問し、録画したものを書き起こし、抄訳した。
㉘ハミルトン市在住のホロコーストの生存者。1938年チェコスロバキア生まれ。
㉙フロスマンデータ①、1-19頁。
㉚地域のNGO等からの寄付、地域・生徒の家庭からの寄付によって収集したものや、フロスマンが受賞した教育賞の賞金で購入したものがある。2019年９月の訪問の際には、第二次世界大戦に関する日本の遺物や日系カナダ人の強制移動・強制収容の際の遺物も展示してあった。
㉛フロスマンデータ①、21頁。
㉜フロスマンデータ①、18頁。
㉝同上、18頁。フロスマンデータ③、40-44頁。
㉞フロスマンデータ①、18・22-23頁。
㉟フロスマンデータ④、48頁。
㊱フロスマンデータ①、18頁。フロスマンデータ③、3-7頁。
㊲フロスマンデータ③、38-39頁。
㊳同上、５頁。
㊴同上、３頁。
㊵フロスマンデータ①、18頁。
㊶空、前掲書、143頁。
㊷フロスマンデータ③、６頁。
㊸同上、３頁。
㊹フロスマンデータ③、６頁。
㊺フロスマンデータ①、24頁。フロスマンデータ③、３、７頁。
㊻フロスマンデータ①、24-25頁。フロスマンデータ③、３、７頁。
㊼フロスマンデータ④、49頁。
㊽空、前掲書、139-163頁。
㊾同上書、143、157頁をもとにした。
㊿同上書、144-151頁をもとにした。
(51)同上書、144頁、162頁。
(52)フロスマンデータ③、３頁。
(53)空、前掲書、145-149頁の表２をもとに作成した。表２の「授業によって学習者に

期待される解釈」の欄を「ねらい」と置き換えたのは二井である。

(54)同上書、149頁をもとにした。

(55)同上書、150頁をもとにした。

(56)フロスマンは自らの通常の授業（講義）について「私は今でも生徒にはアウシュビッツやビルケナウの事実、ホロコーストで600万人のユダヤ人が亡くなったことなど、一般的な知識の基礎は必要だと思っています」と語っている（フロスマンータ①、19頁）が、実際、彼が生徒に配付した教材冊子を見ても、ヴァイマル共和国やホロコーストに関する情報が豊富に示されている。このことは「④テスト１」「⑦テスト２」が多肢選択式や記述式の問題で、知識を中心に問うていることからも分かる。

(57)二井「歴史授業における“問い”と主権者育成に関する考察—三つのアプローチ—」（全国社会科教育学会第65回全国研究大会、社会系教科教育学会第28回研究発表大会、課題研究発表、2016年10月９日６頁、資料は https://researchmap.jp/m.nii/presentations/36373127に掲載）では、ロンドン大学教育研究所ホロコースト研究センター（UCL Center for Holocaust Education）のＰ・サーモンズ（P. Salmons）の開発した教材「人として（Human Being?）」を分析した。ここでは、原田智仁「歴史的エンパシーに着目した参加型学習を」明治図書『社会科教育』No. 686、2016年６月号、36-39頁をもとに、歴史的エンパシーを「過去の人々も自分と同じように感じ、行動したに違いないとして、いわば自己と他者を同一視する共感的手法がシンパシー（sympathy）であるのに対して、歴史的エンパシーとは、過去の人々は自分とは異なる見方や考え方をしたかもしれないという前提に立って、自己を過去の文脈や状況に立たせ、過去における政策等に関わる多様な複数の視点を理解し（他者視点取得、perspective-taking）、自分ならば何を選択するか、どう行動するのかを考える手法と位置づけられる」と整理した。サーモンズの実践では、「加害者」「協力者」「傍観者」「救護者と抵抗者」の四つの立場で考察が進められている。

(58)フロスマンデータ①、18頁。

(59)空、前掲書、148-150頁をもとにした。

(60)同上書、150-151頁をもとにした。

(61) Levistik, L. S. & Barton, K. C., *Doing History: Investigating with Children in Elementary and Middle Schools*, 1997, pp. 87-103. 該当書は1997年に初版が出版され、2022年９月にはRoutledgeから第６版が刊行された。日本では第五版の抄訳が、松澤剛、武内流加、吉田新一郎訳『歴史をする 生徒をいかす教え方・学び方とその評

価』（2021年、新評論）が刊行されている。

⑫中村洋樹「歴史的に探究するコミュニティの論理と意義―K.バートンとL.レブスティックの歴史学習論に着目して―」日本社会科教育学会『社会科教育研究』No.124、2015年、5頁。

⑬同上書、9頁。もとデータは中村論文に Linda S. Levstik, Keith C. Barton, *op-cit.*, 1997, pp. 19-20, p. 100. と明示されている。

⑭中村「参加型歴史学習に関する研究― Amy Leigh の授業実践「歴史博物館を創造する」の場合―」愛知教育大学社会科教育学会『探究』23号、2012年、27頁。

⑮ Levstik & Barton, *op.cit, Sixth Edition*, 2022, pp. 48-60. 松澤、武内、吉田、前掲書、131-173頁。

⑯田口紘子「歴史との関係を作り出す小学校歴史学習― Tina Reynolds の授業実践「個人の歴史」・「家族の歴史」の場合―」広島大学大学院教育学研究科紀要第二部第57号、2008年、59-68頁。田口『現代アメリカ初等歴史学習論研究―客観主義から構築主義への変革―』2011年、風間書房、39-67頁。

⑰田口「歴史との関係を作り出す小学校歴史学習」67頁。田口『現代アメリカ初等歴史学習論研究』2011、風間書房、64頁。

⑱ Levstik & Barton, *op-cit.*, 2022, p. 50.

⑲ Seixas, P. & Morton, T., *THE BIG SIX HISTORICAL THINKING CONCEPTS*, 2013, pp. 10-11. セイシャスは歴史的思考概念として、Historical Significance, Evidence, Continuity and Change, Cause and Consequence, Historical Perspectives, The Ethical Dimension を挙げており、カナダでは広く受け入れられている。https://historicalthinking.ca/historical-thinking-concepts（参照2022年10月15日）

⑳ *Ibid.*, pp. 65-66. をもとにした。

㉑文部科学省『高等学校学習指導要領（平成30年告示）解説　地理歴史編』2018年、128-129頁、文部科学省国立教育政策研究所『「指導と評価の一体化」のための学習評価に関する参考資料 高等学校 地理歴史科』2021年、95頁、二井「"歴史総合"の新設とレリバンス論の必要性」二井編著、前掲書、3-29頁などに詳しい。

【付記】

　オンタリオ州のウォーターダウン地区高等学校のロバート・フロスマン氏には、授業の観察のみならず、多くの資料や情報を提供して頂いた。また、それらの情報を本書および Web に公開するための労も執って頂いた。そのおかげで https://history-les-

sons.site/ にて、諸外国の歴史授業の事例の一つとして氏の実践を公開（2022年12月
31日より、検索語：二井正浩　諸外国の歴史授業）することが可能となった。伏して
感謝する次第である。私は、フロスマン氏も歴史教育におけるアップスタンダーの一
人だと確信している。

第2章　生徒を学びに向かわせる教師の営みとしての単元の構成
—米国の公立学校における歴史教室の実践から—

1．はじめに

　諸外国の歴史教育の実践では、どのようにして生徒と歴史教育の間にレリバンスを構築しようとしているのか[1]。本章では、アメリカ合衆国（以下、米国と略記）の世界史の教師の取り組みを、生徒を学習へと向かわせる教室の創造という観点から分析することで、教師がどのように他国の過去と生徒の間にレリバンスを構築しようとしているかについて考察する。

　取り上げた事例は、マサチューセッツ州の公立学校の9学年の世界史コースの授業実践である。この事例は、他国の過去を扱う際、教師が社会正義のような現在と過去をつなげる観点をもって単元（Unit）を構成することで、生徒が過去の学習を自分自身や社会と関連付ける方法を示唆している。

　以下では、授業を分析する上で単元に注目する重要性について述べ、事例について説明、考察を行う。

⑴分析対象としての「単元」

　諸外国でも日本においても共通する教師の営みとして、カリキュラム・単元・授業の三つのレベルで整理しておく。

　授業づくりは生徒と教師との具体的なやりとりを含む、指導技術の問題も含む。授業論については教科教育でも語られてきたが、学習科学の領域で論じられることが多く、「授業研究」のように、学校の教師同士で具体的な実践とともに相互に研鑽すべき領域でもある。一方、最も大きな概念であるカ

表1　カリキュラム・単元・授業における教師の営み

カリキュラム	単元	授業
学校の教育目標と科目の関連性を踏まえ、教育課程あるいは年間指導計画を作成する。	科目の目標を踏まえ、単元の指導と評価の計画を作成する。	単元の目標を踏まえ、授業の中での指導と評価の計画を立て、実践し、評価を行う。

リキュラムは、日本であれば学習指導要領に基づいて、各学校の創意工夫のもとで作成される。教師個人が作成するというよりも、学校教育目標やカリキュラム・マネジメントあるいは社会に開かれた教育課程の観点から、ともに作り上げられるものである。カリキュラムづくりは今後特に求められる領域であるものの、目の前の授業改善には直結しづらい。そこで、カリキュラムと授業の間を繋ぐ単元構成論がこれからの教師、特に高等学校の教師にとって重要だと考えられる。

　2018年版の高等学校学習指導要領には「単元」について、次のように説明されている[2]。

　1　指導計画の作成に当たっては、次の事項に配慮するものとする。
⑴単元など内容や時間のまとまりを見通して、その中で育む資質・能力の育成に向けて、生徒の主体的・対話的で深い学びの実現を図るようにすること。その際、科目の特質に応じた見方・考え方を働かせ、社会的事象の意味や意義などを考察し、概念などに関する知識を獲得したり、社会との関わりを意識した課題を追究したり解決したりする活動の充実を図ること。
　　　　　　（文部科学省『高等学校学習指導要領（平成30年告示）』2018年）

　「単元など内容や時間のまとまりを見通して、その中で育む資質・能力の育成に向けて、生徒の主体的・対話的で深い学びの実現を図るようにすること」については、総則やその解説等においても示されているように、今回の学習指導要領の改訂が学習の内容と方法の両方を重視し、生徒の学びの過程

を質的に高めていくことを目指していることから、特に配慮事項として加えられた文言である。「何を学ぶか」という学習内容と、「どのように学ぶか」という学習の過程を組み合わせて授業を考えることは、その前提となる「何ができるようになるか」を明確にするとともに、授業改善の主要な視点として重要である。

　ここで説明されているように、「単元」とは、内容だけでなく方法も含み込んだものであり、目標である資質・能力の育成に向けた生徒の学びの過程を構成するものである。高等学校においては、この意味での単元という考えが十分に定着していなかったり、単元という言葉が使用されていたとしても内容としての構成しか意識されていないことが多い。そのため、本章では、授業を観察する視点として、どのように単元が構成されているかを考察している。

⑵世界史の教室における教師の営み

　教師の役割は重要である。なぜなら、教師はカリキュラムや外部のソースと教室を繋ぐゲートキーパー[3]であり、教室における学習者の行為や行動を方向付けるからである。教師の選択や決定は、生徒や、扱う主題あるいは社会的・政治的な文脈についての考えや経験などの要因に影響を受ける[4]。特に、歴史教育は教師の教授目標が学習にもたらす影響が大きいとされる[5]。他国の過去の出来事を対象とする世界史は、幅広い内容を含むため、しばしば内容に集中するように導かれやすい[6]。また、世界史の教師を対象とした先行研究からは、出来事の歴史的な重要性だけでなく、生徒に教授する上での重要性という観点があることも指摘されている[7]。

　したがって、教師の役割は、特に世界史のような幅広い内容を扱う場合、極めて重要である。他国の過去の出来事から何をどのように選択するか、そしてそれをどのような学習としてデザインするかにより、学習者の認識や資質などの行為や行動を創り出すことになるからである。なお、ここでは、こ

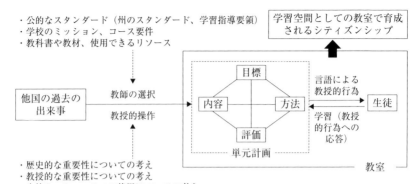

図1　世界史の教室での教師の営みのモデル

の認識や資質を「シティズンシップ」として捉えておく[8]。

　以上から、世界史の教師の営みは、考察のモデルとして**図1**のように整理できる。本章では、教師が世界史という他国の過去の出来事をどのように取り扱っているのか、その結果生徒にどのような学習空間が創造されているのかを明らかにすることを目的とする。そのためには、教師がどのように学習を計画・構成し、教室で実際に生徒へのどのような教授行為を実施しているのかを考察する必要がある。したがって、1時間の授業観察だけでは十分ではない。そこで、学習のまとまりである単元を対象とする。

　次項では、単元を通して、どのような教室の学びが創造されているかを考察し、教師が学習と生徒の間にどのように「社会的なレリバンス」を構築しようとしているかを考察する。

2．単元の実際：Mary の世界史コース

　本章で取り上げるのは、米国マサチューセッツ州の公立高校で勤務する教師 Mary（女性・仮名）の実践である[9]。Mary は勤務校に入職して2年目の教員であり、社会科と政治学を専門に学士号を取得し、マイノリティと都市部における教育で修士号を取得している。彼女が勤務する公立高校は、第9

学年から第12学年までの生徒が在籍し、総生徒数が2000人を超える。また、生徒の人種構成は、白人の次にラテン系が多く、多様性に富んでいる。この学校は郊外に位置し、比較的裕福な北部と、連邦住宅支援を受ける貧しい人々が多い南部という経済的格差がある地区でもある。

　Mary の高校の社会科は数多くのコースを提供しているが、世界史（9学年）は、合衆国史Ⅰ・Ⅱ（10・11学年）とともに卒業要件に含まれる必履修科目として設定されている。生徒は担当教師が異なる3つのコースからいずれか1つを選択する。

　表2は、Mary の2019-2020年度の世界史コースの主題の一覧である。近現代の世界史からテーマが選択されている。必修の世界史コースの要件は、「啓蒙主義、工業化、帝国主義、全体主義、冷戦に関する単元が含まれること。また、歴史的な出来事を理解するために一次史料を使用すること」（Mary の勤務校の HP の社会科コースの説明より抜粋）となっており、このコースについて Mary は「世界史を、人々や相互交流のグローバルな歴史として捉えたいのですが、現在のカリキュラムはヨーロッパ中心の視点になっており、白人やヨーロッパの人々に応じた世界になっているように感じています」[10]と課題を含めて語っていた。そこで、Mary の課題意識がよく現れていると思われる単元4「ラテンアメリカの革命」を観察対象とした。

　この単元は、全9日間の授業として計画され実施された[11]。実施された単元の展開を示したものが表3である。

　単元は次のように展開した。まず、単元全体に関わる用語や関係する場所の国々を確認することで背景情報を獲得させ、生徒はハイチでの革命・南アメリカでの革命・ブラジルでの革命の3つのトピックについて学習した。革命の展開や主な指導者の理解に焦点を当てたこれらの3つの革命の学習を通して、生徒は個人あるいはペアで革命についてのプロジェクトを作成し、単元終了後に提出することが評価の対象となると説明された。

　単元の最初に予告された生徒が作成するプロジェクトは、4時間目にさら

表2　Mary の2019-2020年の世界史コース

単元	テーマ
1	啓蒙主義
2	フランス革命
3	ナポレオン
4	ラテンアメリカの革命
5	産業革命
6	帝国主義（アジア・インド・中国・日本）
7	第一次世界大戦
8	戦後の革命（ロシア革命）
9	危機の年（第二次世界大戦までのドイツ、世界恐慌）
10	第二次世界大戦
11	冷戦
12	雪解け
13	南アフリカ（アパルトヘイト）と中国（天安門事件）
14	時事問題とグローバルな人権プロジェクト

(2019年10月24日の聞き取りに基づいて筆者作成。)

に詳細に説明された。プロジェクトでは、まず革命の原因を、経済・社会・政治の3つの観点から整理し、授業で扱った3つのラテンアメリカの革命のうちどれが最もその原因を示した事例となっているかを整理する。次に、それぞれの革命の内容（写真とその説明、一次史料とその説明、革命で何が起こったかについての要約、革命に関わった人物の引用とその説明）を整理する。そして、ハイチ・南アメリカ・ブラジルのいずれか一つの地域を選び、そこでの現在の生活がどのような状況か、現在の状況に責任のある人物、そしてかつての革命の目標は達成されたかどうかという3点について整理する。最後に、現在の世界の中で不正や不平等が存在する場所の例を挙げ、何が人々を革命へと導くことになるかについて、5つ以上の文を含んだパラグラフで論述す

表3　単元4「ラテンアメリカの革命」の展開

回	授業の目標	学習の概要（学習活動）	学習方法	学習展開
1	単元全体に関係する中心的な用語について理解する	1．「ライアーズ・クラブ」 ・「革命」「政治的」「経済的」「社会的」「アフランキス」「ナショナリズム」「植民地化」の用語の意味を探るゲームを通して、この単元で登場する重要な用語の定義を確認する。司会に選ばれた生徒が4人の生徒を選出し、用語の異なる説明を読み、生徒に意味を答えさせる（例：「革命（revolution）」は、①統治のシステムを新しいものへと変革すること、②循環し、何か変化をすること、③君主制を取り除くこと、④ある国の中での大きな変化、の4つで、教師の求める正しい回答は①） 2．「社会階層のランキング」 ・当時のラテンアメリカの社会階層（メスティーソ・ペニンスラ・インディアン・奴隷・ムラート・クリオーリョ）の定義と社会階層のハシゴに図化する。	・用語の定義のゲーム ・資料の分析	ラテンアメリカの革命に関連する用語・社会階層・地図上の位置などを活動を通して確認していく。
2	ハイチ革命の起こる前後の当時の状況や革命の指導者であるトゥサン＝ルーヴェルチュールについて理解する	1．ラテンアメリカの国々 ・白地図を用いて現在の国の名前と場所を確認する。 2．「ハイチにおける革命の高まり」 ・ハイチ革命の背景を記した資料をグループで読み取る。 3．「トゥサン＝ルーヴェルチュールとハイチ革命」。 ・ハイチ革命についてのドキュメンタリーのビデオを見て、ワークシートの問いに回答する。	・地図の作成 ・資料とワークシート ・ビデオクリップの視聴と問いの探求	ハイチでの革命の勃発や展開について、指導者であるトゥサン＝ルーヴェルチュールに焦点を当て、ビデオや資料から読み取っていく。
3	ハイチ革命の展開と、当時のハイチの人々の文化について理解する	1．前時の確認 ・ハイチでの革命についてのビデオを見て、ワークシートに記入させる。 2．「ハイチ革命の段階」 ・ハイチ革命の展開を5つの段階に図化した図を作成する。 3．宿題：ハイチ革命の展開の2つ目のボックスを埋めてくる（授業内容の確認）と、「ブードゥー教：あるハイチ人の生活様式」	・ビデオクリップの視聴による問いの探求 ・グラフィックオーガナイザー ・資料の読解による問	

		の資料を読み、問いに答える（ブードゥー教はどのような考えを持つか？　ブードゥー教は植民地化にどのように抵抗したか？）。	いの探求	
4	ハイチ革命の展開を理解し、図化によりハイチ革命の展開を整理する　単元で生徒が行うプロジェクトの内容を理解する	1．宿題の確認。 ・チェックと、内容の確認を行う。 2．前時の続き。 ・前時までの確認とハイチ革命の図を完成させる。 3．ハイチ革命の段階 ・ハイチ革命の展開を5つの段階に整理させる。 4．プロジェクトの紹介。 ・この単元の最後に提出する2人組で行うプロジェクト「ラテンアメリカ革命のプロジェクト」についての内容と要件の説明を行う。	・グラフィックオーガナイザー ・プロジェクトのモデルの提示	
5	シモン＝ボリバルが指導した南アメリカの革命について、なぜクリオーリョが独立運動の中心となったかを考察する	1．「なぜクリオーリョは戦いをリードしたのか？」 ・問いについて、6つの史料について、別々に提示された史料を6グループごとに読み解く。読み解くのは次の2つ、史料の最も重要なアイデアの要約と、その文書が「なぜクリオーリョが独立のための戦いを起こしたのかを説明する手助けになるか」。 2．グループワークの共有。 ・グループで史料から読み取ったことを発表させ、6つの史料から読解した結果を共有する。 3．「解放者」 ・ポッドキャストを聞き、シモン＝ボリバルと南アメリカでの革命についての問いに個人で答えさせる。 宿題：シモン＝ボリバルによって率いられた南アメリカでの革命の図を完成させる。	・史料の分析と共有 ・ポッドキャストの視聴と問いの探究	南アメリカにおける革命、特にシモン＝ボリバルに焦点を当てて、クリオーリョが革命の中心となった理由やボリバルがどのような指導者だったかを史料の読解やポッドキャストから読み取っていく。
6	資料の読解を通して、シモン＝ボリバルがどのような	1．「シモン＝ボリバルのギャラリー・ウォーク」 ・シモン＝ボリバルに関する4つの資料を用いて、問いに答えさせていく（生徒は1つの資料が終わったら別の資料へ移動）	・史資料の読解による問いの探求 ・主張の作	

	指導者だったかを評価する	2.「シモン＝ボリバルはどのような指導者だったか？」 ・この問いについて、主張と根拠を明記したパラグラフで論述する。 3．プロジェクト ・1、2が終わった生徒はプロジェクトを進める。	成	
7		ここまでの学習に関する個別相談とプロジェクトの作業		
8	ブラジルがどのように独立したかを理解する	1.「読書サークル：ブラジルの独立」 ・4グループ（4〜5人）に分け、役割（司会・計時・筆記・報告・言葉の定義）を分担させる。 2.「ブラジルの独立の背景」 ・ブラジルの独立についての資料を読ませてグループで問いに答えさせる。 ・グループの作業を全体で共有する。 3．ブラジルの独立についての6つの問いにグループ対抗で答えさせ、グループ対抗で競う活動を行う。	・グループ内での役割を定めた資料の読解と問いの探究 ・クイズ形式による発表	政治的な要因によって起こったブラジルの革命の展開について、グループでの活動を通して資料から読み取っていく。
9	ラテンアメリカの革命についてのプロジェクトを進める	1．プロジェクトの作成 ・プロジェクトの作業を進める。 ・プロジェクトのチェックリストの確認する。 2．次回からの単元の予告 ・今回のプロジェクトの提出期日の確認と次回の学習内容の説明を行う。	・昨年度の生徒のプロジェクトの例を提示	生徒の個別の相談に応じたり、進捗を確認しながら、プロジェクトを進める。

（授業観察の記録から筆者が作成。）

る(12)。

　このように、Maryの単元は、ラテンアメリカにおける3つの事例から革命という概念を探究させ、獲得した概念を生徒自身が現代世界に結び付けることが目標となっている。

3．考察：レリバンスの構築の視点から

　Maryの「ラテンアメリカの革命」の単元が、どのような考えの下で構成

されており、そこにはどのような意義があるかについて、観察とインタビューを基に考察する。特に、教師が学習と生徒の間にどのようにして「レリバンス」を構築しようとしているかに注目する。

⑴単元の目標と世界史教育における社会的レリバンスとしての社会正義

　Mary の単元は、ラテンアメリカの３つの革命を事例に、革命という概念を生徒が自分たちと関連させることができるようにすることが目指されていた。この単元の学習には、より大きなねらいとして、社会正義の視点が含まれている。彼女は、世界史教育を行う意義を次のように語っている。

> 世界史を教えなければ、多くの不正が繰り返される可能性があると思います。また、世界史は今日の世界で人々がどのように互いに関わるのかについての背景を生徒に与えます。生徒は米国とロシアの間に緊張関係がある理由を必ずしも理解していないかもしれません。これは近年の政治の計画において重要なことでした。それは世界史上では冷戦までさかのぼることができます。ですから、今日の生徒の周囲の世界を理解し、私たちが他の国と関わる方法や、他の国をコントロールしたり、他の人に危害を加えたりする理由を理解することは、彼らにとって非常に役立つと思います[13]。

　Mary は現代の世界を理解すること、特に不正を認識することに世界史教育の意義を見出している。また、単元として、ラテンアメリカの革命を取り上げた理由について、Mary は単元の目標とともに説明している。

> この単元の目標は、革命そのもの、革命を引き起こすもの、革命で何が起こるかを生徒に意識させることです。世界史の授業の中で革命について多くの話をしますが、この単元では特に、言葉や原因、つまり社会的原因・政治的原因・経済的原因に焦点を当てています。ラテンアメリカの革命の学習は、革命とは何か、それが何を意味するかを見る良い場を提供すると思います[14]。

　Mary によれば、生徒が革命という概念を理解する上でラテンアメリカの革命は適している。そしてこの単元を社会正義という観点から構成すること

で、生徒に過去と現代のつながり（社会的レリバンス）を形成することを意図している。さらに、生徒に過去と現代とのつながりを与える必要性について次のように説明している。

> 私は（世界史で）もっとつながり（connection）を作りたいと思っています。だから、私は生徒にこの革命の考えとつながり、彼らが社会で望む変化や、彼らが社会で知覚する不正をどのように変えることができるかを見てもらいたいと考えています。この授業を、地域社会での不満や学校での問題に適用するようにしてほしい。それが単元全体を通した私の目標だと思います。彼らが外のことに接続（connect）できれば嬉しいのです。彼らが学んでいること自体がそのきっかけになると思うので、何がどのように革命を引き起こすのかという観念、つまり社会正義（social justice）を（生徒の中に）形成することになるでしょう(15)。
>
> （カッコ内は筆者が補足。）

　Mary は、社会正義という観点からラテンアメリカの革命の単元を構成することにより、生徒にとって他国の過去を学習する意義を作り出し、生徒が現在の不正に気づく力を育成しようとしている。

(2)現代と他国の過去を関連付ける学習者中心の学習（個人的レリバンスの構築）

　単元の目標を社会正義の概念の形成とすることは、どのような授業によって実現されるのか。すなわち、ラテンアメリカの革命の学習をどのように構成すれば、生徒が他国の過去とつながりを作ることができるのか。

　この点について、Mary は、学習対象であるラテンアメリカの学習の重要性を生徒や学校の地域社会との関連から指摘している。

> 私がこの単元が好きなのは、この学校にはラテン系特にブラジル人の生徒が多く、この単元がラテンアメリカを舞台としており、大きなつながりがあるからです。だから普段あまり話さない子どもたちが、とても興奮するのを見ることができます(16)。

　Mary が内容と学習者とのつながりを作ろうとする方法は単元の目標に社会正義の概念を設定していることだけではない。授業において、彼女が設定する学習のほとんどが、学習者中心の学習で組織されており、単元を通して多様な学習方法を採用している（表3参照）。

　例えば、1日目の授業で、ラテンアメリカ革命の単元で使用する用語を生徒たちに正しく認識させる際にも、ライアーズ・クラブと題したゲームを通して行なっている。8日目のブラジルの独立についての授業でも、アメリカのテレビ番組を真似て、グループ対抗で読み取った内容を競わせる活動を行なっている。ペアやグループによる史資料の分析の活動など、どの授業においても生徒を主体とした学習方法で授業を構成し、学習内容と学習者との関連付けが見られる。

　Mary は学習者中心の学習の重要性について次のように語っている。

　　生徒とのやりとりから、彼らが学習に興味を持っていることや、彼らが活動に何を結び付けているか見ることができると思います。私は（授業の中で）生徒がどのように振る舞っているかを見て、活動の中で彼らが好きなのはどんな面であるかを見ています。（彼らの興味を引く活動を）私は他のレッスンでも繰り返します。（これまでに私は）子どもたちがノートを取ることにかなり退屈することに気づいたので、私は多く（の学習方法を）行って（ノートを取ることを）制限しています[17]。　　　　　　　　　　　　　　　　　　　　（カッコ内は筆者が補足）

　授業での生徒の活動は、教師が問いを提示し、史資料を生徒が読解し、それに関する教師と生徒の議論という流れによる学習が多くみられる。例えば表4は、ハイチ革命の展開を歴史家の語りや再現を組み合わせたドキュメンタリー[18]を視聴し、「サン＝ドマングの黒人たちは白人よりも圧倒的な数であったにも関わらず、なぜ勝つ見込みが低かったのか」という問いについての議論の場面である。

　表4のやりとりの後、「なぜトゥサン＝ルーヴェルチュールは反乱の良い指導者だったのか」という問いについての議論に進んだ。生徒から「教育を

表4　教師と生徒の議論のようす（2時間目）[19]

Mary：なぜ難しかったのでしょう？
生徒1：フランスは1万の兵士を送っていた。
Mary：そうね、フランスは1万人の兵士を送りました。他には？（生徒を指さして）
生徒2：フランスはたくさんの武器を持っていた。
Mary：確かに、たくさんの武器が登場します。あなたはどう？（生徒を指名して）
生徒3：彼ら（サン＝ドマングの奴隷）は武器の扱いを知らなかった。
Mary：そうね、彼らは軍事的な経験がなかったということね。
生徒3：経験がないから。
Mary：彼らには軍事的な経験がありませんでした。他にも理由があります。（別の生徒を指名して）例えば、自由についての考えを持っていた人はいたでしょうか？
生徒4：…いません。
Mary：そう、彼らは自由のために戦っていますが、誰も自由がどのようなものか、自由とはどのようなものであるべきかについてを描けているわけではありません。彼らは皆奴隷にされていて、自由を経験していません。皆さんは、知らないものやよく分からないもののために戦うことを想像できますか？（全体に問いかける）
生徒4：知らないもののために戦うのは難しい…
Mary：そうですね。（彼らは）今まで経験したことのないものを求めて戦っているのです。

（カッコ内は筆者が補足。）

受けていたから」、「軍隊の訓練ができたから」、「交渉の技術があったから」などの意見を挙がった後、Mary はある生徒の「自由を理解していた」という発言に注目し、生徒にトゥサン＝ルーヴェルチュールが奴隷に自由へと方向付ける役割を果たしたことに気付かせている。

　このように、Mary が教室の中で果たしている主な役割は、映像から生徒が得た認識を確認し、目標へと接続することである。過去を学習するために、資料や教材を準備し視覚的に理解させ、教師が生徒のハイチ革命やその指導者についての理解へと導いている[20]。

　学習者中心の学習は、Mary と生徒との関係からだけでなく、学校との関係から可能となっている。

> この学校では、物事をどのように教えたいか、どの側面に時間を費やしたいかという点で柔軟性が与えられています。…（中略）…この学校は生徒中心の学習を重視しています。学習とは生徒が座っていて伝達することではありません。…（中略）…私は自分が動き回ることができるように準備や計画を行い、子どもたちの学習を方向付けます。私は、学校が生徒中心の学習方法に価値を置いているのを感謝しています。なぜなら、子どもたちは（普段から）そのようなやり方に慣れているからです。ただ、（私自身が）そのための（生徒中心の学習の）スキルを持っていないことがあるので、やり方を考えなければならないこともあります[21]。
> 　　　　　　　　　　　　　　　　　　　　　　　　　（カッコ内は筆者が補足）

　学習者中心の活動や解釈に基づく学習は、他国の過去を現代と関連付けるという個人的レリバンスの構築のための不可欠な方法となっている。生徒にとって関連の薄い学習内容を、活動を通して生徒自身に解釈させていくことにより、生徒が学んだことを現代と関連させることができるからである。

　他国の過去を流れを理解させることだけが目的であれば、教師の分かりやすい過去の解釈を、講義を通して生徒に提供することが合理的である。しかし、Mary の社会正義のための世界史は、生徒が過去の革命の事例を通して現代の不正義を認識することが目指されているため、生徒自身が他国の過去の革命を解釈し現代につなげる必要がある。その意味で、学習者の活動を主体とした多様な学習方法で世界史の学習が構成されることは、Mary が目指す世界史の教室において不可欠なものとなっている。

⑶レリバンスを構築する教師の教育的関与

　単元を通して、教師がどのような関与を行うことで、生徒は現代と他国の過去を関連付けることができるのか。Mary のラテンアメリカの単元では、単元を通して学習した内容を、プロジェクトの作成と結び付けることが求められていた。このようなプロジェクトは、1 年間の世界史コースの最後の単元「時事問題とグローバルな人権プロジェクト」においても設定されている。生徒によるプロジェクトが、生徒に他国の過去を現在と結びつける手段とな

っている。

　授業において過去を現在と結びつける直接的な活動がみられたのは、6日目の授業においてのみである。シモン＝ボリバルがどのような指導者だったかを評価する情報を獲得するため、ボリバルについての4つの史資料（一次史料とボリバルを描いた絵画や貨幣や銅像など）の考察が行われた。ここでは、貨幣や銅像がどのようなボリバルの姿を表現しており、現在のコロンビアやドイツやアメリカにボリバルの銅像がなぜあるのかについて、グループで考察した。

　このように、直接的に現在の視点と関連させる授業はこの時間のみであり、単元の授業の大半は、ハイチ革命とはどのように展開したか、南アメリカの革命ではなぜクリオーリョが中心となったのか、ブラジルはどのように独立したのかなど、当時の人々の状況を考察することが中心となっていた。つまり、単元全体は現代と他国の過去を関連づけることを目指していても、1回の授業の目標は過去そのものの理解が中心で、当時の状況や背景の理解に基づいた歴史的共感を重視していた。これは具体的な歴史に関する事象を扱う歴史授業の特徴である。だからこそ、1回の授業の考察が単元全体の学習の中でどのような意味をもつのかを明確にすることが重要となる。

　Mary は単元での授業の構成や、問いや指示による学習の方向づけによって、生徒自身が現代と関連付けることを意図している。3つの歴史事例から獲得した革命という概念を、現代のどのような課題と結び付けるかは生徒自身に任され、プロジェクトが単元で学習した内容を現代と関連付けることを生徒に要求している。

　プロジェクトは、生徒が3つの革命をどのように解釈し理解したかを評価するためだけでなく、「何が人々を革命へと導くのか」という現代と過去をつなげる本質的な問いを探究するように設定されている。過去を考察する授業の中でも、当時のハイチや南アメリカやブラジルの人々にとって同様に、「何が革命をもたらすのか」が考察の対象であった。つまり、他国の過去に

おいてどのような人々が革命を起こしたのか、どのような要因があったのか
を考察することで、他国の過去という現在とは異なる社会の社会正義をめぐ
る問題を考察させているのである。

　学習内容と現代を結び付けるプロジェクトを単元の最後に位置付け、現代
と過去を関連付ける方法は、歴史家とは異なる教師の本質的な特徴を示して
いる。「生徒に歴史家のように過去を考えさせることについてどのように評
価するか」という質問に、Mary は次のように答えている。

> 常に過去の観点から物事を学ぶことは私たちの未来を知らせるとは限らず、（現
> 代と）途切れているように見えるため、私は生徒に批判的な目を持たせたいと思
> っています。良い歴史家はすべてを結び付けることができると思うので、それが
> 切り離されているとは思いません[22]。　　　　　　　　（カッコ内は筆者が補足）

　歴史家ではない生徒が過去と現代を結び付けることができるよう手助けを
することが教師の重要な役割である。そのためにも、単元という学習のまと
まりで現代と結びつけることができるようにすることが有効だと思われる。

4．おわりにかえて：社会正義のための世界史教室の意義

　Mary の世界史の教室では、現在の生徒が他国の過去を関連付けるために、
多様な学習方法を用いて、生徒が過去の人々が革命へと至った要因を解釈し
ていた。過去のラテンアメリカの3つの革命の学習を通して、生徒が「何が
人々を革命に導くのか」という革命の概念（原因）を獲得し、単元の最後の
プロジェクトでこの概念を現代の考察に適用し、現代の不正義を考察する。
この Mary の世界史の教室は、過去と現在の社会正義の問題を考える学習空
間として**図2**のように整理できる。

　Mary の教室は、シティズンシップの育成という観点からもその意義を考
察できる。シティズンシップ研究に関する近年の議論は、市民のエンパワメ
ントに大きなギャップがあることを踏まえ、これまで前提とされてきた個人

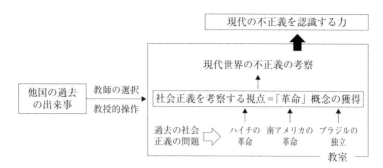

図2　社会正義を背景とした世界史の教室

主義的な責任を求めるシティズンシップに代わり、コミュニティや社会へ関
与する参加的なシティズンシップや、人権や社会正義や平等などの価値と一
致する方向への行動や変化を促進するシティズンシップの育成が求められて
いる[23]。

　Mary の教室は、世界史教育が社会正義を志向したシティズンシップの育
成に貢献することができることも示している。過去の他国の革命の概念から
現代の米国の自分たちと結び付け、現代の世界に対する不正を認識する観点
を獲得させているからである。シティズンシップをより直接的に扱う公民系
の科目だけでは、生徒が理解する市民的な行動は、投票という表面的な理解
に留まってしまう可能性がある。なぜ投票しなければならないのか、なぜ政
治に関心を持つ必要があるのか、なぜ批判的になる必要があるのか、これら
の問いの背景を社会正義の視点を育成しようとする世界史の教室で獲得する
ことが期待される。

　生徒が世界史の学びを通して過去と現代の不正義を考察することで、投票
という市民的行動の背景や意味を与えることに繋がる。この点に世界史の教
室において果たすことができるシティズンシップの可能性と役割を指摘する
ことができる。現代の不正を見る眼を養うことを目指す世界史の教室は、現
代の出来事に対する批判的な視点を提供する。実際、Mary の生徒が作成し

たプロジェクトで現在のアメリカの移民制限を不正義として批判する生徒も
いた。

　Mary の実践では、他国の過去と現在の生徒を結び付けているのが、単元
構成の背景にある社会正義の視点であった。自分たちとは異なる過去の他国
の人々がどのような問題を抱えており革命に至ったのかを、当時の状況や文
脈の中で学習し生徒の解釈に基づく革命の概念を獲得することで、他国の過
去における社会正義を認識させることが目指されていた。この視点は、生徒
が現在の自分たち自身が関わる自国の社会や世界を考察する上でも働くこと
が期待される。それぞれの授業は、ラテンアメリカの各国の当時の過去の考
察であるが、考察されているのは、当時の革命はどのようにすればよかった
のかや、革命はどうすれば起こらないのかという問いではなく、人々を革命
へと導くものは何かである。こうした問いは、過去の人々にとっての社会正
義を探究させ、現代の人々にとっての社会正義も考察させる本質的な問いと
なっている。

　社会正義の観点から世界史の単元を構成する方法は、現代と他国の過去を
関連付ける一つの方法でもある。歴史の教師にとって現代と結び付けること
の重要性を理解していても、実際にどのように接続するかについては困難が
あることも指摘されている[24]。教師が現在と過去を結び付ける観点を単元
を構成する上で持っておくことが、現在と過去を接続する、すなわち生徒と
学習内容との間にレリバンスを構築する単元構成の方法となることが示唆さ
れる。

（国立教育政策研究所　空　健太）

【註】

(1)レリバンスとは、「自分事」「自己関与」など学習者にとっての意味を指す。二井は
　ブルーナー（Bruner, J. S.）を基に、学習におけるレリバンスとして「個人的レリバ
　ンス（personal relevance）」と「社会的レリバンス（social relevance）」を示し、

「歴史総合」の大項目の構造が「個人的レリバンス」から「社会的レリバンス」へ
と成長させる論理で構成させるものと考察している。一方で、「個人的レリバンス」
がどのように「社会的レリバンス」へと深められるのかが実践における課題である
ことを指摘している（二井正浩「『歴史総合』の新設とレリバンス論の必要性」二
井正浩編著『レリバンスの視点からの歴史教育改革論―日・米・英・独の事例研究
―』風間書房、2022年、3-29頁）。

⑵文部科学省『高等学校学習指導要領解説地理歴史科編』2018年、360頁。

⑶ Thornton, S. J. Teacher as curricular-instructional gatekeeper in social studies. In
J. P. Shaver（Ed.）, *Handbook of research on social studies teaching and learning*.
New York, NY: Macmillan, 1991, pp. 237-248. ソーントンのゲートキーピング論の翻
訳としては次のものがある。渡部竜也・山田秀和・田中伸・堀田諭（訳）『教師の
ゲートキーピング：主体的な学習者を生む社会科カリキュラムに向けて』春風社、
2012年。

⑷ Grant, S., *History lessons teaching, learning, and testing in U.S. high school
classrooms*. Mahwah, N. J, 2003; Mccrum, E., History teachers' thinking about the
nature of their subject. *Teaching and Teacher Education*, 35, 2003, pp. 73-80.

⑸ Barton, K. C., & Levstik, L. S., *Teaching history for the common good*. Mahwah,
NJ: Erlbaum, 2004. 翻訳としては次のものがある。渡部竜也・草原和博・田口紘
子・田中伸（訳）『コモン・グッドのための歴史教育：社会文化的アプローチ』春風
社、2015年。

⑹ Stearns, P. N., Getting specific about training in historical analysis: A case study
in world history. In P. N. Stearns, P. C. Seixas, & S. Wineburg（Eds.）, *Knowing,
teaching, and learning history: National and international perspectives*, NYU
Press, 2000, pp. 419-436; Dunn, R. E., The two world histories. *Social Education*,
72（5）, 2008, pp. 257-264.

⑺ Harris, L. M., & Girard, B., Instructional significance for teaching history: A pre-
liminary framework. *The Journal of Social Studies Research*, 38（4）, 2014, pp. 215-
225.

⑻シティズンシップの育成を目指した教育について、例えば Westheimer（2015）は、
個人的な責任、参加、正義志向の 3 つの概念から説明している。Westheimer, J.,
What kind of citizen?: Educating our children for the common good. New York,
NY: Teachers College Press, 2015.

⑼授業の観察は、2019年10月21日から11月 6 日の間に実施した。

⑽単元観察前のインタビューの音声記録より。引用は全て教師へのインタビュー記録あるいは授業記録からの抜粋であり、これ以降は註で日付のみを示している。

⑾ Mary の高校の授業時間は60分だが、時間割によっては90分で行われる場合もあった。

⑿なお、この単元の評価については次で取り上げている（空健太「ルーブリックとパフォーマンス課題について説明しなさい」國分麻里・川口広美『新・教職課程演習第17巻 中等社会系教育』協同出版、2021年、115-122頁）。

⒀2019年10月21日。

⒁同上。

⒂同上。

⒃同上。

⒄2019年11月6日。

⒅ビデオは次の URL で視聴できる。https://www.youtube.com/watch?v=IOGVgQYX6SU（参照2019年12月4日）。

⒆2019年10月23日。

⒇ Mary の生徒中心の学習活動への意識は、単元後のインタビューの他の質問の回答でも確認された。うまくいかなかった世界史の授業について語る中で、昨年度の実践では説明を主として行ったため生徒がうまく理解できていなかったことを踏まえ、今年度の単元ではシモン＝ボリバルについての学習でポッドキャストを用いたり、ブラジルの独立の革命でグループでの資料読解へと改善したことを述べ、生徒自身の解釈を重視する様子が窺えた。

(21)2019年11月6日。

(22)2019年10月21日。

(23) Robertson, E., Teacher education in a democratic society: Learning and teaching the practices of democratic participation. In M. Cochran-Smith, S. Feiman-Nemser, & D. J. McIntyre（Eds.）, *Handbook of research on teacher education: Enduring questions in changing contexts (3rd ed.)*, New York, NY: Routledge, 2008, pp. 27-44; Kahne, J., & Sporte, S., Developing Citizens: The Impact of Civic Learning Opportunities on Students' Commitment to Civic Participation. *American Educational Research Journal*, 45(3), 2008, pp. 738-766; Levinson, M., *No citizen left behind*. Cambridge, MA: Harvard University Press, 2012; Banks, J., Failed Citizenship and Transformative Civic Education. Educational Researcher, 46(7), 2017, pp. 366-377.

⑳ Harris, L., Making Connections for Themselves and Their Students: Examining Teachers' Organization of World History. *Theory & Research in Social Education*, 42(3), 2014, pp. 336-374.

【付記】

　本章は、JSPS 科研費22K02537の研究助成に基づく研究成果の一部でもある。米国マサチューセッツ州の公立学校の教師やそれに係る資料の収集については、ボストン大学の研究倫理委員会（Institutional Review Board）の許可を受けて行ったものである（Protocol#:5200）。研究倫理上、学校や教師の名称は伏せるとともに、考察の基になっている単元の実際の資料などを提示することは許可を受けていないため現状では行っていない。今後、授業資料の公開が可能となった場合には、http://history-lessons.site/ に掲載する。

第 2 部

諸外国の歴史教育に見られるレリバンスの論理

第3章　英国ニュー・ヒストリーのレリバンス論
―SCHP（学校評議会歴史プロジェクト）を手がかりに―

1．問題の所在

　本書がまさに典型であるが、近年の日本では「レリバンス」の語は片仮名表記のまま広まりつつあり、そのせいか何かしら新しい概念のような感覚にとらわれがちである。だが、J・S・ブルーナーの The Relevance of Education が1971年に刊行された（邦訳の刊行は1972年）ことが示唆するように[1]、教育の世界では1970年前後に注目を集めるようになった概念である。米国におけるその時代的背景やレリバンスを意識した新・新社会科期の歴史教育論については前著で分析、究明した[2]。そこで、本章では引き続き同時代の英国の歴史教育、いわゆるニュー・ヒストリーの教育原理とレリバンス論について、SCHP（Schools Council History Project、学校評議会歴史プロジェクト）を手がかりに考察する。

　その理由の第一は、1972年に創設されニュー・ヒストリーをリードしたSCHP こそが、現在の英国で中等学校用の歴史教科書や各種教材を刊行し、中等教育修了一般資格 GCSE（General Certificate of Secondary Education）の審査委員会の一つ OCR（Oxford Cambridge and RSA）の歴史B試験[3]を主宰する SHP（Schools History Project）の前身だからである。管見する限り、日本で英国のニュー・ヒストリーを取り上げた研究には戸田善治、中嶋健一郎、竹中伸夫のものがあるが[4]、戸田と中嶋は P・J・ロジャースの歴史教育論、竹中は1970年代中葉に刊行された Schofield ＆ Sims 社の初等・中等用歴史教科書の内容編成論に特化しており、SCHP については直接言及していない。そもそも SCHP はいかなる役割を期待され、この時期に創設されたのか。

そして、いかなる成果をあげたのか。現在の SHP 編集のユニークな歴史教科書[5]の理論的基盤とはいかなるものか。それらを究明することはレリバンス論からみても意義深いと考えられる。

　英国のニュー・ヒストリー、とりわけ SCHP に着目する第二の理由は、前著で考察した米国の新・新社会科との異同を明らかにしたいからである。新・新社会科は生徒のレリバンス要求を正面から受け止めて A. コウンスラーらの米国史カリキュラムを生み出したものの、広く米国教育界に影響を及ぼすことなく、1980年代には保守派の巻き返し "back-to-basics" に遭って退潮を余儀なくされた。ところが英国―本章では原則としてスコットランドを除くイングランド、ウェールズ、北アイルランドを指す―では、新・新社会科の歴史教育論と類似する SCHP がその後も影響力を持ち続け、学校評議会の廃止（1984年）後も SHP として歴史教育の世界で注目すべき活動を展開している。それは一体なぜなのか。この問いに答えることができるならば、現在「歴史レリバンス運動」[6]の只中にいる日本にとっても、かつての米国の轍を踏むことなく歴史教育改革を前進させられるのではないか。それが SCHP の活動に着目する二つ目の理由である。

　SCHP 創設のねらいは、中等歴史教育の現状を調査し、教授・学習・評価の改善のための原理と具体的プランを提起することにあった。それゆえ、どこまで授業論に迫れるかは定かでないが、SCHP のレリバンス構築の論理と新・新社会科との異同を明らかにし、その歴史的意義を探ってみたい。

2．危機に瀕した英国の歴史教育

　英国の教育、とりわけ歴史教育は伝統的に中央政府の統制の埒外にあり、シラバスから教授法まで個々の教師の裁量に任されていた。それゆえ、既に20世紀初頭に生徒主体の学習を重視するキーティング（M. Keatinge）やハッポルド（F. Happold）のような教育者も現れ、1970年代のニュー・ヒストリーは決して新しくないとの批判もなされるが[7]、それは極めて例外的で孤立的

な事例であった。概して1960年代までの英国では、イングランド政治史を中心に教師が年代順に講義するやり方がウェールズやスコットランドでさえ支配的であり、それが「大いなる伝統 great tradition」として大方の合意を得ていたという。当時の典型的な歴史シラバスの概要を示したのが下の**表1**である[8]。大英帝国の栄光を背景にした白人（アングロ・サクソン）中心の同質的で階層的な社会を想像すれば首肯できる内容であろう。

　また、16歳で受験する中等教育修了試験の「歴史」の応募状況を示せば、下の**表2**のようになる[9]。GCE のＯレベル（General Certificate of Education Ordinary Level）はグラマースクールなどの優秀な生徒を対象にしておりレベルが高い—当時、中等学校生の約20〜25％が受験した—のに対し、総合制中等学校の拡充を背景に、より多様な生徒を対象に1965年に新設されたのがCSE（Certificate of Secondary Education）である。選択分野は**表1**の14-16歳用シラバスを反映して分散しているが、どの分野を選択しても、膨大な量の

表1　1960年代までの典型的な歴史シラバスの内容概略

11-12歳	古代史〜ノルマン征服（1066）
12-13歳	英国と欧州の歴史（1066-1485）
13-14歳	英国・欧州・世界の歴史（1485-17世紀、18・19世紀）
14-16歳	近代英国史（1815-1945） 近代の英国と欧州の歴史（1789-1939）　いずれか 英国の社会・経済史（1700-1945） 近代世界史（1870-1945）

表2　「歴史」の修了試験応募状況（1971年）

試験の分野	GCE（Ｏレベル）	CSE
英国の社会・経済史	22%	27%
1760年以降の英国史・欧州史	54%	30%
近代世界史	18%	37%

知識を前提にした選択式・論述式（エッセイ）テストが主であったため、生徒の不満は尽きなかった。また、選択科目である「歴史」を第3学年（13-14歳）で終える生徒が少なくなく、彼らにとっては履修した学習内容がほとんど修了試験に役立たないことも問題であった。

　因みに、イングランドとウェールズの中等学校試験を調整し、試験に関連する事柄について政府に助言する機関として1964年に誕生した学校評議会（Schools Council）は、1966年に15歳の生徒1万人に対する調査結果を公表したが、それは学校歴史の危機的状況を示すものであった。すなわち、「多くの生徒が歴史は"役に立たず退屈だ"とレリバンスに疑問を持っており、歴史は学校カリキュラムにおける地位だけでなく、若者の心の中の地位でも敗北しかねない」[10]との報告であった。

　加えて、1960年代の英国は一大変革期にあり、それが歴史教育にも大きな影響を及ぼした。ここでは主なもの3点を指摘しておこう。第一に、帝国からの撤退と旧植民地諸国からの移民の増加に伴い社会の多民族化・多文化化が進み、イングランドを中心とする単一の歴史シラバスの見直しを迫られたこと、第二に概念分析や構成主義を重視する社会諸科学の台頭と、社会史や女性史に象徴される歴史学の発展により、偉人や男性を中心とした「上からの歴史」のシラバスが時代遅れとみなされたこと、第三に中等教育カリキュラムにおいて歴史の代わりに社会科（social studies）や公民（civics）といった総合的アプローチの教科が注目されてきたことである[11]。

　こうした状況を踏まえ、プライス（Mary Price）は1968年「歴史は危機に瀕している（History in danger）」との論文を著して関係者に警鐘を鳴らすとともに、歴史教育のシラバスや教授法等について広く意見を交換するためのネットワークの構築と、研究プロジェクトの立ち上げを呼びかけた。

3．ニュー・ヒストリーの目指したもの

⑴ SCHP の創設とその目的

　プライスの呼びかけに応える形で、1969年には歴史学会（Historical Association）の教育雑誌として『歴史を教える（Teaching History）』が創刊（年2回刊行）され、学校歴史のあり方をオープンに議論するための場となった。ニュー・ヒストリーの提唱者の一人ジョーンズ（Jones）は、歴史科の成立根拠に関する合意の欠如、膨大な歴史的情報（事実）の取扱いに関する方法論の欠如が当面する大きな課題だと指摘したが[12]、それらはまさしく旧来の歴史教育に著しく欠けていた「厳密性や理論・方法」をどう担保するかという問題であり、当雑誌での議論の中心になった。

　これに続き1972年には学校評議会の資金援助（126,000ポンド）を基に、13〜16歳の生徒のための歴史プロジェクト（Schools Council History 13-16 Project）、いわゆる SCHP がリーズ・トリニティ大学を拠点に創設された。SCHP が受け入れた事業の主な目的は次の4点である[13]。

　　①カリキュラム改革の時代における「歴史」の役割を検証する。

　　②現実になしうる最善の制度的支援により歴史教育を再活性化する。

　　③生徒の学習への参加を促す。

　　④暗記的学習ではなく理解を評価する公的試験の方法を検討する。

　同大学のシルベスター（David Sylvester）を責任者に、彼と同僚たちとでプロジェクトチームを編成し、他大学の歴史学者や学校教師等からなる諮問委員会がこれを補佐した。リーズ・トリニティ大学は第二次大戦後のベビーブームにより教員需要が高まる中、1966年に教員養成校として開校したばかりで、歴史教育のカリキュラムや評価に関する研究、それに基づく現職教員の再研修にはうってつけの場であったと考えられる。その後、チーム責任者は75年ボディントン（Tony Boddington）、78年シェミルト（Denis Shemilt、74年からプロジェクト評価者として参加）に引き継がれていく。

　SCHP は、発足直後から上記の目的を達成するために13〜16歳の生徒を対象とする歴史教育の実態調査—授業に係る教師の活動や具体的なシラバス、評価システム、生徒への聴き取り等—と関連文献レビューに着手するとともに、修了試験のための歴史テスト問題のパイロット版を実験的に作成し、1974年夏に実施した。そして1976年に中間報告ともいうべき冊子を刊行した(14)。

　以下、この冊子を手がかりに SCHP の理論と方法について考察する。

⑵シラバス・フレームワークの提案

　前述の通り、SCHP に先行する他の調査から、「歴史」が中等段階の生徒の日常生活や将来の職業と関連づけられていないことは明白であった。第3学年（現在の9学年 Year 9に相当）のある生徒は、「歴史は仕事には役立たない。ジョージ3世は見習い大工と何の関係があるのか。」と述べたが、これは当時の生徒の多くに共通する感覚であった。他方、SCHP の調査は工夫次第で「歴史」を生徒と関連づけられることも明らかにした。その調査結果を踏まえ、SCHP が具体的に提示した改善の方策は以下の5点である(15)。

　①歴史を生徒が生活している現在の世界の理解につなげる。
　②異なる時間や場所に生きた人々の学習を通して生徒の経験を拡大させ、個人的なアイデンティティを確立させる。
　③人間の出来事には変化と継続のプロセスがあることを理解させる。
　④歴史を通して余暇の楽しさに気づかせる。
　⑤歴史を通して批判的思考力を育て、人間の諸状況について判断させる。

　これらの方策を具体化するために、中等学校現場での既存シラバスの批判的検討を踏まえて、次頁の**表3**のようなシラバス・フレームワークを作成した(16)。表中の右欄「歴史の教育的利用」が上記の方策①〜④に対応するように、SCHP のシラバスは「青少年のニーズ」に最大限配慮したものになっていた。これが SCHP の第一の特色だといってよい。青少年のニーズの重

表3　SCHP のシラバス・フレームワーク

シラバス単元	歴史の教育的利用
A　現代世界史の学習	現在の世界を説明するのに役立つ
B　一定の時代の深い学習	異なる時代・空間の人々の理解と価値ある社会的経験の拡大に役立つ
C　発展の学習	人類の発展と時代による見方の変化、因果関係の複雑性の理解のための素材を提供する
D　身の周りの歴史	余暇への関心に貢献する

要性を理念的に説くだけでなく、シラバスに具体化したのである。つまり、これらのシラバスを通じて生徒の授業への主体的参加を促し、歴史学習の活性化を図る。そこに教師の役割があるというのである。なお、方策⑤はすべてのシラバスや論述試験において生かされるものと捉えられる。

　また、A～Dの各シラバス単元はそれぞれ独立しており、全体で何らかの"通史"を構成しようとはしていない。これが伝統的なシラバスと異なるSCHP の第二の特色である。また、各シラバスは歴史学研究にも通じる歴史への多様なアプローチを示している。Aは現代の紛争や社会問題への歴史的アプローチ、Bは異文化としての過去への探究的アプローチ、Cは伝統的な年代史的アプローチ、Dは作業的・体験的アプローチに関連している。そして、歴史コースの全体はこれらの異なるアプローチに共通する証拠＝資料（文書や遺物・遺跡等）の批判的読解という方法・プロセスにより一つに統合されることが期待されているのである。

　では、各シラバス単元ではどのような主題ないしトピックの学習が想定されるのか。それを示したのが、次頁の**表4**である[17]。基本的に16歳での中等教育修了試験（GCE のOレベルないし CSE）の受験を想定した2年コースで、それぞれの主題例と必要な授業時間数が記されている。なお、いずれの試験でも各学校でのコースワークの得点が40％（深い探究10％、身の周りの歴史20％、現代世界史10％、発展の学習は記載なし）、外部試験の得点が60％（履修し

表4　GCE/CSE での歴史試験を想定した2年コースのシラバス

シラバス単元	実験学校用内容例	他の選択可能な主題	時　間*
発展の学習 (歴史を通じ主題の発展に影響した要因の学習)	歴史の中の薬	飛行の物語 社会の中の女性 教育 科学の歴史	1学期
深い探究 (1つ主題を選択し、過去の想像的再構築と現在との対比を行う)	エリザベス期の英国 (1558-1603) 1815-51のブリテン 1840-90の米国西部	5世紀のギリシア チョーサー期の英国 ルネサンス期イタリア スペインの南米征服 1640-60の英国 1905-24のロシア	1学期半
現代世界史 (3つの主題を選択し考察する)	共産主義中国の台頭 欧州統合の動き 中東紛争 アイルランド紛争	印パ紛争 世界強国の米国 アフリカ変革の風 冷戦の起源 公害	1学期半
身の周りの歴史 (1つ主題を選択。出発点として目に見える証拠を使用して、身の周りの歴史を学習する。遺跡等への訪問を含む)	先史時代のブリテン ローマ期のブリテン 1066-1550の城と要塞 1550-1800の田舎家 1066-1900の教会建築 農村風景の形成 1700～の都市の発展 産業考古学 地方の歴史的展開		1学期

*示唆された授業時間は週4～5コマ（1コマは30分)

たシラバスの内容に則した問題30％、歴史の方法に関する論述30％）となっており、試験問題はシラバスと密接に関連づけられていた[18]。

(3)歴史の教授法と入門コース「歴史とは何か」

　1960-70年代の歴史教育に理論面でも実践面でも大きな影響を与えたのが、児童心理学や認知心理学であった。当初、ピアジェ派の心理学が優勢で、変化や継続、原因や結果といった抽象的な概念を用いて歴史を思考できるのは

表5　歴史の教育成果（目標）

観念 Ideas	ⅰ）証拠 Evidence ⅱ）変化と継続 Change and continuity in time ⅲ）因果関係と動機付け Causation and motivation ⅳ）時代錯誤 Anachronism
能力 Abilities	ⅰ）分析 Analysis ⅱ）判断 Judgement ⅲ）エンパシー（共感）Empathy
経験 Experience	人間的であるべきことに関する広範で多様な経験
関心 Interest	余暇や専門的追求としての人間の過去への関心

16歳以降であり、それ以前は一部の有能な子どもを除いて難しいとされていた。そのため歴史の教師や教員養成関係者は、「歴史はほとんどの子どもたちの能力を超える教科なのか」[19] という疑問に直面することになった。

　これに対して学びの社会的文脈を重視し、教師や級友との協働により発達水準を超える学びが可能になる（発達の最近接領域論）と説くヴィゴツキーや、教師の適切な支援（足場かけ scaffolding）を通して、どの年齢の子どもにも教科の基礎（概念＝構造）を教えることができるとして、概念の繰り返しの学習からなる螺旋型カリキュラムを提唱したブルーナーの登場により、一転してニュー・ヒストリーは勢いづいた。こうした認知革命を背景にして、SCHP は歴史教育で達成すべき目標を上の表5のように区分する[20]。

　「観念」はブルーナーのいう教科の概念＝構造、日本の学習指導要領における歴史的な見方・考え方に該当しよう。また、「能力」は歴史的スキル、「経験」と「関心」は態度に位置づけられる。ここから、SCHP の目指した歴史教授法は旧来の教師による知識内容中心の講義ではなく、歴史固有の概念やスキルに重点を置く "doing history" であることが見て取れる。これこそ青少年のニーズに即したシラバス・フレームワーク、通史を否定し歴史への多様なアプローチを生かした単元構成に続く、SCHP の第三の特色といえよう。

　なお、これらの目標の中で目を惹くのが能力のカテゴリーに位置づけられたエンパシー（共感）である。エンパシーとは、過去のある事件に関与した人物の行動を理解しようとする場合、必ずしも人物の動機を肯定することなく、その心と感情に入り込み、当時の状況を考慮して行動を評価する能力を指す。それゆえ単なる想像力やシンパシー（同一視）とは異なる。留意すべきは、①証拠をもとにした想像力でなければならないこと、②通常ではシンパシーを感じないような人物や立場の観点をも考慮する必要があること、の二点である[21]。エンパシーについては、その意義はともかく、指導や評価の方法が判然としなかったために歴史教師の多くを悩ませ、やがてナショナル・カリキュラム策定の動きの中で大きな議論を呼ぶことになる[22]。

　さて、歴史の教授法としての"doing history"はあらゆる歴史の授業で重視されるべきものであるが、他方これに不慣れな教師が多いのも確かである。そこでSCHPは新しい教授法の実験的導入を図るとともに、歴史の本質理解を促すため、「歴史とは何か What is history?」と称する入門コースを開発した。コースの単元構造を示せば次頁の表6のようになる[23]。歴史は過去の人間的諸状況に関する証拠（資料）に問いかけ、批判的に分析・解釈する一連の探究（「探偵」は比喩表現）活動からなる。そうした歴史の理解は教科の存立を根拠づけるものであり、生徒や教師はもとより市民にとっても意味がある。つまり、入門コース「歴史とは何か」の開発には、学校歴史の価値を広く社会に知らしめるというねらいもあったのである。

⑷中等教育修了試験のテスト問題案

　SCHPはGCE/CSEの試験問題を検討する作業部会において、シラバス・フレームワークの各単元のテスト問題、及び入門コースに関連する歴史的スキル（証拠の性格と活用）を評価するためのテスト問題をそれぞれ開発している。中間報告的冊子に掲載された南部地域試験委員会によるテスト問題は「発展の学習―薬」、「現代世界史―アラブ・イスラエル紛争」、「深い探究

表6 SCHPの入門コース「歴史とは何か」の単元構造

単元1	**過去の人々**：過去の人々が何を語り、何をしたか絵を調べることにより、歴史の簡単な定義を提供する。また、歴史家が研究を進める年代順の枠組みを生徒が理解できるようにする。
単元2	**探偵活動**：この単元は3つの探偵エクササイズ—現代で1つ、歴史で2つ—で構成される。 ・現代の探偵活動は、交通事故に関与した架空の人物（マーク・ビューレン）を扱う。警察の報告書と財布の中身を調べることで、証拠を分析して解釈し、そこから結論を導く。これらの活動を通して、現代の探偵に必要とされるスキルを紹介する。 ・歴史の探偵活動は、トーロンマンとサットン・フーの船の埋葬に関する考古学的な発見を手がかりに追究し、解釈することにより、歴史的な探偵活動に生徒を巻き込む。
単元3	**証拠を見る**：古代、中世、現代の歴史学習に利用できる多種多様な歴史的証拠を紹介する。古代ギリシアと中世の騎士に関する学習では、現代の歴史家が扱う証拠を生徒が検討するように導く。
単元4	**証拠の問題性**：この単元は、何らかの問題や論争のある2つの歴史的主題に関する証拠のケーススタディで構成される。 （a）リチャード3世と行方不明の王子 　リチャード3世を甥殺しの邪悪で異形の王として描いた見解の起源と変遷を扱う。賛否両論の証拠を学習することにより、リチャードと王子の運命について生徒は自らの判断を下すよう導かれる。 （b）1913年のサフラジェット・ダービー 　一次資料と二次資料の検討を通し、1913年のダービーで王の馬に身を投げた女性参政権運動家（サフラジェット）エミリー・デイヴィソンの行動に関する矛盾した解釈を説明する問題を紹介する。
単元5	**問いを立てる**：この単元では、歴史家が因果関係と動機について探究する問いを生徒に紹介する。 　現代の人々と出来事を扱う3つのシミュレーション演習に始まり、大航海時代の歴史的状況に関係する探検家の動機を扱う。

—1840-90年の米国西部」、「証拠の性格と活用—1．ウィリアム征服王の記述、2．少年犯罪、3．ヒトラー」、「証拠の性格と活用—ヘンリ8世と離婚問題」からなるが[24]、ここでは「深い探究」と「証拠の性格と活用」の事例を見てみよう。

①「深い探究」の問題―1840-90年の米国西部―

　次の三つの資料（引用抜粋）を読み、問いに答えなさい。

〈A〉サンド・クリークの虐殺に関するクレイマー中尉の語り（1864年）

> 　私たちの連隊は昼にインディアンの村に到着し、シヴィントン大佐が兵を前進させると、インディアンは小川まで後退し土手の下に隠れました。酋長ホワイト・アンテロープは武器を持たず、両腕を上げて私たちの隊列の方に走ってきましたが、殺されました。他の数人の戦士がこの方法で殺されました。インディアンは全部で500人程でした。女性と子供たちは群がっており、私たちは彼らに集中射撃を浴びせました。100人程のインディアン戦士が必死に戦いましたが、結局125～175人が殺されました。負傷者は一人も投降せず、死者の頭皮は全て剥がされ、ホワイト・アンテロープと目されたインディアンは指を切り落とされました。我々の力は非常に大きかったので、インディアンに発砲する必要はありませんでした。わが軍が数回発砲するまで、彼らは撃ち返してきませんでした。こうしたインディアンを攻撃したとしたら、いかなる意味でも虐殺だと私はシヴィントン大佐に言いました。大佐は拳を私の顔に近づけて、「インディアンに同情するとは、このクソッタレ」と答えました。彼はインディアンを殺すために来たのであり、いかなる状況下であれ、インディアンを殺すのは名誉なことと信じていました。

〈B〉アンディ・アダムズ『カウボーイの丸太小屋』より

> 　牛追いの頭（かしら）はこれまでの道のりに満足しています。牛の群れは順調に移動しています。最初の1カ月間だけ気をつけて、夜にひどい嵐に見舞われなければ、群れを激しく追い立てる（have a run）必要はないでしょう。

〈C〉スーザン・S・マゴフィンの日記より（1846 or 47年）

> 　6月15日。インディペンデンスから95マイルのキャンプ No.5にて。
> キャンプは今夜で5日目。ああ、これは私が何ものとも交換したくない人生です！このような独立性、とても自由で汚染されていない空気があり、精神、感情、いや、あらゆる思考に純粋さを染み込ませます。噂話に明け暮れる町の暮らしで感じる抑圧や不安がなく、私は自由に息ができます……。

問1．なぜ19世紀の後半にインディアンと合衆国軍との戦闘が激化したのか、

その理由を説明しなさい。

問2．a）引用文Bの“run”の意味するところを説明しなさい。

　　　b）北へ向かう牛追いの旅で、カウボーイたちはどのように牛の群れ
　　　　を統制したか、記述しなさい。

問3．なぜ多数の家族（引用文Cの女性の家族のような）が入植者として西部
　　　に向かったのか。

問4．西部における典型的な入植者家族の日常生活を記述しなさい。

問5．自分が引用文Aのシヴィントン大佐であるとしたら、この事件につい
　　　てワシントンD.C.の上官にどう報告するか、想像して記述しなさい。

② 「深い探究」問題の分析・考察

　まず三つの資料の性格と背景を確認しよう。資料〈A〉は南北戦争中の
1864年、現在のコロラド州で起きた先住民虐殺事件の当事者で、指揮官のシ
ヴィントン大佐に批判的な立場をとったクレイマー中尉の手紙の抜粋である。
白人の入植者や金採掘者の多くは先住民を邪悪な野蛮人と捉え、死者の頭皮
を剝ぐという残虐行為も行ったが、人道的な見地からそれを批判する少数派
もいたことを示している。資料〈B〉はメキシコ国境付近（先住民の狩猟地で
もある）の野生の牛を捕獲して、鉄道のある北部まで群れごと駆り立てる牛
追いの旅を描いた小説の一節である。入植者の増大とともに食肉需要が増え、
それが大陸横断鉄道の開通とも相俟って牛追いを誕生させたことを示唆してい
る。資料〈C〉は西部入植者の女性の日記である。資料中のインディペン
デンスは現在のミズーリ州西端の町で、フロンティアを目指す三つのトレイ
ルの分岐点でもあった。作者のスーザン一行はサンタフェ・トレイルで南の
テキサスに向かったが、その背景には1845年のテキサス併合があったのであ
る。

　次に各問題について考察しよう。基本的に問1は資料〈A〉、問2は資料
〈B〉、問3は資料〈C〉に関する問題であるが、いずれも資料の字面を読ん

だだけでは解答できない。米国の西部開拓の光と影の実態を理解できている
かどうかがポイントであり、ただ重要語句や固有名詞を暗記しているだけで
は論述できない問題である。それは問4についても当てはまる。自営農民で
あれカウボーイや金の採掘者であれ、その日常生活を記述するには19世紀後
半の米国史に関する総合的な理解が不可欠であり、そのためには時間をかけ
て主題を掘り下げる「深い探究」の学習が必要となる。その意味で、問4は
シラバスを的確に反映したテスト問題といえる。また、問5はエンパシーの
問題であり、現在ではさほど違和感を持たないが、1970年代にはかなり異色
な歴史の問題と受け止められたであろう。しかし、これもまたSCHPの目
指す能力に「エンパシー」が位置づけられた以上、適切な問題設定と考えら
れる。

③「証拠の性格と活用」の問題—ヒトラー—

　次の諸資料（引用抜粋）を読み、問いに答えなさい。

〈A〉アドルフ・ヒトラー『我が闘争』1924年

> 私たちが今住んでいる土地は天から先祖に与えられたものではありません。彼らは
> 命を危険にさらしてそれを征服しなければなりませんでした。したがって、将来に
> おいても我が民族は他民族からの恩恵として領土を取得し、生存手段を手にするこ
> とはないでしょう。ただ勝利の剣の力によってそれを獲得する必要があるのです。

〈B〉ヒトラーの陸軍への命令、1938年11月24日

> 総統命令：ダンツィヒ自由市が奇襲によりドイツ軍に占領されるよう準備すべし。

〈C〉ワルシャワ（ポーランド）でのヒトラーの演説、1939年1月25日

> ポーランドとドイツは、相互関係の確固たる基盤に完全な自信を持って将来を楽し
> みにすることができます。

〈D-1〉ヒトラーの陸軍への命令、1939年4月3日

> 総統は白プラン（ドイツのポーランド侵攻の暗号）に次の指示を追加。1939年9月1日以降、いつでも作戦を実行できるように準備すべし。

〈D-2〉　ドイツ帝国議会でのヒトラーの演説、1939年4月28日

> ……最悪なのは、一年前のチェコスロバキアのようにポーランドが嘘つきの国際キャンペーンの圧力の下で、自国の軍隊を召集しなければならないと信じていることです。ドイツ側は一人も召集しておらず、ポーランドに対していかなる方法でも前進することを考えていないというのに……。これは、国際報道によって単にでっち上げられた、ドイツ側への攻撃の意図に他なりません。

問1．資料Aからわかるヒトラーの意図は何か。

問2．ヒトラーが自らの見解について、時によって異なる説明をしなければならなかった理由を説明しなさい。

問3．資料の中で、ポーランドに対するヒトラーの意図を示す証拠として（i）最も信頼できるもの、（ii）信頼できないもの、はどれか。それぞれ理由を挙げて答えなさい。

④「証拠の性格と活用」問題の分析・考察

　まず各資料の性格と背景から確認しよう。資料〈A〉はワイマール体制下で企てた一揆に失敗したヒトラーが、獄中で自らの政治思想や世界観を語ったものであり、彼の考えを知る重要な資料であるが、必ずしも正確な事実を反映しているとはいえない。資料〈B〉と資料〈D-1〉はダンツィヒ占領、ポーランド侵攻時期に関するヒトラーの命令書で、ドイツ軍の作戦に関して信頼できる資料である。資料〈C〉と資料〈D-2〉はいずれもヒトラーの演説であり、自己の真意を隠したり事実を歪曲したりするプロパガンダ的要素の濃い内容となっている。それもまた歴史の一次資料ではあるが、証拠資料という点では信頼できない。

　次に各問題の考察である。問1は特段の予備知識がなくても、資料〈A〉

の精読によって解答できる。問2は逆にこれらの資料の読解だけでは十分に解答できない。ヴェルサイユ体制や1930年代のドイツを中心とした国際関係の知識・理解を踏まえて、例えばダンツィヒ自由市やポーランド回廊、チェコのズデーテン地方といった固有名詞を織り交ぜながら説明しないと一般論になってしまい、歴史的説明としては説得力を欠こう。その点で、「深い探究」ないし「現代世界史」のシラバス主題例に、「1930年代のヨーロッパ」ないし「ヒトラー支配下のドイツ」を設けるべきであろう。問3は「証拠の性格と活用」という本テストの趣旨に適った問題となっている。

4．ニュー・ヒストリーの意義

⑴SCHPのレリバンス観とレリバンス構築の論理

　そもそもSCHPの出発点は、危機に瀕した英国の歴史教育を立て直すところにあった。そして、そのための基盤として「青少年のニーズ」を調査し、それを踏まえて多様なシラバス単元を開発した点で、生徒のレリバンス—個人的レリバンス、社会的レリバンス—に最大限配慮したのは明らかである。特に、「現代世界史」や「身の周りの歴史」を独立した単元に位置づけたことは、何よりの証左であろう。この「身の周りの歴史 History Around Us」は一見、日本の「身近な地域の歴史」に類似するが、いわゆる郷土史（一地方の歴史）の学習とは異なる。**表4**に示したように、先史・古代の遺跡、中世の城や教会建築、田舎家や農村風景等、実際に現地に行って観察、調査する体験型学習を指している。余暇を楽しむ時代を迎えて、教室（教科書、学校）を超えた歴史学習を意図したものといってよい。また「現代世界史」に関しても、われわれが通常イメージする市民革命や産業革命を年代史的に学ぶのではなく、マスコミを賑わす同時代の紛争や国際関係を取り上げて、立場の異なる諸資料を解釈し議論することで批判的思考を育てようとする。これも歴史学教育を超えた市民のための歴史学習の追求といえよう。

　ところで、生徒の興味を惹く教材を提示したり、その時々の社会的話題に

触れたりして指導を工夫するのは特段珍しいことではない。だが、SCHP は上述のように歴史シラバスそのものを生徒のニーズの観点から見直し、伝統的な歴史教育の常識を超えるシラバスを構想した点できわめて画期的であった。同時に、SCHP はブルーナーらの認知革命に基づいて、歴史の概念やスキルを重視する教授法 "doing history" を積極的に推進した。それは歴史教育固有の価値を明確化するために他ならないが、レリバンスの見地からしても意味がある。つまり、レリバンスを既に生徒の中にでき上がっているもの、それゆえ教師の力や技で引き出すものとして静態的に捉えるのではなく、文書や遺跡・遺物の読解・解釈をめぐって生徒と教師、あるいは生徒同士が議論する中で、生徒自らが育て上げ「構築」すべきものとして動態的に捉えていることである。ここに、生徒の学習の主体性や教師の支援（足場かけ）の重要性を意識した SCHP のレリバンス観が窺える。では、レリバンスを構築する手立ての原理や論理はどうなるのか。以下、前項で紹介した深い探究のテスト問題「1840-90年の米国西部」を基に、この問題を考えてみよう。

　まず、19世紀後半の米国西部を学習する導入として、サンド・クリークの虐殺事件を扱う。そのねらいは、ただショッキングな事件を提示することで生徒を揺さぶろうというのではなかろう。当時は、ベトナム戦争や米国のいわゆる「人種暴動」が連日テレビや新聞で報じられ、米軍による南ベトナムのソンミ村虐殺事件（1968）は世界的ニュースになるとともに、100年前の先住民虐殺事件をも想起させていた。ラルフ・ネルソン監督がサンド・クリークの虐殺を「ソルジャー・ブルー」(1970) として映画化し、話題を集めたのもこの頃である。また、英国国内でも1960年代後半にはその後長く続くことになる北アイルランド紛争が勃発し、テロ活動が常態化していたし、かつて英連邦の一員であった南アフリカでは黒人に対するアパルトヘイト政策が継続され、それに対する批判が内外で高まっていた。それゆえ、サンド・クリークの虐殺は決して過去の問題ではなかったのである。このように、歴史学習を単なる過去の出来事、どこか遠い世界の学習と捉えるのではなく、

現在の世界や身の周りの事象・事物と関連づけて捉える。これが、SCHP の
レリバンス構築の第一原理だといえる。

　生徒の多くは、19世紀の米国先住民の状況を、マスコミ報道や映画から知
り得た現在のベトナム人や黒人の境遇と重ね合わせて、シンパシーを感じる
に違いない。また、西部の農民、カウボーイ、金鉱夫といった人々の生活に
思いを馳せる者もいるかもしれない。そこから次々と疑問が生まれてくる。
資料〈A〉からは、なぜ先住民は虐殺されたのか。なぜ合衆国軍（北軍）は
南北戦争の最中に先住民と戦争するのか。白人の中に先住民を助けようとす
る者はいなかったのか。敗者となった先住民はその後どのようなくらしを強
いられたのか。資料〈B〉からは、牛の群れはどこを目指したのか。牛を長
距離移動させる上でカウボーイにはどんな技術が必要か。西部や南部には野
生の牛がそんなに沢山いたのか。資料〈C〉からは、なぜ多くの人々が西部
を目指したのか。どういう人が西部に向かったのか。女性が馬車で長旅に出
るのにはどんな苦労があったか。ざっと思いつくだけでも、これらの疑問が
湧いてくるが、疑問こそ探究の源である。このように、資料を通して想像力
やシンパシーを刺激し、それバネにして歴史学習を深化させる問いの表出を
促す。これが SCHP のレリバンス構築の第二原理だといってよい。

　しかし、想像力やシンパシーに依拠するだけでは歴史学習にはならない。
サンド・クリークの虐殺を指揮したシヴィントン大佐に限らず、歴史には想
像力やシンパシーを発揮しにくい事件や人物が少なくないからである。勿論、
シヴィントン大佐に触れなくても19世紀後半の米国西部は教えられるかもし
れないが、先住民の迫害なくして米国の西部開拓はあり得なかったとすれば、
シヴィントン大佐の後ろにいて彼を英雄視した多数の米国人（白人）の存在
に触れないわけにはいかない。では、どう扱えばよいのか。ここに登場する
のがエンパシーの概念である。シンパシーは主観（私）や時間（現在）を超
えられないのに対し、エンパシーはそれらの超越を求めるからである。つま
り、過去の人物や事件に現在の私の立場で感情移入するのではなく、過去の

人物の置かれた状況や環境を前提にして、もし自分がその人物の立場にあったならどう行動するか、追体験的に考える。勿論、手がかりがなければ当時の状況もわからず、行動の選択もできないので、証拠となる資料を集めて分析し判断する—分析、判断、エンパシーは SCHP の目指した能力である—ことになる。そして、この過程で歴史を他人事視せず我が事と捉えるレリバンスの構築が促され、歴史理解が深まるのである。追体験とはいえ、行動の選択には感情も伴うが、あくまでも歴史的文脈が優先する。常識的に考えれば、シヴィントン大佐の行動は単なる狂気や残虐性を示すに過ぎないが、エンパシーを働かせることで、その是非はともかく、米国史における「明白な宿命」や「文明化の使命」の観念を理解することができる。このエンパシーを促す問いや活動の設定が、SCHP のレリバンス構築の第三原理となる。

　以上から SCHP のレリバンス構築の論理は、①生徒のニーズに即した主題や教材の設定、②想像力やシンパシーを刺激する資料の提示、③エンパシーを促す問いや活動の実践、これらの三つの原理に則して学習を組織するということになろう。とりわけエンパシーに着目し、レリバンス構築の要と位置づけたところに SCHP の独自性が認められる。

⑵新しい中等教育修了試験への影響

　SCHP やニュー・ヒストリーが、1970〜80年代の英国の歴史教育に対してどの程度の影響を与えたのかについては議論が分かれる。SCHP の開発したシラバスを実際に採択した学校は全体の 4 分の 1 強、入門コース「歴史とは何か」を試験的に導入した学校は12％に過ぎないとして、その影響を過大視すべきではないとする者がいる一方、SCHP が学校歴史の意義を明らかにし、シラバス・フレームワークや試験問題の開発を通して歴史教育改革の方向性を示したことを高く評価する者もいる。そうした中にあって、新しい中等教育修了試験に与えた影響にこそ、SCHP やニュー・ヒストリーの歴史的意義があるとするフィリップス（R. Phillips）らの指摘は注目される[25]。

　前述のように、1970年代の英国の中等教育修了試験にはGCEのOレベルとCSEがあったが、後者もまた多様な受験者に配慮して複数の様式からなっており、それぞれに対応するシラバスや試験問題のレベルが異なるなど全体に複雑化していた。また、CSEの成績の上位ランクがGCEの普通ランクに位置づけられるなど、各試験の間には厳然たる格の違いが見られ、それに対する批判もあった。これを受けてSCHPは1976年に修了試験の統合を提言し、紆余曲折を経て1986年に新しい修了資格としてGCSEが導入されるに至った。このGCSEの基本的な考え方や構成原理に最も影響を及ぼしたのがSCHP等のニュー・ヒストリーであったというのである。

　教育科学省の定めたGCSE基準（1985）では、出題する内容（時代や範囲）は各試験委員会の決定に委ねられ、以下の一般的基準のみが規定された[26]。

・コンテキストに関連する知識を想起し、評価・選択し、首尾一貫した形で展開する
・原因と結果、継続と変化、類似と差異の概念を利用し理解する
・過去の人々の視点から出来事や争点を見る能力を示す（歴史的エンパシー）
・さまざまな歴史的証拠を研究するために必要なスキルを示す

　コンテキストやプロセス、歴史的概念、エンパシー、スキルを重視する点で、SCHPやニュー・ヒストリーの明らかな影響が見て取れよう。また、コースワークに基づく試験に20％が配点されたことで、教師や学校も上記の基準を想定したカリキュラムや指導法に挑戦することになり、直接・間接にニュー・ヒストリーの観念が普及していった。GCSE導入当初の教師に対する調査結果でも、多少の懸念はあるものの大半がこの試験が有効で成功したと感じているとの結果が示された[27]。その意味で、英国の歴史教育全般に与えた影響は決して小さくないと考えられる。その後90年代にかけて、ナショナル・カリキュラムの策定作業が進むともに保守派の巻き返しが起こり、歴

史の内容をめぐり中央政府の介入が進んでいくが、ニュー・ヒストリーの時代はまさに教師の自律性にとって「黄金の時代」であった。また、それを最大限生かしたのが、SCHP による GCSE の導入だったといえよう。

5．おわりに

　本章では、第一に英国ニュー・ヒストリーを代表する SCHP の歴史教育論について、シラバス・フレームワーク、教授法、入門コース「歴史とは何か」、GCE/CSE 用のテスト問題からアプローチし、それぞれの具体像と特質を明らかにした。特に、それらの基盤に「青少年のニーズ」を踏まえた「歴史の教育的利用」を置き、一貫してその観点からシラバスやテスト問題を開発したこと、またヴィゴツキーやブルーナーの理論を背景に青少年のニーズに挑戦し、レリバンスを高める歴史教授法を提起した点は注目に値する。

　第二に SCHP のレリバンス構築論について検討し、〈**青少年のニーズ→想像力・シンパシー→エンパシー**〉という論理構成になること、中でもエンパシーがレリバンス構築の鍵を握ることを究明した。エンパシーとは、一定の歴史的条件下で自分ならどう行動するかを考えることであり、批判的思考力や主体的判断力を必要とする。そうした批判精神や主体性こそがレリバンスの本質をなすことを SCHP は示唆したのである。その点で極めて先進的であった。しかし、1980年代後半以降、エンパシーは保守派によるニュー・ヒストリー攻撃の最大の標的とされ、結果的に公的文書でこの語を使用することを避ける傾向が生まれたという[28]。英国のナショナル・カリキュラムにエンパシーの語が見られない理由の一端が窺えよう。

　第三に、SCHP の歴史的意義を考察し、新しい GCSE 試験への影響に最大の意義を認める論を紹介した。SCHP と米国の新・新社会科との根本的差異は、まさにここにあったのである。両者はいずれも教育改革の潮流の中で生まれ、カリキュラムやシラバスに関する諸提案を行った。それに共鳴する者も少なくなかったが、ブームが去るとともに熱意も冷めていく。だが、

SCHP は新・新社会科と異なり、修了試験改革にも取り組んだ。教師にとって生徒の修了資格の変更は単なる熱意の問題ではなく、職責に関わる一大事である。当然、ブームと切り離して取り組むことになる。学校評議会の後援終了後の SHP が、保守派の反発やナショナル・カリキュラムの成立を超えて、なお一定の影響力を保ち得た理由もそれで了解できよう。この点で、安易な類比は避けねばならないが、「歴史総合」や「日本史（世界史）探究」を創設した日本の歴史教育改革の命運は、新たに導入された大学入学共通テスト等での学力評価のありように係っているともいえるだろう。

（滋賀大学　原田智仁）

【註】

⑴ Bruner, J. S., *The Relevance of Education*, W. W. Norton & Company, 1971.
　平光昭久訳『教育の適切性』明治図書出版、1972年。
⑵ 原田智仁「米国の新・新社会科期の歴史レリバンス論」二井正浩編著『レリバンスの視点からの歴史教育改革論―日・米・英・独の事例研究―』風間書房、2022年所収。
⑶ イングランドの GCSE を主に担当する審査委員会は、AQA、Edexcel、OCR の三つであるが、OCR の歴史試験には古代史（ギリシア・ローマ史）、歴史A（近代史：外国史、英国史、主題学習）、歴史B（SHP：英国史、世界史、地域史）のオプションがある。詳細は下記を参照されたい。https://www.ocr.org.uk/subjects/history/（確認2023年1月18日）
⑷・戸田善治「イギリスにおける「新歴史教育論」：歴史の説明・理解の構造を中心として」全国社会科教育学会『社会科研究』36巻、1988年。
　・中嶋健一郎「歴史学習における「文脈」の機能―イギリスにおける新歴史教育論・New History の再討」中国四国教育学会『教育学研究紀要』38巻2部、1992年。
　・竹中伸夫「歴史教育内容編成における内容配列順序の構造―イギリス、1970年代初等・中等用歴史教科書（Schofield & Sims 社）の分析を通して―」『広島大学大学院教育学研究科紀要』二部53号、2004年。
⑸ SHP の歴史教科書はホッダー教育社から刊行されている。SHP の下記ウェブサイ

トを参照されたい。https://www.schoolshistoryproject.co.uk（2023年 1 月18日確
認）また、SHP の教科書の特性については以下の論稿が詳しい。

・岩野清美「社会参加としての歴史授業の事例分析―英国歴史教科書 SHP シリー
　ズを事例として―」日本教材文化研究財団『社会参加を視点にした中学校社会科
　の教材と評価に関する研究（調査研究シリーズ No. 68）』2016年。

・岩野清美「中等社会科歴史教育カリキュラム研究―英国の歴史教科書 SHP の検
　討を通して―」和歌山大学教職大学院紀要『学校教育実践研究』No. 2. 2017年。

・原田智仁「歴史を大観する学習の単元構成論：日本と英国の事例分析を手がかり
　にして」全国社会科教育学会『社会科研究』78巻、2013年。

　　因みに、岩野（2016）は SHP 教科書の特性として、①社会的事象の探究におけ
　る視点・方法の明示、②公共の場における意見表明・社会運動のありようについて
　生徒に考察させる学習課題の設定、③目標を明確にしたテーマ別構成、の 3 点を挙
　げている。

⑹ 註⑵の前著で言及したように、2006年の高校「世界史」未履修問題から2018年の
　「歴史総合」創設（2022年度開始）に至る歴史教師や関連団体の動きは日本版「歴
　史レリバンス」運動と位置づけることができる。

⑺ Aldrich, R., *Lessons from History of Education*, Routledge, 2006. リチャード・オ
　ルドリッチ著、山﨑洋子／木村裕三監訳『教育史に学ぶ―イギリス教育改革からの
　提言―』知泉書館、2009年、265-269頁。

⑻ Schools Council History 13-16 Project（SCHP）, *A New Look at History*. Edin-
　burgh: Holmes MacDougall, 1976, p. 26.

⑼ *Ibid.*, p. 27の数値を基に、筆者が表を作成した。

⑽ Phillips, R., *History Teaching, Nationhood and the State: A Study in Educational
　Politics*, London: Cassell, 1998. p. 15.

⑾ *Ibid.*, p. 14.

⑿ *Ibid.*, p. 15.

⒀ Dawson, Ian, The Schools Council History Project ― A Study in Curriculum De-
　velopment, *The History Teacher*, 22(3), 1989, p. 222.

⒁ Schools Council History 13-16 Project（SCHP）, *op.cit.*

⒂ *Ibid.*, p. 12.

⒃ *Ibid.*, p. 19.

⒄ *Ibid.*, p. 20.

⒅ SCHP は中等歴史の修了試験を検討する二つの作業部会―①南部地域試験委員会と

オックスフォード学校試験代表団、②西部ミッドランド試験委員会と北部大学合同
入学委員会—を設置したことから、修了試験と密接にリンクしたシラバスや主題例
の提案が可能であったと考えられる。

⑲ Keating, J. and Sheldon, N., History in Education: Trends and Themes in History Teaching, 1900-2010, In Ian Davies (ed.) *Debates in History Teaching*, Routledge, 2011, p. 10.

⑳ Schools Council History 13-16 Project (SCHP), *op.cit.*, p. 38.

㉑ *Ibid.*, p. 41.

㉒ Phillips, R., *Reflective Teaching of History 11-18*, Continuum, 2002, pp. 20-23.

㉓ *Ibid.*, pp. 23-24.

㉔ *Ibid.*, pp. 60-84.

㉕ Phillips, R. (1998), *op.cit.*, p. 19.
　Keating, J. and Sheldon, N., *op.cit.*, p. 11.

㉖ Phillips, R. (2002), *op.cit.*, p. 18.

㉗ Phillips, R. (1998), *op.cit.*, p. 21.

㉘ Clements, P., Historical Empathy-R. I. P?, *Teaching History*, 85, 1996, pp. 6-8.

第4章　シビックエンゲージメントの視点に基づく歴史教育改革論
―J・D・ノークスの理論と米国史カリキュラムを事例に―

1．問題の所在

⑴レリバンスの視点からの歴史教育改革の萌芽

　本書が刊行されるのは、ようやく「歴史総合」1年目が終わろうとしている頃であろう。「歴史総合」開始前から、その実施を見据えた実践研究が進められ、また「歴史総合」新設の趣旨を解説するものやリソースブックに至るまで様々な書籍が出版されてきた⑴。これらの研究や書籍を手がかりにして「歴史総合」の授業に臨んでいる教員も少なくないだろう。

　これらの書籍と同様に、「歴史総合」に関心を持つ教員にとって大きな存在となっているのが、2015年に創設された高大連携歴史教育研究会である⑵。同研究会は複数の部会から構成されており、そのうちの一つである第2部会は、ホームページ上に「教材共有サイト」を設置し、管理・運営を行っている。会員であれば、自らの実践報告（指導計画、ワークシート、授業用スライドなどのデータを含む）をアップロードでき、また他者の実践報告を閲覧することもできる。おそらく後者の目的で利用する教員が多いだろう。

　2022年7月30日、31日に開催された同研究会の第8回大会においては、第2部会のパネル報告という形で、「〈さあ、「歴史総合」をしよう②〉生徒は、どのように歴史を"自分ごと"としているのか？―教材共有サイトの実践―」という分科会が企画された。この分科会では、「歴史総合」の実践に取り組んだ教員4名から報告がなされた⑶。その際に筆者らが出版した『レリバンスの視点からの歴史教育改革論』も参照され、議論が深められた。

　4名の教員による実践報告は、どのような工夫をして生徒たちにレリバンスを実感させようとしたかという教員側の意図だけではなく、実際に生徒たちが「歴史総合」にどのような意義・意味を見出したのかを探ろうとするものであった。このように「歴史総合」の実施を契機にレリバンスの視点からの歴史教育改革の萌芽がみられるようになってきている。

⑵学習者の視点に基づくレリバンス論研究の動向

　もう一つ、近年の歴史教育研究において主流になりつつあるのが、実際に生徒にインタビュー調査や質問紙調査を行い、生徒が歴史授業にどのような意義・意味（レリバンス）を見出しているのかを明らかにする研究である。代表的なものとして、星瑞希[4]と西村豊[5]の研究が挙げられる。

　星は、主権者育成のために歴史での学びを現代社会において活用することを重視している高校教師2名の歴史授業の観察とインタビュー調査、そして2名の教師の授業を受けた生徒にもインタビュー調査を実施している。西村は、多様な進路を目指す生徒が在学し、そのような生徒に対応するクラスを設けているX高校を事例に、質問紙調査を通して学習文脈が生徒の歴史授業に対する意識にどのような影響を与えているかを明らかにしている。

　いずれの研究においても興味深い知見が提示されているが、ここで注目したいのは、「S教諭の『討論授業』を、歴史学を追体験する授業として意味づけるA高校の生徒はいなかった。（中略）歴史学者の追体験としての歴史授業を生徒が意味づけることには限界があるのかもしれない」という星の指摘[6]と、「『歴史を学ぶ目的』を〔歴史学者のような思考力を身に付けるため〕と回答した生徒は、どの学習文脈においてもほとんどいないという結果になった」という西村の指摘[7]である。このような指摘の背景には、加藤公明による「考える日本史授業」や、米国の「歴史家のように読む」カリキュラム[8]に代表される史料読解重視の研究動向に対する問題意識がある。

　他方で、原田智仁は、「歴史家のように読む」カリキュラムに関して、「日

本の一部には社会科は小さな歴史学者を育てる教科ではないといった批判も
あるが、それは全くの見当違いである。（中略）社会科をデジタル時代の市
民形成に役立てるためにこそ、『歴史家のように読む』手法が着目されたわ
けである」と指摘している[9]。原田の指摘は理解できるが、日本の高校の文
脈に即して考えるならば、デジタル時代に必要なリテラシーの育成は情報科
で中心的に取り組まれて然るべきものであろう。歴史授業で育成するのは回
りくどいやり方であり、その意義を高校生が納得できるとはあまり思えない。

　米国の史料読解重視のカリキュラムに関する研究は、この10年ほどの間に
日本国内で一定の蓄積をみたが、一部の例外的な試み[10]を除いて殆ど日本
の高校現場で応用されていない。対照的に、星や西村の研究は、前述した高
大連携歴史教育研究会の会員の間でも非常に注目されている。この点を踏ま
えれば、「歴史家のように読む」カリキュラムは、高校生だけではなく、高
校教員にとっても、殆どレリバンスを感じられないものになっている。

⑶本章の目的と方法

　とはいえ、米国では、市民形成の観点から史料読解重視のカリキュラムを
再構成しようとする研究もみられる。こうした研究を近年進めているのが米
国ブリガムヤング大学教授のJ・D・ノークス（Jeffery D.Nokes）である。
本章では、ノークスが2019年に出版した中等教育段階向けの教材集である
『歴史を教える、シティズンシップを学ぶ：シビックエンゲージメントのた
めのツール』[11]を取り上げ、レリバンスの視点から考察する。

　ノークスは、もともと歴史固有の学問的リテラシー（＝歴史的リテラシー）
の育成を重視してきた研究者であり、本章で検討する教材集には、「出所の
明確化」や「歴史的エンパシー」など、これまでの米国の歴史教育研究の成
果が盛り込まれている。ノークスがこうした研究成果を市民形成の観点から
どのように再構成しようとしているのかを検討することは、今後の歴史授業
に関する研究を発展させる上で意義のある作業だと考える。

2．歴史教育改革の視点としてのシビックエンゲージメント

(1)ノークスの研究に関する概要とこれまでの評価

　最初にノークスの経歴を確認しよう。ノークスはブリガムヤング大学歴史学部の教授であり、2005年にユタ大学で博士号を取得している。ブリガムヤング大学に着任する前は、1991年から2006年までユタ州内のミドルスクール、ハイスクールの教師だった。ノークスの主たる研究関心は、中等教育段階における歴史的リテラシーとそれを育成するための教授・学習法である。

　本章では、前述したように、2019年に出版された教材集を検討するが、これまでにノークスは、*The History Teacher* 誌や *Theory and Research in Social Education* 誌などにおいて、文書を基礎にした授業（document-based lessons）やアーギュメントライティング（argumentative writing）、さらには、複数の歴史家が文書を読む際にどのように協働したかといった点に焦点を当てた実証的研究も進めてきている[12]。これらの研究の成果は、教材集のなかで提案されている授業案や指導方法にも反映されている。

　日本国内では、前述したような「歴史家のように読む」カリキュラムやその開発に中心的な役割を果たしたＳ・ワインバーグ（Sam Wineburg）の理論に関する研究に比べると、ノークスの研究は殆ど取り上げられていない。そのような中で、原田智仁は、学問的リテラシー（disciplinary literacy）の例として、ノークスの研究を批判的に取り上げている[13]。

　原田はノークスが2013年に出版した『生徒の歴史的リテラシーの形成』[14]に着目し（**表１**）、「内容は歴史家の史料批判に倣った歴史学的な思考技能や探究法からなることが読み取れよう」と特徴づけている。しかし、原田は、「ノークスの歴史的リテラシー論をそのまま生かすにはやや無理がある。歴史学習を通して歴史的リテラシーを獲得させるとしても、最終的に育成すべきは歴史家的資質ではなく市民的資質だからである」と批判している。その上で原田は、ウィスコンシン州の歴史学者や教師たちが中心となって開発し

表1　『生徒の歴史的リテラシーの形成』の目次

〈第1部：歴史的リテラシー〉
1. 歴史的リテラシーの形成
2. 歴史的リテラシーの定義
3. 歴史的リテラシーの教授
4. 複数のテクストを用いる上での適切な認識上のスタンスの育成
〈第2部：方略と証拠への流暢さ〉
5. 歴史家の手法を用いた一次資料の活用
6. 人工物を用いた生徒たちによる推論の支援
7. 視覚的資料によるメタ的概念理解の育成
8. 歴史小説を通じた歴史的エンパシーと視点獲得の育成
9. 教科書や二次資料を用いた健全な懐疑主義の育成
10. オーディオとビデオの資料による還元主義的思考の回避
11. 数量的な歴史的証拠によるアーギュメントの形成
〈第3部：それらを全てまとめると〉
12. 形態の異なる資料を用いた資料相互の批判的分析
13. 歴史的リテラシー形成のパターンの発見

（Nokes, J. D., *Building Students' Historical Literacies: Learning to Read and Reason with Historical Texts and Evidence*, Routledge, 2013. pp. ii-iii.）

た「歴史家のように思考する」教授・学習フレームワークに着目し、「市民形成につながる社会科固有の歴史的リテラシーの概念と形成原理」を明らかにしている[15]。この段階でのノークスの研究内容を踏まえれば、このような原田の意味づけは決して見当違いとは言えず、その後、日本国内においてノークスの研究があまり注目されなかったのは仕方のないことだろう。

　しかし、本章で検討する教材集の内容を踏まえるならば、原田の意味づけは再検討が必要になる。なぜならば、ノークスの研究は、必ずしも原田が指摘するような「歴史家的資質」を育成しようとするものではないからである。また、デジタル時代に求められるリテラシーの育成に限定されるものでもなく（ただし、ノークスもデジタル時代に求められるリテラシーの育成そのものについては重視している）、まさに原田のいう「市民形成につながる社会科固有の歴史的リテラシー」を育成しようとするものだからである。以下、教材集を手がかりにして、ノークスの理論と米国史カリキュラムを検討したい。

⑵シビックエンゲージメントの定義とその構成要素

①シビックエンゲージメントの定義

　次に、ノークスが歴史教育・歴史授業の役割をどのように捉えているのか確認しよう。ノークスにとって、歴史授業とは、「民主主義の存続を確かなものにするために必要な知識、技能、そして性向（disposition）を持つ市民を育てるにあたって不可欠な役割を果たす」ものである[16]。ノークスは「歴史は、中核的な教科として危機的な状態にあるようにみえる」とも述べているけれども[17]、「民主主義の存続」という表現が用いられていることからもわかるように、現代の米国や世界の諸問題の解決に主眼を置いている。

　このような問題意識を持つノークスは、ここで「シビックエンゲージメント」（civic engagement）という概念に着目している。日本ではあまり耳慣れない概念ではあるが、ノークスによれば、「市民たちは、かれらのコミュニティ、学校、国、あるいは、世界における問題または必要性をかれらが特定し、是正するときに、シビックエンゲージメントに関わるようになる。さらに、*見識のあるシビックエンゲージメント（informed civic engagement）*」は、市民が肯定的な成果を生み出すために必要な知識と技能を持つときに生じる。結果を得るには、行動だけでは十分でなく、適当な方法で行動しなければならない」という[18]。この定義で挙げられている「見識のあるシビックエンゲージメント」には、「見識のある投票、賢明な陪審員、説得力のある演説、コミュニティでの有益なボランティア活動」が含まれている[19]。

　ここまでの定義や例をみる限りでは、シビックエンゲージメントは、直接的には学校教育に関係しそうにない概念のように思われる。しかし、シビックエンゲージメントは、「いじめられているクラスメイトのために立ち上がったり、障がいを持った人のニーズに合わせるための方法を地元の役人に提案したり、学校の状況を改善するために管理者や同級生たちと協力したりすることを含んでいる」とも述べており[20]、ノークスが作成した教材集ではこのような学校教育（学校生活）と関連した問いも提案されている。

②シビックエンゲージメントの構成要素—知識、技能、性向—

　とはいえ、これらの定義や例だけでは、シビックエンゲージメントの具体についてまだ不明な点も多い。次に、どのような生徒の姿がみられればシビックエンゲージメントとして評価できるのか、またそうしたシビックエンゲージメントはどのような要素から構成されるのかをみていきたい。

　ノークスは、高校生によるシビックエンゲージメントの具体例として、マージョリー・ストーンマン・ダグラス高校（フロリダ州）において2018年2月14日に発生した銃乱射事件後の生徒たちの行動を取り上げている[21]。ノークスの整理によれば、同校の生徒たちは、全米のテレビ番組で議員と議論したり、フロリダ州議会議員と面談し、同州の銃規制法を改正するよう懇願したり、大統領と国会議員に会うためにワシントン D.C. へ行き、全米ライフル協会からの寄付を拒絶するよう要求した。また、大人たちには次の選挙で銃規制に関して行動しなかった議員に投票しないよう要求し、学校内においては上級生に対して投票のための登録をするよう促した[22]。

　ノークスはこのような生徒たちの行動を、知識、技能、性向の観点に即して特徴づけている[23]。知識については、例えば、「選挙資金と特殊利益団体の力を理解することは、銃を愛好する候補者たちを激励する資金豊富な全米ライフル協会を生徒たちが特定し批判するのに役立った」と指摘している。また、技能については、人前で話したり、ソーシャルメディアで同級生とコミュニケーションを取ったりした点に注目し、これらは上述した生徒たちの行動において不可欠な技能であったと述べている[24]。

　その上で、ノークスは3番目の性向を重要視している。ノークスは、銃乱射事件が「生徒たちが行動するにあたっての性向を創り出した」点に注目している。具体的には、生徒たちに、権力のある大人や多くの聴衆の前で話すための勇気を与え、現在の法律や法律制定プロセスについての関心を増大させ、そして銃での暴力によって被害を受けた他の犠牲者への共感（empathy）を深めたと評価している[25]。無論、だからと言ってノークスは銃乱射事件

を肯定的に評価しているわけではなく、教育的な働きかけを通して、このような性向の育成を目指していると解釈すべきだろう。

　以上のようなシビックエンゲージメントの構成要素を踏まえると、ノークスが学校教育において目指していることは、歴史家的資質の育成ではなく、またデジタル時代に求められるリテラシーの育成に限定されるものでもないことが理解されよう。しかし、シビックエンゲージメントと歴史教育との繋がりはまだみえてこない。この点については後で検討することにして、ここでは「若い人々にシビックエンゲージメントのための準備をさせるには、知識、技能、そして性向に関する目的を含む歴史教育の新しいビジョンが必要になる。（中略）歴史授業は若い人々にシティズンシップのための知識、技能、そして性向を準備させる理想的な位置にある」というノークスの主張を確認しておきたい[26]。つまり、ノークスは、シビックエンゲージメントの視点から歴史教育を再構成しようとしているのである。

　ここまで日本ではあまり耳慣れないシビックエンゲージメントについて、ノークスによる定義、具体例、そして構成要素を整理してきた。次に、シビックエンゲージメントの視点からみたときに、これまでの歴史教育にどのような課題があるのか、そしてシビックエンゲージメントの視点に基づいて再構成することにより、歴史教育はどのように変わるのかをみていきたい。

3．シビックエンゲージメントの視点に基づく歴史教育改革の前提

⑴シビックエンゲージメントの視点からみた歴史教育の課題

　多くの歴史教育改革論において歴史教育の課題として指摘されるのは、講義中心・暗記中心の授業が主流となっている点や、その結果として生徒たちが歴史的思考力を身につけられていない点である。このような課題を克服すべく展開されてきた研究として、「歴史家のように読む」カリキュラムに代表されるような史料読解を通して歴史的思考力（技能）の育成を目指す動向が挙げられる。これまでのノークスの研究も、このような動向に位置づけら

れる。ノークスは教材集においても、これまでの歴史授業では知識が強調されるあまり、技能と性向が無視されてきたと主張している。ただし、続けて「歴史教師たちは、かれらが技能の教授を強調してきたことと比べると、シビックエンゲージメントのための性向を育てることを殆ど強調さえしてきていない」とも指摘しており、技能以上に性向の育成に目を向けている[27]。

　ここで検討しなければならないのは、シビックエンゲージメントの視点からみたときに、なぜ性向の育成が知識の教授や技能の育成以上に重要な課題として立ち現れてくるのかということである。ノークスはこの点について、「国があなたのために何ができるのかを問うのではなく、あなたが国のために何ができるのかを問おう」というジョン・F・ケネディ大統領による大統領就任演説（1961年）を例にして具体的に説明している。

　ノークスによれば、知識と技能を持った生徒であれば、この演説がケネディ大統領によるものであることを想起し、この主張を演説に含めるよう彼を導いた歴史的文脈を説明することができる。しかし、ノークスは、知識と技能だけでは民主主義の展開をより良きものにはしないだろうと主張する。その上で、「ケネディの挑戦を熟考し、次にかれらの国あるいはコミュニティをより良くするために何かをするのは、シビックエンゲージメントのための性向を発達させてきた者だけであろう」とノークスは述べており[28]、民主主義の展開をより良いものにする上での性向の重要性を明確に指摘している。

　無論、歴史教育において性向のような情意面を過度に強調することは危険であろう。例えば、若松大輔は、「戦前における国家主義的イデオロギーの注入による皇国民錬成の過去を振り返れば、情意へ直接的に働きかけることが、態度主義という問題だけではなく、とりわけ社会系教科においてはポリティカルな問題として浮上する」と指摘している[29]。しかし、ノークスが主張しているのはシビックエンゲージメントのための性向であり、後述するように直接的に情意へ働きかけるものではないことを確認しておきたい。

⑵シビックエンゲージメントと歴史的知識、歴史的技能、歴史的性向

　上述の通り、ノークスは性向の育成を強調しているが、だからと言って、知識と技能を軽視しようとしているわけではない。知識、技能、性向を三位一体のものとして捉えている点が重要である。ここで、ノークスによる、歴史授業における知識、技能、性向の定義を確認したい[30]。

歴史的知識：現状を理解するための背景を提供するとともに、利用すべき歴史的問題解決のモデルを提供する。

歴史的技能：市民が耳にする情報についてかれらが批判的に思考し、信頼できる情報源と信頼できない情報源とを区別し、証拠を使って解釈を作り上げ、代わりとなる見方を認識し、そして協働的かつじっくりと証拠に基づく結論に到達することを助ける。

歴史的性向：証拠を分析する後まで判断を差し控えたり、多様な見方を誘ったり、重要な諸問題に関して意見を述べたり、妥協と犠牲を通じて共通善を探し求めたり、そして問題が観察されるときに行動を起こしたりする傾向性を含む。

　これらの具体的な内容、特にノークスが強調する歴史的性向については、教材集で提案されている米国史カリキュラムを例に後でみていく。その前にここでは歴史的知識と歴史的技能について補足をしておきたい。

　ノークスが歴史的知識として重要視しているのは、個別具体的な知識ではなく、概念的知識である。概念的知識の意義については学習科学の研究において明らかにされてきており[31]、日本の教育学研究においても紹介されている。ノークスも学習科学の研究に言及しているが、シビックエンゲージメントにとっての意義を次のように説明している点が重要である[32]。

　　見識のあるシビックエンゲージメントは、重要な概念、国家統治のプロセス、歴史的先例、そして現在の出来事に関する知識を必要とする。歴史は、民主主義、権力、不平等、法の適正手続き、公民権、連邦主義、市民的不服従、帝国主義、

そして歴史及び現在の出来事を理解するために必要不可欠な他の概念を熟考する機会を提供する。これらの諸概念の理解がなければ、生徒たちは現在の諸問題を掴むのに失敗し、あらゆる解決策へのアクセスに失敗し、重要な理念を伝達するのに必要な語彙を欠き、そして市民の行動について考えるために不可欠な認知的枠組みを持たないことになる。

　次に、歴史的技能について、ノークスは例として「出所の明確化」という技能を取り上げ、これがシビックエンゲージメントにおいて不可欠であると主張している。しかし、前述した歴史的知識と比べるとややトーンが下がる。例えば、「歴史的な読み、思考、論述のための方略を教授されてきた生徒たちは、本当に優れたシティズンシップを示すのだろうか。それが事実であるということを示す研究は殆どない」と述べている[33]。

　ノークスは、デジタル時代に求められるリテラシーと言うべき、スタンフォード大学歴史教育グループによる「市民としてのオンライン推論能力」（civic online reasoning）に関する研究を参照しながら、歴史的技能が他の文脈へと転移される可能性にも言及してはいる。とはいえ、「授業において歴史的思考方略を育成し、市民領域（civic arena）のなかでの応用方法の手本を示すことは、生徒たちがより熟練した市民になるのを助ける、ということはあり得るように思われる」と慎重な言い回しに努めている[34]。

　後述する米国史カリキュラムでは、これまでに米国で展開されてきた歴史的技能に関する研究の成果も反映されており、ノークスは一概に歴史的技能の育成を否定しているわけではない。おそらくはこれまであまり注目されてこなかった性向により光を当てたいという意図があるのだろう。また、歴史的技能を教授することの意義を批判的に検討することなく、歴史家が用いている技能だからという理由で、それを教授することを是としてきたこれまでの歴史教育研究の動向に対する問題意識の表れでもあるのだろう。ノークスは単に歴史的技能の転移可能性を示唆するのではなく、市民形成の観点から歴史的技能を教授する意義を検討しようとしているのである。

4．シビックエンゲージメントの視点に基づく米国史カリキュラムの構成

⑴性向を軸にしたカリキュラムの構成

　以上を踏まえて、ノークスが作成した米国史カリキュラムを検討していきたい。ノークスは米国史を題材にした12点の授業案を作成しており、各事例において焦点を当てる知識、技能、性向を**表2**のように整理している。

表2　ノークスによる米国史カリキュラムにおける知識、技能、性向[35]

	知　識	技　能	性　向
1	アダムス、クインシーとボストン虐殺事件裁判	確　証	他者の権利を擁護する
2	ハリエット・タブマン	歴史学	
3	通信委員会	文脈化	志を同じくする人たちと団結する
4	サミュエル・ゴンパーズとアメリカ労働総同盟	歴史的エンパシー	
5	大いなる妥協	歴史的な視点の獲得	妥　協
6	1964年の公民権法	継続と変化	
7	再建のためのエイブラハム・リンカンの計画	倫理的判断	駆け引き及び敵対者との協力
8	ロナルド・レーガンとミハエル・ゴルバチョフの友好関係	アーギュメントライティング	
9	サイレント・センチネル	写真の分析	不満を示す
10	1968年のオリンピックでのデモンストレーション	類推を通じた文脈化	
11	スーザン・B・アンソニーと1872年の選挙	歴史的意義の特定	市民的不服従
12	ジェームズ・ファーマーとフリーダム・ライダーズ	出所の明確化	

　ノークスが作成した米国史カリキュラムは、これまでの教材集のような知識や技能を軸にした構成ではなく、性向を軸にした構成になっている点に最大の特徴がある。したがって、ここで提案されている授業案は、年代順に示されておらず、また技能についても難易度の低い順から高い順へと配列されているわけではない。実際に教師がこの教材集を使う場合には、提案されている内容を扱う授業実践時に、適宜活用するということになるだろう。

　まず、ノークスが提示している性向について確認しよう。ノークスは、「他者の権利を擁護する」「志を同じくする人たちと団結する」「妥協」「駆け引き及び敵対者との協力」「不満を示す」「市民的不服従」という6点の性向を選択している。ノークスはこれらの性向の関係性や階層性について明確な説明をしていないが[36]、「他者の権利を擁護する」という性向については、「他者—我々が賛同しない人々であっても—の諸権利を擁護するというこのような態度は、民主主義の存続のためには必要不可欠である」と述べており、シビックエンゲージメントの基盤となる性向であると解釈できる[37]。

　また、ノークスは、「妥協」という性向の意義について、次のように明確に述べている。すなわち、「妥協する能力は、シビックエンゲージメントに必要不可欠である。それは、敵対者が合意できるような共通の基盤を模索することを含んでおり、いずれの立場もいくつかの目的は達成するが、いずれの立場も完全に満足することはない。（中略）これは、米国が、伝統と変革、自由と安全、孤立と介入、そして利己心と共通善とのバランスを取ることを可能にする、必要不可欠な社会的技術なのである。米国に存在するバックグラウンドと見方の多様性を考慮すれば、建国以来、妥協が必要不可欠なものであったことは驚くべきことではない」と[38]。このような説明を踏まえれば、「妥協」はシビックエンゲージメントの中核的な性向と言えるだろう。

　ただし、最後の「市民的不服従」は、他の性向と大きく性格が異なる。「市民的不服従」は、「法律、警察の命令、ビジネスポリシー、あるいは、他の確立された慣行への不服従」を含むものであり、「しばしばシビックエン

ゲージメントのツールとして最後の手段とみられている」[39]。つまり、他の手段（性向）が上手くいかなかった場合の最後の手段として位置づけられているのである。そうしたこともあってか、ノークスは、他の性向の場合には実生活での行動や応用を促しているのに対し、「市民的不服従」の場合、例えば「ジェームズ・ファーマーとフリーダム・ライダーズ」の授業では、「市民的不服従と結びつくリスクはどのようなものか」「市民的不服従が用いられる前に状況が慎重に吟味されるべきなのはなぜか」を考えるなど[40]、「市民的不服従」にかかわる留意点を検討することに主眼が置かれている。

　ノークスが取り上げている性向は、「市民的不服従」を除き、生徒たちに現在や将来取り組んで欲しい行動のリストだと言える。つまり、知識や技能だけでなく、性向を強調することにより、歴史授業で学んだことを現実の問題に応用したり、行動を起こしたりすることを促そうとしているのである。

　次に、ノークスが作成した米国史カリキュラムにおいて、どのような事例が選択されているのかをみておこう。表2にあるように、各性向につき2つの授業案が提案されている。選択された事例をみると、当然のことかもしれないが、黒人や女性の権利を主題としたものが多いように思われる。

　ノークスが作成した授業案はあくまで一例であり、各性向の育成に適していると思われる他の事例の候補も紹介されている。例えば、「妥協」という性向の場合、社会保障法（1935年）やメディケアプラン（1965年）といった事例が挙げられている[41]。また、ノークスは性向が上手くいかなかった事例の候補も紹介している。例えば、「他者の権利を擁護する」という性向の場合、インディアン移住法（1830年）や、南北戦争後のブラック・コード、ジム・クロウ法といった事例が挙げられている[42]。

　ノークスが提案している米国史の事例は、決して目新しいものではないかもしれない。ここで重要なことは、これまでの歴史教育研究においては、歴史的思考力の育成に適した事例が選択されてきたのに対し、ノークスは性向の育成の観点から事例を選択し、その結果、これらの事例を学習する新たな

意義・意味を付与している点である。例えば、ノークスは「妥協」という性向の育成に焦点を当てた授業案を提示するにあたって、教材集出版当時のトランプ政権の出来事—特に妥協が排除された例（最高裁判事の承認）—を挙げながら、妥協に関連する米国史の事例を学ぶ教育上の意義を述べている[43]。

⑵授業展開の方法

　次に授業展開の方法をみていきたい。ノークスはどの授業案においても共通の方法で授業展開を構想している。すなわち、①背景知識の構築（教材集に掲載されているエッセイを事前にコピーして生徒に配布し、授業までに各自で読んでおくよう指示する、あるいは、授業の冒頭で教師が生徒とともにエッセイを声に出して読む）、②教師のモデリングによる史料読解、③個人あるいは小グループで史料を読解し、グラフィックオーガナイザーを完成させる、④クラス全体でのディブリーフィング、という授業展開である。

　②の教師のモデリングは、教師が史料を読みながら考えたことを発話する思考発話法という方法が採用されている。これは「歴史家のように読む」カリキュラムの教授方略を参考にしていると考えられる[44]。どの授業案においても史資料が10点程度掲載されているが、これらは「歴史家のように読む」カリキュラムと同様に生徒向け（第7〜8学年向け）に編集されている。また、写真や動画など視覚的資料が多く選択されている点も特徴的である。

⑶授業案の例—「1964年の公民権法」の場合—
①授業案についての概要

　ノークスが作成した授業案のうち、シビックエンゲージメントの中核的な性向とみなし得る、「妥協」という性向を軸に作成された授業案をみていきたい。ここでは、「1964年の公民権法」の授業案を取り上げる。

　ノークスによれば、生徒たちは、公民権運動に関して、ローザ・パークスやキング牧師については知っているが、1964年の公民権法については殆ど知

らないという。具体的には、「殆どの生徒は、多くの公民権運動のリーダーは連邦議員の仕事を非常に注意深く監視するとともに、法律の可決に影響を与える抗議や活動のタイミングを戦略的に合わせていたということを理解していない」し、「公民権法に対する反対の複雑さを誤解しているかもしれない」と指摘している[45]。これらの指摘は単に知識の欠如の問題ではなく、シビックエンゲージメントに関わる問題として捉えることが重要だろう。

　その上で、後述する授業展開からも明らかなように、ノークスは「妥協」という性向を直接的に教授しようとしていない点に目を向ける必要がある。ここでは、本授業案で育成を目指す技能として「継続と変化」を選択している点に注目したい。ノークスは「公民権運動は、変化や力強い制度を求める勢力と、馴染みのある生活や伝統的な政府の役割など、継続性に取り組んだ人々との間の衝突の一例である」とみなしており、このような異なる立場間の妥協の事例として1964年の公民権法の可決を位置づけている[46]。

　この説明を踏まえると、ノークスは本授業案で学習する「知識」として1964年の公民権法可決をめぐる妥協を設定し、それを考察するための「技能」として「継続と変化」を選択している。そして授業の結果、生徒たちが「妥協」という「性向」を身につけることを期待していると言える。ただし、本授業案ではあくまで妥協の役割を認識することに主眼が置かれている。

②授業展開

　ノークスが提示している授業展開をまとめると以下の通りである[47]。

〈目的〉

・生徒たちは、1964年の公民権法の可決に関わる妥協について分析するとともに、公民権運動におけるその位置づけについて議論する。（知識）

・生徒たちは、公民権運動全般、特に1964年の公民権法に適用される継続と変化という概念について説明する。（技能）

・生徒たちは、個人と集団が異なる経験、優先順位、そして価値観を保持す

る多元的な民主主義社会における妥協の役割について説明する。(性向)

〈背景知識の構築〉

・「公民権運動の背景」と「1964年の公民権法」というエッセイを読み、1964年の公民権法の可決を導いた出来事に関する背景知識を構築する。

〈本授業の問い〉

・1964年の公民権法はターニングポイントとみなされるべきか、あるいは、アフリカ系アメリカ人の状況が次第に改善されたため、どちらかと言えば徐々に発展するプロセスの一部であるのか。

・変化を求める勢力と継続を求める勢力との間の衝突は、1964年の公民権法として言及されるような妥協にいかに帰結したか。1964年の公民権法によってもたらされた意義ある変化はどのようなものであり、変化することのなかった意義ある継続性はどのようなものだったか。

〈教師のモデリングによる史料読解〉

・まず教師は、ケネディ大統領の演説(1963年)の史料を使って「継続と変化」についての思考の手本を示す。このとき、各史料の出所と、その史料がいかに継続、変化、そして妥協の証拠としての役割を果たすかを記録するために、グラフィックオーガナイザーを使用する。

・教師はグラフィックオーガナイザーを用いて、ケネディ大統領の演説の出所(演説が行われた日付、他の出来事との関連性、演説の性格など)を明確にした上で、ケネディ大統領の演説にみられる継続の証拠(これまでと同様に貧困あるいは雇用の問題について話していない)、変化の証拠(公共施設の統合、分離された学校を終わらせるための訴訟、有権者の保護強化といった法改正を提案している)、妥協の証拠(演説前に起きたバーミングハムでの公民権運動家の極端な行動やかれらのリベラルな要求には言及していない)を確認し、演説の音源やスクリプトを参照しながら、これらの点について教師が思考したことを発話する。なお、グラフィックオーガナイザーには、ケネディの史料の箇所のみ、継続、変化、妥協の内容が記載されており、他の史料については後

で生徒が自分たちで記入していく。

・その上で、教師は、ケネディはこのような法案は重大な反対に直面するで
　あろうことをわかっていたため、公民権運動のリーダーが望んだ全ての改
　革の実現を求めなかったこと（≒多くの議員が支持し得る穏健な改革にしたこ
　と）に言及したり、その理由として考えられることを発話したりしながら、
　ケネディの演説はターニングポイントだったかどうかを考える。

〈グループワーク〉

・生徒は、以下の残りの史料を、個人あるいは小グループで読み、グラフィ
　ックオーガナイザーを完成させた上で、本授業の問いへの解答を考える。

・リンドン・B・ジョンソン大統領の演説（1963年、ケネディ暗殺後）
・ギブ・クロケットによる政治的風刺（1964年）
・ヒューバート・ハンフリー上院議員（ミネソタ州選出民主党員）とストロム・サ
　ーモンド上院議員（サウスカロライナ州選出民主党員）との論争（1964年）
・民主党上院議員リチャード・ブリヴァード・ラッセルの書簡（1963年）
・ニューヨークタイムズの社説（1964年）
・バリー・ゴールドウォーターの声明（1964年）
・リンドン・B・ジョンソン大統領の演説（1964年、公民権法署名時）
・クレイ・ライゼン著『世紀の法案：公民権法のための壮大な戦い』で述べられて
　いる公民権法可決後の物語（2014年の著作、物語は1964年の内容）
・公民権法可決後のギャラップ世論調査の結果（1964年）

〈ディブリーフィング〉

・生徒は、知識、技能、性向と関連した以下の問いを使って、公民権運動や
　1964年の公民権法について議論を深める。

○　知識に関連した問い
1．当時なされた、公民権運動に対する賛成と反対の主たる議論はどのようなもの
　　だったか？
2．公民権に賛成しつつも1964年の公民権法には反対だった者は、どのように主張
　　することができたか？

3．1964年の公民権法の可決は、公民権運動の文脈にいかに調和していたか？　立法プロセスに影響を与えた可能性のあるどのような公民権運動の出来事が他に行われていたか？

○　**技能に関連した問い**

1．1964年の公民権法は、重大な継続と／あるいは変化をいかに象徴しているか？

2．あなたは1964年の公民権法を歴史上のターニングポイントとみなすか？　あなたの解釈を裏付けるのは文書のどのような証拠か？

3．マイノリティの権利という観点からみたときに、あなたは、現在の状況は1964年の状況からの継続をより示していると思うか、あるいは、変化をより示していると思うか？　1964年から現在までの継続の主たる領域と変化の主たる領域は何だと思うか？

○　**性向に関連した問い**

1．公民権と同じくらい重要な問題について、より強力な法案の可決可能性は低いと理解していても、改革者は妥協するのを拒絶すべきだったのか？　それはなぜか、あるいは、なぜそうではないのか？

2．1964年の公民権法の可決から、妥協についてどのような教訓が引き出され得るか？

3．1964年の公民権法は大いなる妥協とどのような共通性があるか？　それらはいかに異なるか？

4．妥協は、投票者による投票へのアクセス、「正当防衛」法、警察官による暴力、貧困、成績が悪い都市部の学校といった公民権に関する現在の問題のいくつかをいかに解決しているか？

5．シビックエンゲージメントの視点に基づく歴史教育改革論の意義
―市民的レリバンスの視点から―

　以上のノークスの理論と米国史カリキュラムを踏まえ、シビックエンゲージメントの視点に基づく歴史教育改革論の意義をレリバンスの視点から考察したい。レリバンスの定義は論者によって多様であるが、本章では教育社会学者の本田由紀が提起した「市民的レリバンス」の視点から考察する。

　本田によれば、市民的レリバンスとは「時間的には教育―学習行為と同時

的ではなく将来においてその有用性が発揮され、かつその有用性の恩恵を被る対象は個人と社会の双方に及ぶという性格のもの」である。その内容には「学習者が教育システムを離れたのちに、市民ないし家庭人ないし労働者として生きる上で、直接的にはその個人自身にとって武器となり、間接的には社会にとっても有意義な手段や知識が含まれている」(48)。

　このような本田による市民的レリバンスの視点からみたとき、ノークスの理論と米国史カリキュラムは、その具体的な事例として評価することができる。その上で、ノークスの歴史教育改革論の意義を2点挙げたい。

　第1に、個人と社会の両方にとって意義のある歴史教育改革論を提起している点である。日本の歴史教育研究においてレリバンスが問題とされるとき、生徒個人にとっての意義、あるいは、社会にとっての意義の観点から検討されてきた。特に「歴史総合」の大項目において「私たち」というキーワードが位置づけられたこともあり、生徒個人にとっての意義により焦点が当てられ、その上で個人的レリバンスから社会的レリバンスへの深化が目指されている(49)。しかし、「私たち」には、生徒だけでなく多様な市民も含まれ得るし、「歴史総合」は過去、現在、未来を射程に入れて歴史を学習する科目である。この点を踏まえるならば、今求められているのは、個人と社会の両方にとって意義のある歴史教育を構想し、実現することである。

　この点、ノークスの理論と米国史カリキュラムは、シビックエンゲージメントや、これまでの歴史教育研究において十分に焦点が当てられてこなかった性向に着目することにより、個人と社会の両方にとっての意義を追求するものとなっている。ノークスが提示している性向を生徒たちが身につけられれば、学校生活や社会を生きていく上での「個人自身にとっての武器」になり得るし、こうした性向を身につけた人々が社会形成に参画するようになれば—まさにシビックエンゲージメントに他ならない—、民主主義の存続にとって大いに意義があるだろう。民主主義社会を形成するための手段として歴史教育を捉えることは目新しくないけれども、適当な方法で行動すること

促そうとしているノークスの理論と米国史カリキュラムは、市民的レリバンスの視点から「歴史総合」の授業をつくる新たな手がかりになるだろう。

　第2に、歴史的知識と歴史的技能を、市民的レリバンスを有するものへと再構成しようとしている点である。ノークスも主張していたように、近年の歴史教育研究においては、技能（特に史料読解の技能）の育成に焦点が当てられてきた。歴史的思考力の育成という観点からみれば、そうした技能を育成することに少なからぬ意義はあるにせよ、前述した星や西村の研究が明らかにしたように、史料読解の技能を学ぶ／身につけることに意味を感じる高校生は少ない。とはいえ、歴史を学ぶ上で史料の読解は不可欠であり、そのための技能を身につけることもやはり必要だろう。おそらく今求められているのは、歴史的技能の教授方法を明らかにすることではなく、「私たち」が歴史的技能を学ぶ／身につけることの意義・意味を再考することである。

　この点、「1964年の公民権法」の授業案にもあったように、ノークスが性向と関連づけて学習すべき知識と技能を設定していた点が注目に値する。これまでの歴史教育論の場合、まず知識の教授あるいは技能の育成に主眼を置き、その上で性向の育成も射程に入れるということが多かった。ノークスはそれとは対照的に、性向の育成に主眼を置き、それと関連づける形で知識の教授と技能の育成を位置づけていた。また、授業案には明確に示されていないけれども、ノークスはシビックエンゲージメントの視点からも技能を学ぶ／身につける意義を述べている。例えば「継続と変化」の場合、「この概念（「継続と変化」：筆者註）に流暢な生徒たちは、虐待（abuses）が観察されたときに変化の必要性をより認識する傾向がある。かれらは変化を可能性とみなすだろう。さらに、かれらは、社会にとって必要不可欠と自分たちが信じる継続性のために闘うことができる」と述べている[50]。このような意義・意味を付与された知識や技能であれば、市民的レリバンスを有するものとして「私たち」にも受け入れられ得るのではないだろうか。

　無論、シビックエンゲージメントと性向との関係性や評価の問題など、さ

らなる理論的検討が必要である。とはいえ、ノークスの理論は、市民的レリバンスの視点から評価できる新しい歴史教育論と言えるだろう。

6．結語

　本章ではシビックエンゲージメントの視点に基づく歴史教育改革論を検討し、市民的レリバンスの視点からその意義を提示した。

　改めて指摘するまでもなく、日本国内では試行錯誤を経ながら、レリバンスの視点からの歴史教育改革が進められてきている[51]。こうした動向を踏まえると、ノークスが作成した授業案の展開は日本の歴史授業にはあまり馴染まないだろうし、レリバンスの視点からみて不十分な点もあろう。

　他方、ノークスが提起したシビックエンゲージメントや性向への着目は、日本の高校教員にとってもレリバンスのあるテーマであり、学習者の視点に基づくレリバンス論研究を深める上でも有益なものとなるに違いない。

（四天王寺大学　中村洋樹）

【註】

⑴例えば、次の文献が挙げられよう。原田智仁編『高校社会「歴史総合」の授業を創る』明治図書、2019年。成田龍一『歴史像を伝える―「歴史叙述」と「歴史実践」』（シリーズ　歴史総合を学ぶ②）岩波書店、2022年。渡部竜也『Doing History：歴史で私たちは何ができるか？』（歴史総合パートナーズ9）清水書院、2019年。

⑵「高大連携歴史教育研究会規約」（2021年7月31日改訂）の第2条には、「本会は歴史教育に関わる高校教員と大学教員などの交流を通して、歴史教育の内容の向上と制度改革の提案作成などを目的とする」と明記されており、会員数は2022年の時点で1000名を超える。同研究会の詳細については、公式ホームページを参照されたい。https://kodairekikyo.org/（参照2022年10月25日）

⑶実践報告をしたのは、大房信幸教諭（長野県飯田高等学校）、福崎泰規教諭（福岡県立修猷館高等学校）、山田道行教諭（京華中学高等学校）、渡邉大輔教諭（北海道札幌西高等学校）の4名である（所属はいずれも当時）。

⑷星瑞希「生徒は教師の歴史授業をいかに意味づけるのか？―『習得』と『専有』の

観点から―」全国社会科教育学会『社会科研究』、第90号、2019年、25-36頁。

⑸西村豊「学習文脈は高校生の歴史授業に対する意識にどのような影響を与えるか？―多様な進路に対応したクラスを設けるX高等学校を事例として―」全国社会科教育学会『社会科研究』、第95号、2021年、37-48頁。

⑹星、前掲、35頁。

⑺西村、前掲、44頁。

⑻日本国内の代表的な研究として、次の文献が挙げられる。原田智仁「米国における"歴史家のように読む"教授方略の事例研究―V. ジーグラーの『レキシントンの戦い』の授業分析を手がかりに―」『兵庫教育大学研究紀要』、第46号、2015年、63-73頁。中村洋樹「歴史実践（Doing History）としての歴史学習の論理と意義―『歴史家の様に読む』アプローチを手がかりにして―」全国社会科教育学会『社会科研究』、第79号、2013年、49-60頁。田尻信壹『探究的歴史授業の構図―理論・方法・臨床からのアプローチ―』三恵社、2022年。

⑼原田智仁『高等学校新学習指導要領社会の授業づくり』明治図書、2022年、36頁。スタンフォード大学歴史教育グループの「歴史家のように読む」カリキュラムや「市民としてのオンライン推論能力」に関する研究については、ワインバーグによる次の文献も参照されたい。Wineburg, S., *Why Learn History (When It's Already on Your Phone)*, University of Chicago Press, 2018.

⑽例えば、次の文献を参照されたい。虫本隆一「高等学校における歴史リテラシー育成の試み―授業実践『原爆はなぜ投下されたか』を中心に―」原田智仁・關浩和・二井正浩編著『教科教育学研究の可能性を求めて』風間書房、2017年、33-42頁。

⑾ Nokes, J. D., *Teaching History, Learning Citizenship: Tool for Civic Engagement*, Teachers College Press, 2019.

⑿主な文献は次の通りである。Nokes, J. D., Recognizing and addressing the barriers to adolescents'"reading like historians". *"The History Teacher"*, 44（3）, 2011, pp. 379-404. Nokes, J. D., Elementary students' roles and epistemic stances during document-based history lessons. *Theory and Research in Social Education*", 42（3）, 2014, pp. 375-413. Nokes, J. D., Exploring patterns of historical thinking through eighth-grade students' argumentative writing. *Journal of Writing Research*", 8（3）, 2017, pp. 437-467. Nokes, J. D. & Kelser-Lund, A., Historians' social literacies: How historians collaborate and write during a document-based activity. *"The History Teacher"*, 52（3）, 2019, pp. 369-410.

⒀原田智仁「コンピテンシー・ベース・カリキュラムのための歴史的リテラシーの指

導と評価：『歴史家のように思考する』フレームワークを手がかりにして」『兵庫教育大学研究紀要』、第49号、2016年、109-118頁。

⑭ Nokes, J. D., *Building Students' Historical Literacies: Learning to Read and Reason with Historical Texts and Evidence*, Routledge, 2013. なお、2022年に初版出版以降の歴史教育研究の成果を踏まえた第2版が出版されている。

⑮原田、2016年、110頁。ただし、原田はその後、ノークスが提示している歴史的リテラシーの教授法を紹介している。その詳細については、次の文献を参照されたい。原田智仁「歴史的リテラシーの概念と学習指導」『これからの時代に求められる資質・能力を育成するための社会科学習指導の研究：社会科リテラシーの系統的育成』（日本教材文化研究財団調査研究シリーズ No. 76）、2018年、102-110頁。

⑯ Nokes, *op.cit.*, 2019, p. 1.

⑰ *Ibid.*

⑱ *Ibid.*

⑲ *Ibid.*

⑳ *Ibid.*

㉑この銃乱射事件では、同校の生徒と教職員合わせて17名が亡くなった。

㉒ Nokes, *op.cit.*, 2019, p. 5.

㉓この3つの観点についてノークスは、スタンフォード大学青年期に関するセンター（Stanford Center on Adolescence）による報告書を参照している。報告書の詳細は、*Malin, H., Ballard, P. J., Attai, M. L., Colby, A., & Damon, W., Youth Civic Development & Education: A conference consensus report*, 2014を参照されたい（報告書は同センターのホームページからダウンロードが可能である）。

㉔ Nokes, *op.cit.*, 2019, p. 5.

㉕ *Ibid.*

㉖ *Ibid.*

㉗ *Ibid.*, p. 2.

㉘ *Ibid.*

㉙若松大輔「観点別評価との向き合い方」宮﨑亮太、皆川雅樹編『失敗と越境の歴史教育―これまでの授業実践を歴史総合にどうつなげるか―』清水書院、2022年、143-144頁。

㉚ Nokes, *op.cit.*, 2019, p. 2.

㉛例えば、次の文献を参照されたい。米国学術研究推進会議編、森敏昭、秋田喜代美監訳『授業を変える―認知心理学のさらなる挑戦』北大路書房、2002年。

⑶ Nokes, *op.cit.*, 2019, p. 6.

⑶ *Ibid.*, p. 7.

⑶ *Ibid.*

⑶ *Ibid.*, p. 3, Figure I.1. をもとに筆者が一部修正、再構成した。

⑶ ノークスは、「社会の構成員は、教育されるべき価値観や性向に関して一致していないかもしれない。例えば、ある者は妥協をシビックエンゲージメントにとって必要不可欠なものとみるけれども、他の者は妥協を原則の放棄とみるかもしれない」とも指摘している（Nokes, 2019, p. 7）。性向についてはさらなる検討を要する。

⑶ Nokes, *op.cit.*, 2019, p. 11.

⑶ *Ibid.*, p. 51.

⑶ *Ibid.*, p. 117.

⑷ *Ibid.*, p. 132.

⑷ *Ibid.*, p. 51.

⑷ *Ibid.*, pp. 11-12.

⑷ *Ibid.*, pp. 51-52.

⑷ 具体的な様子については、註⑻の原田や田尻の文献を参照されたい。

⑷ Nokes, *op.cit.*, 2019, p. 62.

⑷ *Ibid.*, p. 64.

⑷ *Ibid.*, pp. 64-70.

⑷ 本田（沖津）由紀「教育内容の『レリバンス』問題と教育評価―社会システム論の視点から」長尾彰夫、浜田寿美男編『教育評価を考える―抜本的改革への提言―』ミネルヴァ書房、2000年、166頁。

⑷ 例えば、次の文献を参照されたい。二井正浩「『歴史総合』の新設とレリバンス論の必要性」二井正浩編著『レリバンスの視点からの歴史教育改革論―日・米・英・独の事例研究―』風間書房、2022年、3-29頁。

⑸ Nokes, *op.cit.*, 2019, p. 64.

⑸ 例えば、次の文献を参照されたい。宮﨑亮太、皆川雅樹編『失敗と越境の歴史教育―これまでの授業実践を歴史総合にどうつなげるか―』清水書院、2022年。

【付記】
　本章は、JSPS 科研費 JP22K02245の研究助成に基づく研究成果の一部でもある。

第5章　ドイツにおけるレリバンスに基づく
学習構想と歴史教育の展望

1. はじめに

　ドイツでは、国際学力調査 TIMSS95や PISA2000における学力不振が社会全般に衝撃を与えたことで、各州文部大臣会議（KMK）が2003～2004年に、言語系・理数系教科において国共通の教育スタンダードの導入を決議したのは周知の通りである。教育スタンダード制定以降、各州学習指導要領におけるコンピテンシー志向への転換は全教科に及んでいる。

　当初、コンピテンシー志向の教育改革は懐疑的に受け止められ、多くの改革は適切に実現できず、教育よりも教育政策を根拠とした、手に負えないもののように捉えられた[1]。にもかかわらず、歴史科においてもコンピテンシー志向への転換は進展し、多くのコンピテンシー・モデルが構想され[2]、各州の歴史科学習指導要領は依拠するモデルが相違することで、全体として多様なコンピテンシー志向の歴史教育が展開されている[3]。

　歴史科におけるコンピテンシー・モデルの開発から15年以上が経過し、今まさにその総括的評価がなされる時期となっている[4]。歴史科における代表的なコンピテンシー・モデルである FUER 歴史意識プロジェクトのコンピテンシー・モデル（以下、FUER モデルと略す）の開発に携わった A. ケーバー（Andreas Körber）は、コンピテンシー志向では教育的評価が実証的に把握、測定可能なものに限定される、スタンダード化によってマスターナラティブとしての解釈という暗黙の規準に縛られるといった歴史教育の狭隘化がいまだに危惧されていると指摘する[5]。ドイツでは、コンピテンシー志向が定着しているものの、当初からのコンピテンシーを巡る問題が本質的に全て

解決されているわけではなく、それを解決するさらなる発展が求められている。そして、その一方で、コンピテンシー志向を明確に批判し、レリバンスに基づいた学習構想を提起するという新たな研究動向もみられる。ドイツは、コンピテンシー志向を発展させてよりよい歴史教育をめざすのか、新しい方向性を模索するのかといった歴史教育の転換期を迎えていると考えられる。

　この現状から、なぜレリバンスに基づく学習が構想されるに至ったのか、コンピテンシー志向にはどのような課題があるのか、レリバンスはコンピテンシーに代わる新しい学習構想になりえるのかといった問いが設定される。これらの問いに対する回答を見出すことで、近年、コンピテンシー志向への転換が図られている日本の歴史教育に対する有益な示唆を得ることができると考える。

　そこで、第 2 節では、レリバンスに基づく学習構想を主張する立場がその学習構想になぜ至ったのかを先行研究の分析から考察し、第 3 節では、彼らがコンピテンシーやコンピテンシー・モデルにどのような課題があると考えているのかを検討し、第 4 節では、レリバンスに基づく学習構想とはどのようなものかを明らかにする。第 5 節では、この学習構想はコンピテンシーに基づく学習構想を現実的に転換するものになりえるのかを検討することで、ドイツ歴史教育の展望を考察する。

2．レリバンスに関する先行研究

　本節では、レリバンスに基づく学習構想を主張する立場が、なぜその学習構想に至ったのかを、レリバンスに関する先行研究を検討することで考察する。この立場を主張するのが、M. ダウミュラー（Markus Daumüller）と M. ザイデンフス（Manfred Seidenfuß）である。

　レリバンスに関する研究は、歴史学と歴史教授学の分野においてなされている。歴史学における研究は歴史学という学問が有するレリバンス、歴史教授学における研究は生徒のレリバンスに関するものであり、両分野のレリバ

ンスは質的に異なることを確認した上で、以下では分野ごとに検討する。

(1)歴史学におけるレリバンス研究

　F. シラー（Friedrich Schiller）は、イェーナ大学教授就任に際して、"Was heißt und zu welchem Ende studiert man Universalgeschichte?（世界史とは何か、また何のためにそれを学ぶのか）"という題目で講演を行った。F. W. ニーチェ（Friedrich Wilhelm Nietzsche）は、生に対する歴史の利害について問い、E. トレルチ（Ernst Troeltsch）は、歴史主義の危機を、歴史によって克服することを図った。これらの試みにおいては、レリバンスという用語が直接出てくるわけではないが、歴史学では学としての成立以降、歴史に取り組む意義や目的としてのレリバンスが、常に問われてきたのである。

　レリバンスを概念として明確に位置づけたのが、T. ニッパーダイ（Thomas Nipperdey）である。ニッパーダイは、歴史の意義に対する問いが先鋭化された1960年代後半に、レリバンスに関する論考を発表した[6]。彼は、レリバンスの概念には次の３つの意味があるとする。①過去の事実がより大きな歴史的関連や一定の歴史的な問題設定に果たす意義というレリバンス、②歴史が現在や社会や文化にとり総体として持つ意義、つまり、現在における目的のために有する意義というレリバンス、③総体としての歴史ではなく、歴史学における一定のテーマや問題設定などが社会に果たす意義というレリバンスである。ニッパーダイは①を歴史的レリバンス、②③を社会的レリバンスと呼ぶ。さらに、社会的レリバンスの概念を、現在との直接的な関連、政治教育との関連、未来との関連という３つの特徴で区別する。そして、社会的レリバンスはその意義を本来の学問領域である歴史学以外に見出しており、歴史学自体にその意義を見出そうとする歴史的レリバンスと対立することから、ニッパーダイはレリバンスを「闘争の概念」（Kampfbegriff）と捉えた。

　ドイツ歴史学においては、とりわけ歴史学が危機的状況に陥った時に、レリバンスが問われてきた。ニーチェやトレルチは歴史主義の危機の克服をめ

ざした。ニッパーダイがレリバンスについて論じた1960年代後半は、大学では歴史科の学生数が顕著に減少し、中等段階では政治科やゾチアルクンデ（公民科に相当）が重視されたことで歴史科の時間が削減され、ドイツ歴史家大会では「今なお何のための歴史か？」が問われるといった歴史の喪失、歴史疲れ、歴史の放棄が語られた時期であった。ニッパーダイは、社会的レリバンスという歴史学以外の社会科学、現在や未来の社会を視野に入れて歴史が有するレリバンスを論じざるをえなかったのである。

　歴史学におけるレリバンス研究とは、歴史学の存在意義が問われる危機的状況において、その学問性を正当化し、学としての地位を維持するためになされてきたといえる。

⑵歴史教授学におけるレリバンス研究

　ドイツ歴史教授学におけるレリバンス研究は、歴史意識研究の枠組みでなされてきた。その端緒が、K.ゾンターク（Kurt Sonntag）の研究であり、観察、インタビュー、絵画描写、筆記での表現、アンケートといった一連の多様な方法で児童生徒の歴史意識の発達段階を明らかにした[7]。1950〜60年代のH.ロート（Heinrich Roth）とW.クッパース（Waltraut Küppers）の研究が代表的な歴史意識研究であり[8]、いずれも当時の発達心理学に依拠した児童生徒の歴史意識の成熟度を段階づける実証的研究で、この研究において歴史への期待や関心といった生徒のレリバンスが調査された。これらの研究は、発達心理学の観点から、歴史意識の諸相における子どもの発達段階の解明を図るものであり、レリバンスは、この発達段階を解明するために調査される要素に位置づく。これらは発達心理学上の方法手段概念として歴史意識を捉える研究といえる[9]。

　発達心理学の成熟優位説に立つ研究は、教育社会学や学習研究の双方から疑問視され、歴史教授学に多くの不確実性をもたらした[10]。1980年代後半に、J.リューゼン（Jörn Rüsen）の歴史意識の表出としての歴史的語りの類

型、H.-J. パンデル（Hans-Jürgen Pandel）の歴史意識の構造といった歴史意識のモデルが提起されると[11]、新しい歴史意識の実証的研究が実施されるようになる。その代表例が、B. v. ボリース（Bodo von Borries）の歴史意識研究で、彼は歴史意識の発展過程を構造化し、生徒のアンケート調査結果から生徒の歴史意識をその構造に位置づけることを図った[12]。J. マイヤー－ハンメ（Johannes Meyer-Hamme）はボリースの研究構想を踏まえ、教科書や史資料に基づいて生徒や学生の歴史的思考を調査し、アンケート調査結果からイエスマン、懐疑者、中立的な立場、熟考者という学習グループに分類し、「中世」、「ボニファティウス」といった単元における各グループの歴史的思考を検証した[13]。これらは、教育目的である歴史意識の構造に生徒の表現を位置づけるという教育目的概念としての歴史意識を捉える研究である[14]。

　2000年代に入ると、歴史意識に関する質的研究が展開されるようになる。C. ケルブル（Carlos Kölbl）は、グループや個別でのインタビューで、生徒の時間概念や歴史概念、歴史的発展に関する構想、歴史の理解と説明の形式を検証し、生徒の歴史意識を多様に描き出した[15]。M. チュルスドルフ－ケルスティング（Meik Zülsdorf-Kersting）は、ナチスとホロコーストに関する歴史授業の前、中、後での13〜16歳の生徒のアンケート、インタビュー、グループ討論を個別に分析することで、歴史文化的な社会化の過程やその過程での歴史意識を検討した。生徒は、家庭、メディア、歴史授業においてショアは繰り返されてはならないという規格化された話し方を身につけ、ナチズムと距離を置くことで、（ナチズムに巻き込まれた）家族を守り、自身のアイデンティティを支えることが示された[16]。彼は、教育スタンダード、学習指導要領、歴史教科書で設定されるスタンダードと調査結果を比較し、理想と現実には乖離があり、生徒の知識は極めて乏しく、とりわけ語りコンピテンシーが著しく低いという憂慮される現状を明らかにした[17]。これら質的研究は教育目的概念としての歴史意識研究の延長線上に位置づき、個別の事例で歴史意識の内実を解明するものといえる。

　ダミュラーらは、上記の歴史意識に関する研究をレリバンス研究の先行研究に位置づける。その主張に基づいて、レリバンスの観点から歴史意識研究の課題を次の5点に整理して検討する。

　第1に、発達心理学上の方法手段概念としての歴史意識研究では、生徒各自の意味形成過程[18]やその過程が有する主観的な意義が検討されない点である。発達段階に即した歴史授業の開発という実践的な研究目的から歴史意識と生徒の認知的成熟度の関連を探究するため、生徒が歴史においてどのような意味形成をするのか、その意味形成にはどのような意義があるのかが問われることはない。

　第2に、教育目的概念としての歴史意識研究では、レリバンスに関する問いが歴史授業の内容領域への関心や歴史授業に対する評価、歴史に対する好き嫌いや関心に限定される点である。研究の関心は生徒の歴史意識や歴史的思考の構造化に向けられ、生徒のレリバンスはこれらを解明するための手段とされている。

　第3に、歴史意識の質的研究では、生徒の語りが研究対象とされ、生徒を主体とする研究ではあるが、生徒の語りがなぜ発達するのか、それはどのように根拠づけられるのか、意味形成や社会化が個人でどのように相違するのかといった個人のビオグラフィーの観点からの検討がなされることはない。

　第4に、いずれの研究も歴史的内容との関連から、歴史意識や歴史的思考に関するコンピテンシーの発達段階や、位置づけを確認する研究となっている点である。歴史的内容に対する生徒の発言や表現を分析する歴史意識研究では、内容に影響されないメタレベルでの歴史意識や歴史的思考の検討がなされない。

　第5に、歴史意識研究では、レリバンスを単独で、または、個人的な意味形成のカテゴリーとして検討しない点である。ダミュラーらにとり、生徒各自が世界へのアプローチを構築したり、歴史的思考のメカニズムを再構築したりするといった歴史との関わりの中での個人の意味形成過程こそが重要

であり、この過程に主導的に機能するレリバンスを中心とした研究の必要性
を主張しているのである。

　ダウミュラーらは、レリバンスを手段に位置づける歴史意識研究を批判し、
レリバンスを歴史授業での学習経験を通してそれぞれが組織する個人的レリ
バンスとして捉える。それによって、生徒がどのような方略や機能で歴史学
習の個人的レリバンスを構築し、このレリバンスが歴史的思考の構造や過程
をどのように内容から切り離してメタレベルに移行させるのかを検証するこ
とで、歴史的思考がどのようにして個性形成の要素となるのかを明らかにす
るレリバンス研究を主張しているのである[19]。

　ダウミュラーらにとり、学としての存在意義を主張するための歴史学にお
けるレリバンス研究、方法手段概念や教育目的概念としての歴史意識の解明
を図る歴史教授学におけるレリバンス研究は、レリバンスが本来有する教育
的価値を有効に発揮させる研究ではなかった。彼らは先行研究の課題を明確
にすることで、個人と歴史の関係性からなる歴史的思考を通して、個性の形
成を図るレリバンスに基づく学習構想を提唱するに至ったのである。

3．レリバンスの観点からみたコンピテンシーの課題

　前節では、レリバンスに基づく学習構想を主張する立場が、その学習構想
になぜ至ったのかを検討した。彼らはその学習構想の正当性や有効性を主張
するために、コンピテンシーに基づく学習構想を批判的に取り上げる。本節
では、彼らがドイツ歴史教育におけるコンピテンシーとコンピテンシー・モ
デルにどのような課題があると考えているのかを検討する。

　ダウミュラーらによるコンピテンシーとコンピテンシー・モデルに対する
批判は、とりわけ FUER モデルに向けられている。そこで、FUER モデル
を説明した上で、このモデルを事例としてダウミュラーの批判を明らかにす
る。

⑴ FUER モデルの構想

　FUER モデルについては他稿において既に論じているとともに[20]、モデルの論述は本章の主眼ではないので、概略のみを簡単に説明する。FUERモデルは、歴史的思考がなされる過程を可視化するモデルである。その図が次頁の**図1**である[21]。図に従って、歴史的思考過程とそこで機能するコンピテンシーをみていく。

　まず、何らかの決断を下すといった今後の方向性を決める際の不安感が思考過程を引き起こし（Ⓐ）、それを埋め合わせ保証したいと考え、過去の決断状況に関する歴史描写に取り組む。その際、過去の行為やそれが導いた方向性の問題を考察する（Ⓑ）ための歴史的問いの設定（Ⓒ）の際に機能するのが、「歴史的問いコンピテンシー」である。このコンピテンシーは、2つの下部コンピテンシーからなる。

　　①過去についての歴史的な問いを自ら表現するためのコンピテンシー
　　②過去において他者が設定した問題や歴史的問いを解明し、自らの歴史
　　　的問いに関連づけるためのコンピテンシー

　そして、歴史的思考過程で生じる歴史的問いには、内容と方法に関連するものがある。内容に関連する問いとは歴史描写から読み取れる過去についてのイメージや考え方（Ⓓ）、方法に関連する問いとは過去や歴史に基づいて問題設定に取り組むための方法（Ⓔ）について問うものである。これらの問いに回答するために、再構築と脱構築というプロセスからなる歴史的思考がなされる（Ⓕ）。従って、「歴史的方法コンピテンシー」は、①再構築コンピテンシーと②脱構築コンピテンシーという下部コンピテンシーからなる。再構築は、複数の史資料を比較、解釈し、関連づけることで、過去についてのイメージや考え方を自ら表現する統合的なプロセスで、それを可能にするのが再構築コンピテンシーである。脱構築は、他者が形成した過去についてのイメージや考え方がなぜそうしたものになっているのかをその根底にある構造から解明する分析的なプロセスで、それを可能にするのが脱構築コンピテ

ンシーである。

　再構築と脱構築のプロセスで、他者の認識を分析しつつ過去についてのイメージや考え方を自身で構築し（Ⓖ）、それらを問題設定に基づいて自分自身、生活世界、他者に関連づけることで歴史的問いに回答し、今後の方向性を獲得する（Ⓗ）のである。ここで機能するのが「歴史的方向性コンピテンシー」である。このコンピテンシーの下部コンピテンシーが以下である。

①歴史的問いを設定した際の過去についてのイメージや考え方を再構築と脱構築を経て深化、発展させるために、歴史的思考を起動させる自身の歴史意識をさらに高度に再組織するコンピテンシー

②自身の形成した過去についてのイメージや考え方を過去や現在の世界や他者と関連づけるために、自己や世界、他者に対する理解を深めるコンピテンシー

③過去についてのイメージや考え方を現在に関連づけることで獲得した今後の方向性を実現するための実践的な行為を考えるコンピテンシー

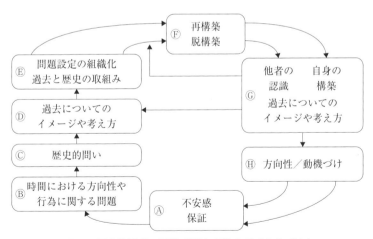

図1　歴史的思考の過程「歴史意識のダイナミズム」
(“Kompetenzen historischen Denkens” S. 21より一部改変して作成。)

　歴史的方向性コンピテンシーに基づいて獲得した今後の方向性は新たな決断を必要とし、それが新たな不安感とそれを保証しようとする歴史意識が働き、歴史的思考が再起動するというのが歴史的思考の過程で、歴史意識のダイナミズムである。

　「歴史的事象コンピテンシー」は、歴史的思考過程の基盤であり、歴史的思考の成果とも関わる能力である。下部コンピテンシーが以下である。

①歴史的思考過程で、複数の歴史描写を政治、社会、時間といったカテゴリーで分類したり、歴史学に基づいた史資料のジャンルやカテゴリーで分析したりして、歴史描写を構造化する構造コンピテンシー

②歴史的思考過程やその成果について他者とコミュニケーションを取るのに不可欠な歴史科特有の概念や方法を意のままにするための概念コンピテンシー

　歴史的思考過程で直接的に機能する「歴史的問いコンピテンシー」、「歴史的方法コンピテンシー」、「歴史的方向性コンピテンシー」と、これらコンピテンシーを作動させる基盤で、作動の成果でもある「歴史的事象コンピテンシー」で構成されるのが、FUER のコンピテンシー・モデルである。

⑵ FUER モデルを事例としたコンピテンシーの課題

　ダミュラーの論を基に[22]、コンピテンシーの課題を整理すると、以下の4点になる。

　第1が、コンピテンシーという概念が不明瞭である点である。ダミュラーは、歴史的思考や活動のコンピテンシーは専門家の道具、思考のためのカテゴリー、生活を克服するための手引書なのか、または、活動方法、思考原理、学習している現実を認知するためのカテゴリーなのかが明確ではないという概念規定の曖昧さを指摘する[23]。FUER モデルを例にとると、歴史学に依拠した歴史的思考のためのモデルとも、今後の方向性を導き出すためのモデルとも捉えられるといったモデルの多義性が批判されているということ

である。

　第2は、学問的な活動に限定される資質・能力しか育成しない点である。歴史学に基づく学問入門的で学問方法的な活動に不可欠な資質・能力のみが発揮され、結果として評価対象も限定されることとなる。例えば、FUERモデルでは、歴史家と同様の歴史的思考過程で発揮される資質・能力しか評価できないという批判である。

　第3は、歴史的思考が歴史学の学問領域に限定される点である。歴史教授学的なコンピテンシー概念では、歴史的な問題設定の取り組みに重要で、個性の形成に影響を及ぼす社会学的・政治的・哲学的・教育論的・生活史的・個人的な省察が歴史的思考に含まれないという指摘である[24]。例えば、FUERモデルでは、歴史的思考過程は歴史学に依拠した再構築と脱構築プロセスを中核としており、歴史学以外の学問領域が考慮されていないということである。

　第4は、個人のビオグラフィー的、存在論的レベルがなおざりにされる点である。ダウミュラーは、方向性コンピテンシーや他のモデルにおける歴史文化コンピテンシーが生活世界との関連を個人の能力とみなすとしても、学問方法的な歴史へのアプローチと扱いが教育目標とされることで、個人の歴史へのアプローチと扱いが十分考慮されていないと論じる[25]。FUERモデルでは、学問方法的に歴史に取り組むことで、個人がそれぞれの経験や可能性から歴史を検討することができなくなるという批判である。

　これら4点の批判はそれぞれ緊密に関連しており、歴史家と同様の歴史的思考過程のサイクルとしてのコンピテンシー・モデル、そのサイクルの要素としてのコンピテンシーでは、歴史学という学問領域限定の資質・能力しか育成できないため、評価も限定され、各個人特有の歴史のアプローチや扱い、その際に機能する資質・能力は考慮されないというのである。ダウミュラーは、それは結果として、生徒を、自ら学ぶ学習者から歴史家のミニチュアへと縮減してしまうと論じる[26]。

　歴史的思考過程を学問入門的な活動方法で始動・展開させるコンピテンシー志向を批判するレリバンスに基づく学習構想を主張する立場の核心には、個人のビオグラフィー的、存在論的レベルを重視した自らの歴史的思考過程自体を熟考する生徒主体の歴史教育があることが分かる。

4．レリバンスに基づく学習構想

　個人のビオグラフィー的、存在論的レベルを重視した自身の歴史的思考過程を熟考する生徒主体のレリバンスに基づく学習構想とはどのようなものであるのか。本節では、前節で批判対象であったコンピテンシーやコンピテンシー・モデルに基づいた学習構想と比較することで、レリバンスに基づく学習構想について論じる。

　ダウミュラーが、2つの学習構想を比較するために作成した表から、重要な特徴を抜粋したのが**表1**である。

　表1に示された両学習構想の特徴の相違は、依拠する学問的背景に起因すると考えられる。そこで、学問的背景に着目して、両学習構想を検討する。

　コンピテンシーに基づく学習構想は、社会科学、とりわけ歴史学を基盤とする。この学習構想では、歴史学に基づく学問入門的な活動方法と思考方法を創発する、つまり、学問的な活動方法と思考方法を組織化することでより優れた歴史的思考を育成する歴史学習がめざされる。そこで、史資料の分析や解釈を中心とする学習方法を通して、社会科学的に歴史を説明し、その成果を現在の社会に転移することで、現在や今後の生活世界の方向性を考察できるようになることが意図される。歴史学に裏づけられた学習方法や歴史的思考で発揮される方法コンピテンシー、解釈コンピテンシーや語りコンピテンシー等が育成できたかどうかを生徒の表現で判断するアウトカム志向の評価を実施する。

　この学習構想では、一貫して歴史家と同様の探究活動を踏まえて、学習方法や歴史的思考過程の妥当性を根拠づけ、史資料に裏づけられたできるだけ

表1　コンピテンシーに基づく学習構想とレリバンスに基づく学習構想の比較

	コンピテンシーに基づく学習構想	レリバンスに基づく学習構想
概念と学習の構想	概念変容 学問入門的な活動方法と思考方法の創発としての歴史的思考と学習	個性の発展 自身の生き方に対して歴史がレリバンスになることによる個人的な世界へのアプローチの成熟
方法	啓蒙：分析 学問的思考、生活世界の行為や歴史文化への転移を通して	自己言及、観想的な自己観察 歴史学習の方法としての自身の歴史的思考と学習についての熟考
方向性	生活関連 生活を克服する技術としての歴史的なコンピテンシー	認識関連、存在論 歴史の取り組みを通した個性の成熟
主要な思考方法	社会科学的説明	精神科学的理解
価値	アウトカム志向 思考技術、活動方法、能力	実存的実体 これまでの経験様式を越えた経験
歴史学習の描き方、ハビトゥス	客観志向 歴史的事象の学問的な熟考による意義の構築と現在における思考と行動のための結論の表明	解釈的意識 現在の生活でのビオグラフィー的、文化的、歴史的な制約と歴史認識を状況に応じて結びつけることでのレリバンスの構築
歴史学習のキーワード	啓蒙 学問的な活動方法と思考方法、現在への転移、合理性を通して	これまでの経験様式を越えた経験 人物と歴史の統合、解釈性

（"Endstation Geschichtsunterricht" S. 23-24より筆者抜粋、訳出。）

妥当な歴史解釈や歴史像を表現することが図られる。適切な論証手続きに則った客観的な歴史の熟考と、その熟考に基づく現在や未来への指針の獲得に歴史学習の意義を見出すものといえる。

　レリバンスに基づく学習構想は、精神科学を基盤とする。この学習構想では、自身の生き方や生活上の知識のために個人的な世界へのアプローチをどのように開拓するのかという個性を発展させる歴史学習がめざされる。レリバンスの構想は、歴史に取り組むことでの個性の発展の中で生じる「過去解

釈と現在理解と未来期待」の複雑な結合（＝歴史意識）をめざすとされ、レ
リバンスを歴史意識の核心に据える[27]。歴史意識は、実存的な歴史の意義、
つまり自己のあり方にとっての歴史の意義と歴史認識の探究が結びつき、歴
史的活動の際に個人的な意識の活動として経験できる自己省察として示され
る[28]。その一方で、歴史理解は、自身の歴史学習の過程から生み出され[29]、
その生き方の熟考に向けられる[30]。そのため、学習方法は自身の歴史的思
考と学習を自己言及的、自己観察的に熟考することであり、生徒自身が歴史
的思考の対象となる。つまり、学習者と歴史との関係が歴史学習の中核とな
り、歴史を個人的・経験志向的に思考することで、レリバンスが構築される
のである。

　この学習構想では、ビオグラフィー的、文化的、歴史的な制約のもとでの
歴史の熟考と、その過程で見出す歴史認識とが結合すること、つまり、個人
と歴史との関連においてレリバンスが主観的に構築される。例えば、他者の
思考に感情移入して追体験し、他者の状況を再構築し、その再構築で表現さ
れる考えを自身の可能性として解釈することで、これまでの経験を越えた経
験をすることで、自己省察的で実存的な実体としての個人へと成長すること
に歴史学習の意義を見出すのである。

　コンピテンシーに基づく学習構想は、リューゼンやパンデルの歴史意識の
モデルなど、従来の歴史意識研究の成果に裏づけられた歴史学を学問的背景
とするとともに、教育全般の教育改革の動向も踏まえた構想である。ダウミ
ュラーらは、前節で論じた歴史学に規定されることに起因するコンピテンシ
ーに基づく学習構想の課題を克服するために、学問的背景を精神科学とする
ことで、自身との関係性から自己省察的に歴史を熟考する徹底した生徒主体
の歴史学習への転換を図っていると考えられる。

5．ドイツ歴史教育の展望

　前節の考察で、レリバンスに基づく学習構想は、歴史意識研究の文脈のも

とで展開してきたコンピテンシーに基づく学習構想と原理的に全く異質であることを明らかにした。コンピテンシーに関する研究では、FUER モデル以外にも、代表的なコンピテンシー・モデルとして、ドイツ歴史教師連盟、パンデル、P. ガウチ（Peter Gautschi）などのモデルが挙げられるが[31]、いずれも歴史学に依拠したモデルである。そして、コンピテンシー自体は教育の質保証を図る教育改革に基づき、教授学全般の動向に即している。しかし、レリバンスに基づく学習構想を主張する立場は、精神科学を基盤とすることで、これまでの学習構想とは異なる文脈に立つ新しい歴史学習を提起しているのである。

　本節では、レリバンスに基づく学習構想がコンピテンシーに基づく学習構想を現実的に転換するものになりえるのかというこの学習構想の実現可能性を検討することで、ドイツ歴史教育の展望を考察していく。

　結論から述べると、レリバンスに基づく学習構想の実現可能性は、ドイツにおいて現実的には低いと考えられる。その最大の理由は教育の質保証上の課題である。この学習構想では、生徒が自身と歴史との関連において、主観的で個人的なレリバンスを構築することが教育目標となる。ダウミュラーらが論じる通り、このレリバンスは単元や学年の単位で高めることはできないため[32]、彼らが実施した実証的研究の対象はアビトゥア（大学入学資格試験）受験生や実科学校等[33]の卒業生である。教育の質保証の観点でいえば、卒業時のみの評価というのは現実的ではない。そして、自身の歴史的思考と学習について熟考するという学習方法も、どのような評価の観点を設定するのかが不明である。さらに、レリバンスは学習内容から切り離されたメタレベルでの歴史的思考の構造や過程において構築されるため、学習内容を評価することが不可能である。生徒の自己省察的な歴史の熟考に評価が限定されるため、教育の質保証を図ることはできず、現在の教育動向において学習構想としての実現可能性は見込めないであろう。

　実際に、彼らが実施したレリバンスの実証的研究をみてみよう。彼らは、

アビトゥアの受験生、実科学校等の卒業生を調査対象とする。紙面の都合上、ここでは、バーデン・ヴュルテンベルク州ライン＝ネッカー郡にある総合制学校のアビトゥアの受験生に対するレリバンス調査を取り上げる。調査方法は、インタビュー、グループでの対話、グループインタビュー、グループ討論である。"Endstation Geschichtsunterricht（歴史授業の到達点）"において、グループ討論に基づいたレリバンス調査が紹介される[34]。

　4名（ヨハネス、ミヒャエル、カトリン、マックス）からなるグループの討論のテーマは、「歴史学習では何が重要か、何のために歴史に取り組むのか」、「歴史学習の計画、どのように歴史を学ぶべきか」、「石油と民主主義、強制収容所—追悼施設の訪問」である。

　ヨハネスは、歴史を検証することで知識を根拠づけることができるとし、歴史に取り組む価値を自身の意見を形成することに置く。彼にとっては、歴史授業を教師がどのように計画するのか、どのように歴史を学習するのかではなく、知識を根拠づけたり、自身の意見を形成したりするために不可欠な歴史の内容が重要である。そのため、強制収容所を、恐怖を視覚化する歴史的証拠や資料として捉える。ヨハネスにとりレリバンスとは、教師や同級生といった他者との関係性ではなく、自身による確かな歴史的知識に基づく歴史的事象に関する論証的判断と、自身の意見形成であるといえる。

　ミヒャエルは、戦争の原因を知れば未来において回避できるといった正しい行為を学ぶことが歴史に取り組む意義と考える。そのため、何を理解したら最善に行為できるのかといった功利主義的な立場から歴史の意義を考える。歴史的な出来事をその根底にある性質（＝本質）に基づいて論理的に説明するという事物の本性論で行動し、態度を決定する。ミヒャエルにとりレリバンスとは、功利主義的に最善の態度を取るために歴史から学ぶことである。

　カトリンは、決まり文句や警告やモラル教育が成立する心性について問い、歴史に取り組むことで、人間に対する理解が形成できると考える。そのため、歴史的思考は個人の経験や好みに左右されるとして、歴史学習の計画は教師

次第であり、歴史では解釈的理解と慣習が結びつくことでの思考の変化を学ぶことが重要と考える。強制収容所の展示はショック療法で建設的ではなく、教育的教訓を無意味と捉え、なぜ当時の人々がユダヤ人迫害を正しいと信じたのかを理解しようとする。カトリンにとりレリバンスとは、自身も含めた人間の相互作用で歴史を多層的に理解し、人間に対する理解を形成することである。

　マックスにとり、歴史は世界を理解するための基盤であり、自身の探究や解釈を通した世界像の発展が歴史に取り組む意義である。そのため、歴史的内容と人物とを結びつけ、それが何をもたらし、人間にどのような影響を及ぼすのかを重要と考える。それによって、歴史意識の再編としての自己概念の変容が生じ、個性が形成されるとする。彼もカトリンと同様に、人間の態度、その歴史的条件や制約を考慮して多層的に歴史を理解しようとするため、そのレリバンスも多層的なレベルを示すことになる。マックスにとりレリバンスとは、世界へのアプローチや個性を各自が多層的に発展させることである。

　4名の生徒は、レリバンスを異なるレベルで形成しており、生徒のレリバンスは多様に想定されることが分かる。ヨハネスは歴史での論証、ミヒャエルは功利主義、カトリンは人間に対する理解、マックスは個性を核としてレリバンスを構築しているといった分類は確かに可能である。とりわけ、カトリンやマックスは、人間の存在についての熟考や個性の形成を重視するといった表1で示したレリバンスに基づく学習構想がめざす、より望ましい歴史の取り組みや歴史的思考をしていると判断される。とはいえ、ヨハネスやミヒャエルも歴史を通して自身の考え方や生き方を熟考しており、レリバンスの分類による質的相違を明確にすることはできるとしても、これらのレリバンスを評価することは極めて困難である。

　ダウミュラーらの実証的研究をみても、現在の教育動向において、レリバンスに基づく学習構想としての実現可能性は見込めないという前述の判断は

変わらず、この学習構想がコンピテンシーに基づく学習構想に代わる学習構想にはなりえないと考えられる。

　しかし、コンピテンシーに基づく学習構想に代わることができないにせよ、この学習構想の提案は、コンピテンシー志向のさらなる発展に向けた有益な問題提起をなすと考えられる。なぜなら、この学習構想を主張する立場がめざす自己省察的な歴史の熟考こそが歴史の授業を通して学ぶ本来求められるべきレリバンスだからである。

　コンピテンシーに基づく学習構想も、自身や他者との相互作用や世界へのアプローチといった自己省察的な歴史の取り組みを意図していないわけではない。例えば、前述の通り、FUERモデルでは、歴史的方法コンピテンシーで、自身の問題設定に基づいて、自身、生活世界、他者を歴史と関連づけて歴史的問いに回答し、歴史的方向性コンピテンシーで自身の歴史意識を再組織し、自己や世界、他者に対する理解を深めることをめざしている。しかし、前述の通り、ダウミュラーは、FUERモデルの歴史的方向性コンピテンシーでは歴史学の活動方法に限定され、個人の歴史へのアプローチと扱いが十分考慮されていないとする。これは、前述のケーバーが指摘したコンピテンシー志向に向けられる歴史教育の狭隘化という課題とも重なり合うものである。

　コンピテンシー志向の教育が進展すると、記述テストの課題によってコンピテンシーが測定され、すべての測定方法は標準化を前提とするために、厳密な意味での"Bildung"を欠くことが懸念されるようになる[35]。これは教育の質保証のためにスタンダード化を図る教育改革が陥りやすい陥穽であり、歴史教授学におけるコンピテンシーに基づく学習構想もアビトゥアでのスタンダード化を免れることは困難である。レリバンスに基づく学習構想を主張する立場は、歴史を学ぶ本来のレリバンスに回帰し、コンピテンシーに基づくスタンダード化に歯止めをかけることで、新たな歴史教育の方向性を模索する動向といえる。

　1970年代初頭にニッパーダイが歴史学本来のレリバンスではなく、社会的レリバンスにより歴史学の存在意義を示そうとしたのとは異なり、歴史を学ぶ本来のレリバンスに正面から取り組み、実証的研究を通して各生徒で異なるレリバンスを可視化したダウミュラーらの試みは、ドイツ歴史教授学に一石を投じるものと評価できよう。

　いずれにせよ、ドイツでは、コンピテンシー志向の歴史教育が再編されるべき時期に来ていることは確かである。ケーバーは、教師のプロフェッショナル・コンピテンシーを描き出すCOACTIVモデル（COACTIVモデルとは、中・高等学校の数学を対象に、アクティブな学習を導く教師のプロフェッショナル・コンピテンシーを検討する授業の質向上プロジェクトにおいて示されたコンピテンシー・モデルである。）に基づいた新たなコンピテンシー・モデルの構造化の可能性を論じたり、歴史的思考の能力や技能を新たに具体化、補足したり、他教科や国際研究と接続したりすることで、歴史教育の再編に応えることを提案する[36]。それに対して、レリバンスに基づく学習構想は、コンピテンシー志向を維持しつつ、それを、歴史と自身、他者の関係性の相互作用に基づく歴史的思考から自身の生き方を熟考する歴史教育で補完するというドイツ歴史教授学の新たな展望を示唆していると捉えることができるであろう。つまり、コンピテンシー志向に代わるレリバンス志向という歴史教育の新しい方向性というよりも、コンピテンシー志向の歴史教育が持つ課題をレリバンスで補うことで、歴史を自己省察的に学ぶコンピテンシー志向の歴史教育という展望である。こうした歴史教育が実現可能であるのか、ドイツ歴史教授学が今後どのように展開されるのかを注視していかなくてはならない。

6．おわりに

　本章での考察で、多くのコンピテンシー・モデルが提案され、各州の学習指導要領で多様な歴史学習が展開されているドイツ歴史教授学においても、スタンダード化での歴史教育の狭隘化を回避したコンピテンシー志向の歴史

教育を模索する途上にあることが明らかとなった。その中で生徒のレリバンスに着目した学習構想が提案されたことは特筆に値する。

　一方、日本に目を向けると、コンピテンシー志向の歴史教育改革が進められ、生徒自身の主体的・対話的で深い学びの実現が図られている。『高等学校学習指導要領解説地理歴史編』では、新科目「歴史総合」での学びは、「○○を比較したり、相互に関連付けたりする学習活動を通じて、○○を多面的・多角的に考察し、表現することにより、○○を理解すること」という何度も繰り返される文言で具体化される。

　しかし、この学びの具体化は、各単元で比較や関連づけからなる学習活動を規則的に繰り返せば考察したり表現したりする資質・能力が育成できると述べているにすぎない。比較や関連づけからなる学習で考察したり表現したりするといっためざすべき学習活動は形式として示されるものの、なぜこうした学習活動で歴史を学ぶべきなのかという歴史や歴史学習自体のレリバンスの検討がなされていない。この現状では、学習活動を単に繰り返す活動主義に陥り、活動のみを評価する歴史教育の狭隘化という事態が日本においても危惧される。

　ドイツ歴史教授学の近年の研究動向は、日本の現状に有益な示唆を与えてくれる。コンピテンシー志向に舵を切った今こそ、歴史を学ぶ本来のレリバンスとは何かを問い直さなくてはならない。レリバンスを重視したコンピテンシー志向の歴史教育とはどのようなものであるのかを考察することが今まさに求められているのである。

（島根大学　宇都宮明子）

【註】
⑴ Heil, Werner: Kompetenzorientierter Geschichtsunterricht. 2. Vollständig neu überarbeitete und erweiterte Auflage. W. Kohlhammer 2012, p. 8.
⑵ 宇都宮明子「社会科学習指導要領におけるアウトカム志向への転換に関する考察―

FUER 歴史意識プロジェクトのコンピテンス・モデルに基づいて―」日本教科教育学会編『日本教科教育学会誌』第42巻第 2 号、2019年、pp. 13-23を参照。

⑶伊藤直之編著『地理歴史授業の国際協働開発と教師への普及―資質・能力の多様性と学際性を視点として―』風間書房、2022年、pp. 55-73を参照。

⑷ Vgl. Körber, Andreas: Kompetenzen historischen Denkens ― Bestandsaufnahme nach zehn Jahren. In: Schreiber, Waltraud/ Ziegler, Béatrice/ Kühberger, Christoph (Hrsg.): Geschichtsdidaktischer Zwischenhalt. Beiträge aus der Tagung «Kompetent machen für ein Leben in, mit und durch Geschichte» in Eichstätt vom November 2017 Waxmann, 2019, S. 71-87.

⑸ Ebenda, S. 71-72.

⑹ Nipperdey, Thomas: Über Relevanz. In: Geschichte in Wissenschaft und Unterricht 23, 1972, S. 577-596. 以下のニッパーダイのレリバンスに関する論考は、本論文に依拠する。

⑺ Sonntag, Kurt: Das geschichtliche Bewusstsein des Schülers. Ein Beitrag zur Bildungspsychologie. 1932 Stenger.

⑻ Vgl. Roth, Heinrich: Kind und Geschichte. Psychologische Voraussetzungen des Geschichtsunterrichts in der Volksschule. Kösel Verlag 1955, Küppers, Waltraut: Zur Psychologie des Geschichtsunterrichts. Eine Untersuchung über Geschichts-wissen und Geschichtsverständnis bei Schülern, 2., ergänzte Auflage. Huber 1966.

⑼これらの研究の位置づけに関しては、宇都宮明子『新しい歴史教育論の構築に向けた日独歴史意識研究―構成的意味形成を図る日本史授業開発のために―』風間書房、2020年、pp. 59-60を参照。

⑽ Gautschi, Peter: Geschichtsunterricht erforschen ― eine aktuelle Notwendigkeit. In: Gautschi, Peter/ Moser, Daniel V./ Reusser, Kurt/ Wiher, Pit (Hrsg.): Geschichts-unterricht heute. Eine empirische Analyse ausgewählter Aspekte. Hep verlag 2007, S. 44.

⑾リューゼンとパンデルの歴史意識のモデルに関しては、前掲書⑼、pp. 66-70、pp. 72-75を参照。

⑿ボリースの歴史意識研究に関しては、同上書、pp. 70-72、pp. 99-114を参照。

⒀ Meyer-Hamme, Johannes: Konzepte von Geschichtslernen und Geschichtsdenken. Empirische Befunde von Schülern und Studierenden (2002). In: Zeitschrift für Geschichtsdidaktik 6, 2007, S. 84-107.

⒁これらの研究の位置づけに関しては、前掲書⑼、pp. 63-80を参照。

⒂ Vgl. Kölbl, Carlos: Geschichtsbewusstsein im Jugendalter. Grundzüge einer Entwicklungspsychologie historischer Sinnbildung. Transcript Verlag 2004.

⒃ Vgl. Zülsdorf-Kersting, Meik: Sechzig Jahre danach: Jugendliche und Holocaust. Eine Studie zur geschichtskulturellen Sozialisation. Lit Verlag 2007.

⒄ Ebenda, S. 451.

⒅歴史における意味形成（Sinnbildung）過程とは、断絶した出来事や史資料にみられる矛盾を時代展望において重要なまとまりへと結びつける思考過程（Mayer, Ulrich/ Pandel, Hans-Jürgen/ Schneider, Gerhard/ Schönemann, Bernd (Hrsg.): Wörterbuch Geschichtsdidaktik. 2., überarbeitete und erweiterte Auflage. Wochenschau Verlag 2009, S. 176を参照。）である。意味形成はリューゼンが提唱する語り論的な歴史理論の鍵概念とされる。

⒆ Daumüller, Markus/ Seidenfuß, Manfred: Endstation Geschichtsunterricht. Die Sicht von Schulabgängerinnen und Schulabgängern auf ihren Geschichtsunterricht. Lit Verlag 2017, S. 50-51.

⒇前掲論文⑵、宇都宮明子「社会系教科における資質・能力の育成を図る評価課題の開発に向けた考察―パフォーマンス課題とHiTCH評価課題の比較を基に―」『島根大学教育臨床総合研究』第20号、2021年、pp. 99-113を参照。

(21) Körber, Andreas/ Schreiber, Waltraud/ Schöner, Alexander (Hrsg.): Kompetenzen historischen Denkens. ars una Verlagsgesellschaft 2007, S. 21.

(22) Vgl. A.a.O., Anm. 19, S. 13-24.

(23) Ebenda, S. 15-16.

(24) Ebenda, S. 13.

(25) Ebenda, S. 16-17.

(26) Ebenda, S. 19.

(27) Ebenda, S. 36.

(28) Ebenda, S. 32.

(29) Ebenda.

(30) Ebenda, S. 36.

(31)各モデルの詳細については、前掲論文⑵、宇都宮明子「歴史系教科において育成すべき資質・能力の設定に向けて」原田智仁・關浩和・二井正浩編著『教科教育学研究の可能性を求めて』風間書房、2017年、pp. 13-22を参照。

(32) A.a.O., Anm. 19, S. 4.

(33) Werkrealschule の卒業生も調査対象となっている。Werkrealschule とは、バーデ

ン・ヴュルテンベルク州に設置された中等教育修了資格を得ることができる第10学年の教育課程を有する基幹学校である。卜部匡司は職業実科学校と訳しているが現時点では日本語訳が定まっていないので、アルファベット表記にしている。卜部匡司「ドイツにおける中等教育制度改革動向に関する一考察」『徳山大学論叢』第74号、2012年、p. 73。

(34) A.a.O., Anm. 19, S. 64-68.

(35) ロター・ヴィガー著・伊藤実歩子訳「『Bildung』と評価」『立教大学教育学科研究年報』第62号、2019年、p. 197。

(36) A.a.O., Anm. 4, S. 82-84.

第6章　ドイツ中等歴史教育における現在との関連化
―歴史文化学習の場合―

1．歴史文化学習による現在との関連化の志向

　歴史教育において、現在との関連化はどうありうるか。これは歴史教育の役割や児童・生徒にとっての意味（レリバンス）に関わる重要課題である。この課題に関して、ドイツの歴史教育には日本の場合とは異なる考え方を見出すことができる。ドイツの歴史教育における「現在との関連（Gegenwarts-bezug）」論を代表するK.ベルクマン（Klaus Bergmann）の所論[1]の概要を表1に示そう。

　表1に示すように、因果論的な「原因連関（Ursachenzusammenhang）としての現在との関連」、比較・参照という「意味連関（Sinnzusammenhang）としての現在との関連」、さらに、より直接的な「生徒の現在のなかの過去との関連」が志向されている。そのような大枠それ自体は、確かに、特異とはいえないだろう。けれども、「生徒の現在のなかの過去との関連」では、過去とそれを扱う歴史とが区別され、過去と現在との関連だけでなく、「歴史の現在性」という過去を扱った歴史と現在との関連も指摘されている。「日常の事態・概念」、「過去の物的痕跡」などの現在に残る過去への着眼とともに、「歴史文化（Geschichtskultur）」における過去を扱った広義の歴史への着眼が志向されていることは、大きな注目に値する。

　歴史文化とは、「社会が過去や歴史を取り扱う方法（Art und Weise）」[2]、すなわち、社会における歴史のつくられ方やつかわれ方を指す。歴史研究だけでなく、歴史映画、歴史マンガ、記念日、記念式典、歴史展示、歴史祭り、歴史ツーリズム、歴史認識論争、等々、過去についての広い意味の語り（ナ

表1　K.ベルクマンの「現在との関連」論

現在との関連	着眼点		具体例
原因連関としての現在との関連	どのような原因が現在の問題の成り立ちに決定的に働いたか（現在・将来における懸案の問題の原因ととらえられる歴史的展開）		ドイツで居住・労働する数多くのトルコ人の労働移動の歴史的原因、等々
意味連関としての現在との関連	過去において現在の状況との比較がある面で可能な状況・展開が存在したか（そのなかに見出される問題・価値観・経験によって現在の問題と関係づけることができる歴史上の事態・展開）		移動という問題領域の場合：近世以降の人口移動の動き（主題史）、帝国期におけるポーランド人のルール地方への移住（ケーススタディ）、等々
生徒の現在のなかの過去との関連	現在の歴史性	日常の事態・概念	右翼—左翼、ブルージーンズ、ボイコット、等々
	過去の現在性	過去の物的痕跡	建造物、墓地、等々
		過去の成果	人権、女性の法的同権化、等々
		過去の重荷	女性の差別、等々
	歴史の現在性	歴史文化	記念日、歴史を利用した宣伝、マンガ、等々

（Bergmann, K., Gegenwarts- und Zukunftsbezug, in: Mayer, U., Pandel, H.-J., Schneider, G., (Hrsg.), *Handbuch Methoden im Geschichtsunterricht*, Wochenschau, 4. Auflage 2013, S. 93の表の一部をもとに、同論文の S. 104-106、及び、Bergmann, K., *Der Gegenwartsbezug im Geschichtsunterricht*, Wochenschau, 3. Auflage 2012, S. 34, 40-41の内容を付加して作成。なお、作成にあたって、Sauer, M., *Geschichte unterrichten*, Kallmeyer/Klett, 6., aktualisierte und erweiterte Auflage 2007, S. 91-93も参考にした。）

ラティブ）がこの歴史の文化という範疇においてとらえられる。現在の歴史文化について取り組むことは、現在の社会についてアプローチすることであり、現在との関連化を可能にしうる。

　そのような歴史文化に関する学習は2000年代以降、ドイツ諸州の中等教育段階（第5〜12・13学年）における歴史科の学習指導要領において取り入れられつつある[3]。社会レベルの歴史文化は、相互関係にある個々人レベルの歴史意識[4]とともに、歴史教育における重要な概念として認知されるにように

なってきている。尤も、歴史教育における歴史文化の学習は一様ではない。歴史文化上の事物を「学習の場」や「学習のきっかけ」とするだけでなく「学習の対象」とするものに限定しても[5]、多様である。それらにおける現在との関連化にも違いがあるのではなかろうか。

　ドイツの中等歴史教育における単元レベルやカリキュラム全体レベルでの歴史文化学習の取り扱いに着目し、その相異なる取り扱いにおける現在との関連化のさまざまな可能性について検討しよう[6]。

2．歴史文化学習の多様な対象

　先ず、歴史文化学習における現在との関連化について考察を進めていくのに先立ち、歴史文化学習の対象について確認しておきたい。どのような歴史文化上の事物が取り上げられるのか、比較的多くの歴史文化上の事物を取り上げている教科書の場合を見てみよう。

　表 2 には、前期中等教育段階（第 5 ～ 10 学年）の歴史教科書シリーズ『過去への旅―ザクセン・アンハルト州版』、及び、『歴史と出来事―テューリン

表 2　『過去への旅』『歴史と出来事』で取り上げられる歴史文化上の事物

『過去への旅―ザクセン・アンハルト州版』
学問研究、歴史図書、歴史雑誌、歴史ウェブサイト、歴史映画、歴史ドキュメンタリー、歴史マンガ、歴史ゲーム、歴史玩具、歴史ツーリズム、歴史再演（リエナクトメント）、歴史祭り、歴史展示（博物館）、文化財保護、記念日・周年記念、記念碑・戦没者記念碑、記念施設、記念銘板、ナショナルシンボル、ネオナチ運動など
『歴史と出来事―テューリンゲン州版』
学問研究、歴史図書、歴史雑誌、歴史映画、歴史ドキュメンタリー、歴史小説、歴史マンガ、歴史ゲーム、歴史再演（リエナクトメント）、歴史展示（博物館）、記念日・周年記念、記念碑、歴史地名、歴史神話、歴史教育など

（Ebeling. H./Birkenfeld, W. (Bearbeitet von Lagatz, U., Schreier, C., Usener, U. u.a.), *Die Reise in die Vergangenheit, Sachsen-Anhalt, Band 5/6, Band 7/8, Band 9/10*, Westermann, 2010・2010・2011, Sauer, M. (Hrsg.), *Geschichte und Geschehen, Thüringen, 5/6, 7/8, 9/10*, Klett, 2012・2013・2013より。）

ゲン州版』[7]で取り上げられている歴史文化上の事物の部類を順不同に列挙した。

　表2からわかるように、歴史文化学習では、歴史文化上のさまざまな部類の事物が取り上げられうる。学問研究という専門家の世界のなかの歴史も含まれるが、焦点は一般の人々の世界のなかの歴史、すなわち、生徒の身のまわりの歴史におかれている。しかも、歴史図書などの歴史記述、歴史映画・歴史マンガ・歴史小説・歴史ゲームなどのヒストテインメント（歴史エンタテインメント）、記念日や記念碑・戦没者記念碑などの歴史政策、等々、多岐にわたる。歴史文化学習で取り上げられる歴史とは、社会のなかの広義の歴史といえる。それらは社会においてうみだされるとともに、人々の意識や判断に作用し、社会を新たにうみだしうるものである。

　歴史文化学習はそのような社会のなかの歴史について生徒が取り組む学習として行われている。その多様な取り扱いにおける現在との関連化について検討していこう。

3．単元レベルにおける歴史文化学習の取り扱い

　単元レベルにおける歴史文化学習の取り扱いについて、対象、位置づけ、学習領域という3つの観点ごとに取り上げ、相異なる取り扱いにおける現在との関連化を比較検討していこう。

⑴対象の時間的位置による違い

　第1の観点は、対象とする広義の歴史の時間的位置である。

　歴史文化学習において取り上げられる広義の歴史は、現在の社会のなかの歴史とは限らない。過去の社会のなかの歴史が取り上げられることもある。そうした対象の時間的位置において異なる学習の違いや関係については、既に別稿[8]で検討したことがある。それらでの考察を踏まえつつ、ここではルターに関する広義の歴史を取り上げる2つの学習例に即して、現在との関連

化について比較検討しよう。

①過去の社会のなかの歴史のヒストリー学習─現在との間接的な関連化─

　1つ目は、過去の社会のなかの歴史の学習である。その学習例として、ラインラント・プファルツ州で歴史教師育成に携わる T. ディートリヒ（Tobias Dietrich）が歴史教育誌『Praxis Geschichte（歴史の実践）』において、宗教改革500周年の2017年に向けて提案した授業[9]を取り上げよう。

　それは19世紀と20世紀におけるルターの想起について取り上げる①「19世紀における想起のなかのルター」、②「戦争年1917年における宗教改革の記念祭」、③「国民社会主義者がルターを賛美する」である。これらは個々の時代の学習の一環として別個に、あるいは通時的に連続させて実施することが可能とされている[10]。ここでは紙幅の都合上、②についてのみ取り上げる。その学習の学習課題は、**表3**の通りである。

　この②「戦争年1917年における宗教改革の記念祭」の学習は、第一次世界大戦中の1917年における宗教改革400周年の記念行為という広義の歴史を対象とする。軍事賛美歌本・軍事郵便葉書などの資料をもとに、戦時下のドイツ社会でルターに関する歴史がどのようにつくりなおされ、つかわれたか、それはどうしてかを生徒に追究させる。そのような過去における歴史利用の分析にあたらせることにより、現在や未来において記念行為を鵜呑みにする

表3　「戦争年1917年における宗教改革の記念祭」の学習（第7・8学年）

・資料4のいわゆるルター派の賛美歌（「神はわがやぐら」）は1917年という年にどんな意味をもったか、まとめなさい。（資料5エーリヒ・ブランデンブルクの1917年の演説）
・資料4の歌は戦時下にどう手をくわえられるか、調べなさい。（資料6〜8の軍事賛美歌本・軍事郵便葉書など）
・資料6〜8はどんな人たちに向けられたものか、解説しなさい。
・それらの資料におけるメッセージの意図を比べなさい。
・世界大戦中の1917年におけるルターの演出について評価づけなさい。

（Dietrich, T., Lutherfeste, in: *Praxis Geschichte*, 6/2016, Westermann, 2016, S. 49より。）

ことなく疑問の眼を向けられるように準備させようとするものである。

　この学習は、過去の社会のなかの歴史を通して、その当時の社会にアプローチするヒストリー学習(11)であり、当時におけるルターの演出に関する資料は過去の史料（歴史資料）として位置づく。確かに、①の学習や③の学習と連続的に実施すれば、社会の違いによる歴史の相違点と共通点を意識させやすいため、現在や未来の社会のなかの歴史に対する疑問視をより促すことができよう。とはいえ、それでも現在の社会のなかの歴史についての扱いは間接的なものである。

　そのような過去の社会のなかの歴史のヒストリー学習は、現在について直接的には扱わず、現在との関連化を間接的なものに留める。現在との間接的な関連化が、その特質である。

②現在の社会のなかの歴史のメタヒストリー学習―現在との直接的な関連化―

　2つ目は、現在の社会のなかの歴史の学習である。その学習例として、前期中等教科書『歴史を発見する―バイエルン州版』第2巻の単元「宗教改革と宗派化」の一環に位置づけられた主題的項目「［歴史は止まない］過去を想起する―文化それともキッチュ？」(12)を取り上げよう。

　その学習課題は、**表4**の通りである。

　学習の対象は、現在のドイツの展望塔や銅像、玩具や靴下などのさまざまな媒体におけるルターの表象である。生徒は、各々の表現内容、それらの政治的・経済的な意図や理由をとらえ、現在の社会におけるルターの扱いの有り様を批判的に吟味する。その認識を生かして、さらに身近な地域における過去の人物や出来事の扱いについても調べる。そのような具体例の追究を通して生徒は、「過去の出来事についての私たちの想起に対して何が大きな役割を果たしていますか」、「私たちは自国の人たち、また他国の人たちにどんなメッセージを伝えようとしましょうか」という問いに取り組む。

　この学習は、現在の社会において過去を扱った既存の歴史について取り組

表4　「過去を想起する─文化それともキッチュ？」の学習（第7・8学年）

○過去の出来事についての私たちの想起に対して何が大きな役割を果たしていますか。
○私たちは自国の人たち、また他国の人たちにどんなメッセージを伝えようとしましょうか。

・聖書を模した展望塔（ヴィッテンベルク駅前）、アイスレーベンのルター像、ヴィッテンベルクのルターガルテン、ルターのフィギュア（プレイモービル）、ルターソックス（靴下）、及び、ヴァルトブルク城のルターの小部屋の写真を見て、それらがルターや宗教改革をどんなやり方で想起させるか説明しなさい。
・宗教改革のような歴史上の出来事の適切な想起のさせ方について、クラスで議論しなさい。
・教会史家トマス・カウフマンの引用文章（ルターの商品化について）と批判的に取り組みなさい。
・歴史上の人物や出来事の商品化をどう評価しますか。自分の意見の理由を述べなさい。
・自分の地域、自分の故郷の町で、歴史的な出来事や人物はどう想起されていますか。調査し、その結果をクラスで発表しなさい。

(Bühler, A., Fritsche, C., Hohmann, F. (Hrsg.), *Geschichte Entdecken Realschule Bayern 2,* C. C. Buchner, 2019, S. 110-111より。)

むメタヒストリー学習である。現在におけるルターの表象に関する資料は、この学習では現在の広義の歴史叙述として位置づく。生徒はそのような広義の歴史叙述を分析検討し、現在の社会のなかの歴史について直接的に取り組み、現在の社会にアプローチするわけである。

　このような現在の社会のなかの歴史のメタヒストリー学習においては、現在との関連化は直接的なものになる。現在との関連化を直接的な関連化として可能にするのが、このメタヒストリー学習である。

③小括：現在との間接的な関連化／現在との直接的な関連化

　過去の社会のなかの歴史の学習は、あくまでも過去の社会にアプローチするヒストリー学習である。それによって現在の社会のなかの歴史に対して疑問の眼を向けてみる契機をもたらすにせよ、現在の歴史文化の間接的学習であり、現在との関連化は間接的なものに留まる。

　一方、現在の社会のなかの歴史の学習は、メタヒストリー学習として、現

在の社会にアプローチすることができる。現在の歴史文化について直接的に取り組む学習であり、現在との関連化は直接的なものである。

　対象の時間的位置の相違により、歴史文化の学習における現在との関連化は、間接的な関連化と直接的な関連化とに分かれる。何れも、現在の歴史文化を無批判的に受け容れないようになるために役立つとはいえ、間接的な働きと直接的な働きという違いがある。過去の社会のなかの歴史の学習であれば、通常のヒストリー単元の一環としても実施可能であろうが、間接的な関連化に留まる。身のまわりの歴史との批判的な関わり方をより直接的に育むことができ、現在を生きる生徒にとって意味を見出しやすいのは直接的な関連化であり、それを可能にするのは現在の社会のなかの歴史の学習である。

⑵単元における位置づけによる違い

　第2の観点は、単元における歴史文化学習の位置づけである。

　現在との直接的な関連化を可能にするメタヒストリー学習としての現在の歴史文化の学習も、単元によって相異なる位置づけがなされうる。単元のなかで付加的な学習として位置づけられることもあれば、中心的な学習として位置づけられることもある。そのような位置づけの相違については、別稿[13]において歴史政策問題の学習の場合に関して検討したことがある。そこでの考察を生かしつつ、ここでは現在の歴史ドキュメンタリーを取り上げる2つの学習例に即して、現在との関連化について比較検討しよう。

①ヒストリー単元における付加的位置づけ─過去から現在への関連化─

　1つ目は、付加的な位置づけである。その事例として、前期中等教科書『歴史と出来事─ベルリン市・ブランデンブルク州版』第9・10学年用の単元「国民社会主義と第二次世界大戦」においてナチ党の政権掌握について扱う前半パート[14]を取り上げよう。

　その前半パートの概要は、表5の通りである。

表 5　「国民社会主義と第二次世界大戦」前半パートの学習（第 9・10 学年）

項目	学習課題
国民社会主義者が権力の座に―民主制はどう破壊されたか	
ナチズムの世界観は何に基づいていたのか	
ナチズム国家におけるプロパガンダ	
ハーケンクロイツの下の青少年―政権のための教育？	(略)
除外され、抑圧され、迫害され―だれが"民族共同体"の外側に？	
適応と賛同の間―なぜそんなに多くの人たちが加わったのか	
国民社会主義者の"成果"―何がひそんでいるのか	
平和を装い、戦争を準備する―国民社会主義者の対外政策	

テレビドキュメンタリーを追究する		
	自分の教科書でフィルムのテーマとなっている出来事についての情報をさがし、それがどんな歴史的文脈でとらえられるのか解説しなさい。	
	描写する	・フィルムのタイトルと制作年について、情報を得なさい。 ・視聴内容を簡潔に再現しなさい。 ・どんな構成要素が用いられているか挙げなさい。 ・フィルムの作り方についての第一印象を述べなさい。
	調べる	・構成要素によってどんな作用があるか分析しなさい。 ・ドラマ化するためにどのようにして構成要素が用いられているか精査しなさい。 ・映像・画像の出所が示されているかどうか確認しなさい。 ・生証人や専門家が単に事実関係の保証のために組み入れられているのかどうか、それらの言述がまさに付加価値をもたらしているかどうか、確認しなさい。 ・フィルムが歴史上の出来事についての相異なる評価をもたらしているかどうか精査しなさい。 ・不確実な点についても指摘がなされているかどうか点検しなさい。
	解釈する	・フィルムは歴史上の対象のどんなイメージをもたらすか説明しなさい。 ・フィルムにはメッセージがあるかどうか判定しなさい。それをできるだけ簡潔に述べなさい。 ・最後に、フィルムを評価づけなさい。
	現在のテレビ番組表で同じようなドキュメンタリーをさがしなさい。見つけたもの、そしてテレビの今日の情況においてそれがもつ意味について、クラスで議論しなさい。	

(Sauer, M. (Hrsg.), *Geschichte und Geschehen, Berlin/Brandenburg, 9/10,* Klett, 2017, S. 60-87 より。)

　単元「国民社会主義と第二次世界大戦」の前半パートは、「国民社会主義者が権力の座に─民主制はどう破壊されたか」から「平和を装い、戦争を準備する─国民社会主義者の対外政策」までと、最後の「テレビドキュメンタリーを追究する」とに分けられる。「国民社会主義者が権力の座に」から「平和を装い、戦争を準備する」までは、ナチ党の政権掌握について取り組むヒストリー学習である。一方、それらに後続する「テレビドキュメンタリーを追究する」は、歴史ドキュメンタリー「レーム殺害事件」（ZDF、2004年）という現在の広義の歴史に取り組むメタヒストリー学習である。このドキュメンタリーで扱われているのは、レームが率いるSA（突撃隊）を1934年にナチ党指導部が粛清した事件である。その事件については既に「国民社会主義者が権力の座に」で取り上げている。生徒はそれらの先行の項目で学んできた認識を用いて、「レーム殺害事件」というドキュメンタリーの表現の特色を掴み、構成とその意図・理由を分析評価する。そうして、現在の他の歴史ドキュメンタリーや今日のテレビメディアにも視野を広げる。

　この単元は、過去をとらえようとする歴史的視点に基づいたヒストリー学習中心の単元である。過去の事象についてのヒストリー学習を行った上で、その過去の事象を扱った既存の歴史についてのメタヒストリー学習へ移行する。過去の学習を前提とし、現在の広義の歴史の学習はプラスアルファの付加的なものとして行われる。

　このようなヒストリー単元における付加的な位置づけは、歴史的視点に由来し、現在との関連化を過去から現在への関連化として可能にする。そのような現在との関連化は確かに直接的な関連化であるけれども、ヒストリー単元においては限定的なものに留まる。

②メタヒストリー単元における中心的位置づけ─現在から過去への関連化

　2つ目は、単元における中心的な位置づけである。前期中等教科書『歴史のフォーラム─ザクセン・アンハルト州版』第9学年用の単元「専門演習：

表 6　「専門演習：歴史ドキュメンタリーを吟味する」の学習（第 9 学年）

項目	主な学習課題
歴史ドキュメンタリー「グスタフ・シュトレーゼマンと共和国」	「ヒストテインメント」とは何を意味しますか。 追究しようとしている歴史ドキュメンタリーは何について扱っていますか。
グスタフ・シュトレーゼマンとは誰か	なぜシュトレーゼマンは今日、ヨーロッパの手本として敬われるのですか。
歴史ドキュメンタリーにおいて「専門家たち」はどんな働きをするか	歴史ドキュメンタリーにおける「専門家たち」の働き、そして「専門家たち」の起用によって映画監督がめざす狙いについて探りなさい。
フィクションを伴う歴史ドキュメンタリーはどれほど信頼できるか	映像史料が十分でない場合や全くない場合、映画監督はどうするのでしょうか。
背景のコメント―説得力のある歴史の語り？	語りの作りについて何に注意が払われるべきかを明らかにしなさい。
［メソッド］フィクションを伴う歴史ドキュメンタリーを吟味する	このページでは、「グスタフ・シュトレーゼマンと共和国」の全体を分析し、自分が認識したことをまとめることができます。
批評を書く	活動工程やこれまでのページの情報を手がかりに、グイド・ノップの歴史ドキュメンタリー「グスタフ・シュトレーゼマンと共和国」の批評を書きなさい。
フィクションを伴う歴史ドキュメンタリー―議論の行われるもの？	グループ活動により、この「ドイツ人」シリーズの作り方が歴史家からきびしく批判された理由をさぐり、そのような歴史ドキュメンタリーの作品がなぜ視聴者からも批判的に吟味されるべきかについての考えをつくりなさい。

（Born, N. (Hrsg.), *Forum Geschichte, Sachsen-Anhalt 9*, Cornelsen, 2018, S.86-103 より。）

歴史ドキュメンタリーを吟味する」[15]を事例として取り上げよう。

　この単元を構成する項目とそれぞれの項目の中心課題を挙げると、**表 6** の通りである。

　この学習は、ヴァイマル共和国で首相や外相を務めた政治家 G. シュトレーゼマンを扱った「グスタフ・シュトレーゼマンと共和国」（ZDF、2010年）を取り上げ、歴史ドキュメンタリーについて取り組む。最初にこの歴史ドキ

ュメンタリーの主要登場人物・テーマなどの情報を確認し、その分析という学習の方向性を掴む。そして、主人公である歴史上の人物シュトレーゼマンについて多面的にとらえ、分析に備える。その上で、このドキュメンタリーにおける歴史家や同時代人などの活用、俳優による演技シーンを交えた映像の構成、映像と組み合わされるナレーションなどについて調べた上で、それらを踏まえて歴史ドキュメンタリー全体を分析吟味し、批評を書く。そうして最後に、ジャーナリストや歴史家による批評を参考にして、自分の批評を振り返り、歴史ドキュメンタリーとの関わり方について考える。

　この単元は、現在について考えようとする現在的視点に基づいたメタヒストリー学習中心の単元である。現在の歴史ドキュメンタリーを分析検討するメタヒストリー学習のための一環として、シュトレーゼマンについてのヒストリー学習も行う。現在の広義の歴史の学習こそがメインであり、過去の学習はそのための手段として組み込まれる。

　このようなメタヒストリー単元における中心的位置づけは、現在的視点に基づき、現在との関連化を現在から過去への関連化、現在のための過去との関連化として可能にする。現在との直接的な関連化がメタヒストリー単元においては全面的なものになる。

③小括：過去から現在への関連化／現在から過去への関連化

　ヒストリー単元における付加的な位置づけでは、ヒストリー学習を前提とし、メタヒストリー学習を後続させる。歴史的視点から出発し、過去について認識した上で既存の歴史について取り組むわけであり、過去から現在への関連化を可能にする。現在との関連化は限定的なものである。

　一方、メタヒストリー単元における中心的な位置づけでは、メタヒストリー学習の一環において、ヒストリー学習を手段化させる。視点は現在にあり、現在的視点により、既存の歴史について取り組むために過去について扱うわけであり、現在から過去への関連化を可能にする。現在との関連化は全面的

なものになる。

　何れも、現在の広義の歴史について扱い、現在との直接的な関連化を可能にする。現在や未来において社会のなかの歴史と批判的に関わることができるために役立つ。とはいえ、単元内におけるヒストリー学習とメタヒストリー学習の関係が相異なり、直接的な関連化の様態は異なる。現実的に実施しやすいのは前者であろうが、過去から現在への関連化では限定的な関連化に留まり、生徒は単元の最初から学習の意味を意識することは難しい。それに対して、後者の現在から過去への関連化では全面的な関連化となり、生徒は単元の最初から学習の意味を意識しやすいだろう。

⑶学習領域による違い

　第 3 の観点は、歴史文化の学習における学習領域である。

　ヒストリー単元における付加的な位置づけであれ、メタヒストリー単元における中心的な位置づけであれ、現在の広義の歴史に関する学習の領域を存在の把握だけに留めないにしても、分析までとする場合もあれば、判断まで進める場合もある。それは学校段階によるものとは必ずしもいえない。現在の社会のなかの歴史に関する学習の基本類型については既に別稿[16]において、前期中等歴史教育における事例をもとに考察したことがある。そこでの考察を踏まえつつ、ここではギムナジウム上級段階という後期中等教育段階における 2 つの学習例を取り上げ、現在との関連化について比較検討しよう。

①既存の歴史の有り様を分析するメタヒストリー学習─現在を対象化する関連化─

　1 つ目は、現在の広義の歴史の学習を分析までに留めるものである。後期中等教科書『歴史の時間　歴史文化と記憶文化─ニーダーザクセン州版』の単元「DDR 神話─オスタルギー」[17]をその事例として取り上げよう。

　この単元における学習課題と資料は、表 7 の通りである。

　この学習は、オスト（東）とノスタルギー（ノスタルジー）がつながったオ

表7　「DDR 神話―オスタルギー」の学習（上級段階）

学習課題	資料
・教科書の文章をもとに、"オスタルギー"がうまれた状況について略述しなさい。 ・教科書の文章、及び、資料①〜⑨をもとに、政治的なオスタルギーと文化的なオスタルギーとを区別しなさい。 ・教科書の文章、及び、資料①〜⑨をもとに、「再統合後のドイツ連邦共和国の内的統一の展開がオスタルギーの発生を助長した」という主張に対する自分の考えをつくりなさい。	①ドイツ統一の日に旧東独車を燃やす様子の写真 ②2000年代に旧東独車を運転する様子の写真 ③DDR へのドイツマルクの導入についてのデモの写真 ④旧シュタージの前の落書き "私の記録はどこ？" の写真 ⑤映画「グッバイ、レーニン」のポスター ⑥"東独出身者の42%は2級市民と感じている"（ジャーナリスト R. ケヒャー）
・資料⑩をもとに、ドイツ連邦共和国での政治生活の形成にとってのオスタルギーによるリスクについて分析しなさい。 ・教科書の文章、及び、資料⑪をもとに、オスタルギーとヴェスタルギーを比較しなさい。 ・教科書の文章、及び、資料⑪をもとに、オスタルギーもヴェスタルギーも希望を失っているという資料中の主張について、その根拠をさがしなさい。	⑦インターネット記事の抜粋 "オスタルギーの例" ⑧旧東独に因んだ土産物売り場の写真 ⑨旧東独記念館の飲食店の写真 ⑩壁崩壊20周年記念に因んだ J. ガウク（「忘却に抗して―民主主義のために」）のインタビュー "オスタルギーはリスクである"
・資料⑫をもとに、オスタルギーは想起と抑圧の結びつきからうまれているという見解について説明しなさい。 ・資料⑬をもとに、オスタルギーの原因についてのコヴァルチュクによる説明に対して、批判的に検討しなさい。	⑪"ヴェスタルギーの私たち"（ジャーナリスト M. フェルデンキルヒェン） ⑫"想起の文化と抑圧"（ジャーナリスト T. ヴァグナー） ⑬なぜオスタルギーが存在するか（歴史家 I.-S. コヴァルチュク）

(Baumgärtner, U. (Hrsg.), *Zeit für Geschichte, Geschichts- und Erinnerungskultur, Niedersachsen*, Schroedel, 2014, S. 28-39より。)

スタルギーという言葉で総称される旧東側市民による東ドイツ時代の過去との関わり方について取り上げる。政治的なものと文化的なものとに分け、東ドイツ時代の過去との関わり方の特色や生成を掴み、発生の現象面をとらえた上で、ドイツ社会にとっての影響の検討、旧西側市民のヴェスタルギーとの比較によって社会的意味をとらえ、そうしてオスタルギーをうみだしてい

る原因の分析に取り組む。東西統合の深化をどう進めるか、そのために過去との関わり方をどうしていく必要があるかなどといった今後の在り方の判断までは考察を進めない。現状の関わり方を把握し、その有り様について掘り下げて分析することで、統合後のドイツ社会をとらえることを重視している。

　現在の社会のなかの歴史に関するメタヒストリー学習のなかでも、広義の歴史を分析する学習は、学習対象とする歴史の分析を通して、その背後の既存の社会にも迫ろうとする。社会のなかの歴史や現在の社会そのものを突きはなして対象化できるようにする。歴史文化形成による社会形成のための前提となる歴史文化認識という社会認識を形成し、社会の在り方をめぐる批判的な政治的判断を間接的に生徒に促す働きをもつものである。

　このように歴史文化学習の学習領域を分析までに留める場合、現在との関連化は、現在を対象化する関連化となる。現在の有り様を既にあるものとして扱いつつも、鵜呑みにせず、批判的に対象化することを可能にする関連化である。

②歴史の新たな在り方を判断するメタヒストリー学習―現在を問題化する関連化―

　2つ目は、現在の広義の歴史の学習を判断まで進めるものである。その事例として、後期中等教科書『コースブック歴史科―ザクセン・アンハルト州版』の単元「ナチズムの大量殺戮と第二次世界大戦」における「想起の諸形態―英雄記念日から国民哀悼の日へ」[18]を取り上げよう。

　その学習の課題と資料は、表8の通りである。

　この学習では、国民哀悼の日という戦没者追悼の記念日について取り上げる。この記念日は、第一次世界大戦後、戦死したドイツ人兵士を顕彰するために設けられたものである。ナチズム政権下で英雄記念日へ変更され、第二次世界大戦後に再び国民哀悼の日へ改称され、現在では「戦争と暴力の全ての犠牲者のための記念日」として位置づけられている。毎年、11月の国民哀悼の日には連邦議会で式典が催され、中央追悼施設ノイエ・ヴァッヘで献花

表8　「想起の諸形態―英雄記念日から国民哀悼の日へ」の学習（上級段階）

学習課題	資料
・資料②と資料③を手がかりにして、国民哀悼の日の意味を解説しなさい。それぞれの歴史的な文脈を考慮しなさい。 ・国民哀悼の日の改称についての資料④の生徒の提案をもとに、国民哀悼の日のような記念日は、国民社会主義や第二次世界大戦の想起や記憶を絶やさず促すのに適しているかどうか、議論しなさい。 ・あなたの考えでは、第二次世界大戦の犠牲者の最も良い記念の仕方はどのようなものか、根拠のある提案をつくりなさい。	①ケーテ・コルヴィッツ「死んだ息子を抱く母」（ノイエ・ヴァッヘ）の写真・解説 ②オイゲン・ゲルシュテンマイアー連邦議会議員（当時）による1952年の国民哀悼の日における演説 ③リタ・ジュスムート連邦議会議長（当時）による1990年の国民哀悼の日における演説 ④14才の生徒の国民哀悼の日についての発言

(Grohmann, M. u.a., *Kursbuch Geschichte ― Sachsen-Anhalt*, Cornelsen, 2019, S. 450-451より。)

が行われる。そのような記念日の現在的意味に対して近年高まっている疑念や議論について触れた教科書の文章を踏まえて学習をスタートさせる。先ず、西ドイツ初期と東西統合直後の国民哀悼の日における政治家の演説をもとに、各時期における負の過去の取り扱いについて、当時の社会動向と結びつけてとらえる。そうして、現在の国民哀悼の日の有り様の妥当性について議論し、望ましい記念の在り方を考える。生徒は現在における国民哀悼の日の有り様を2つの時期と比較しつつ分析吟味し、その新たな在り方を自分たちの社会にとっての負の過去の取り扱いの在り方として判断することになる。

　この学習のように、メタヒストリー学習のなかでも、社会のなかの歴史を判断する学習は、歴史の有り様を分析するだけでなく、自分たちの社会にとっての望ましい在り方を生徒が批判的に判断することを重視する。現在の社会にとっての歴史の在り方を問題化することで、現在の社会の在り方を問題化する。歴史文化認識としての社会認識の形成で終わらず、歴史文化をよりよくつくりだしていく歴史文化形成としての社会形成の教育を可能にするのが、この学習である。批判的な政治的判断の直接的な形成として働くわけである。

このように歴史文化学習の学習領域を判断まで進める場合、現在との関連化は、現在を問い直し、現状のままでよいか、新たにどう改めるかを問題として探ることができるようにするものであり、現在を問題化する関連化として具現されることになる。現在の有り様は既にあるものであるけれども、自分たちの判断によってよりよくつくりかえていくものとして扱い、その望ましい在り方を批判的に判断することで、社会の新たな形成と関連化できるようにする。

③小括：現在を対象化する関連化／現在を問題化する関連化

生徒たちは卒業後も社会のなかのさまざまな歴史と関わりながら生きていくことになる。それらに呑み込まれることなく、熟考的に関わっていけるようにするため、ヒストリー学習を強化し、過去の認識を確かなものにしさえすればよいと考えることはできない。実際に社会のなかの歴史を批判的に分析できる能力や判断できる能力を育成しようとするメタヒストリー学習が展開されている。

現在の社会のなかの歴史を分析する学習は、現在の有り様を既にあるものとして扱うけれども、批判的に分析し対象化する。それは既存の歴史文化の認識という社会の認識の学習を実質とし、現在を対象化する関連化を可能にする。

一方、現在の社会のなかの歴史を判断する学習は、現在の有り様を自分たちの判断によってよりよくつくりかえていくものとして扱い、新たな形成のために批判的に判断する。それは歴史文化の新たな形成という社会の形成の学習まで射程を拡げ、生徒たちが現在を問い直し再検討できるようにし、現在を問題化する関連化までも歴史教育において可能にする。

どちらの学習も、現在の社会のなかの歴史に関するメタヒストリー学習であり、既存の歴史を無批判的に受容せず、現状に対して批判的に取り組むことを重視するものである。しかしながら、現在の有り様を対象化するのか、

それとも新たな形成に向けて問題化するのか、つまりは批判的にどう取り組むかが異なり、現在との直接的な関連化の中身が違っている。批判的な判断を間接的に促す前者の関連化より、直接的に形成する後者の関連化のほうが教育的意義が大きいものの、問題化の前提として対象化は大切であり、前者の関連化を軽んじることはできない。それらの学習をカリキュラム上にどう配置するかが重要な検討課題となろう。

　そこで次に、カリキュラム全体レベルにおける歴史文化学習の取り扱いに着目し、相異なる取り扱いによる現在との関連化について比較検討しよう。

4．カリキュラム全体レベルにおける歴史文化学習の取り扱い
―前期・後期中等歴史教育における配置による違い―

　カリキュラム全体レベルでも、歴史文化学習の取り扱いは一様ではない。前期・後期中等歴史教育のカリキュラム上における歴史文化学習の配置に着目すると、ドイツの中等歴史教育には3つの典型的なタイプを見出すことができる。終結部の特定の主題的な単元への集中的な配置、いくつかの単元への散発的な配置、多数の単元への連続的な配置である。それぞれの事例を取り上げて分析し、それらにおける現在との関連化を比較検討しよう。

⑴歴史文化学習の集中的配置
―過去から現在への関連化における限定的な直接的関連化―

　1つ目は、歴史文化学習を終結部の特定の単元に集中的に配置するものである。ザクセン州ギムナジウムの2019年部分改訂版の歴史科（第5～12学年）[19]をその事例として取り上げよう。

　同州ギムナジウムの歴史科の学習指導要領では、前期中等教育段階の第5学年から第10学年までと、後期中等教育段階の第11・12学年（ギムナジウム上級段階）とで、異なった構成がとられている。第5学年から第10学年までは、原始・古代から現代までのドイツ・ヨーロッパ史を中心とした年代史が

基本となっている。第11・12学年の重点コースでは、対象時期が近現代にほぼ限定され、「政治的秩序観念と政治参加」、「前工業社会から工業社会へ—世界的な展開と帰結」、「課題としての“平和”—恒久的な平和的共生の追求」、「歴史文化とアイデンティティ形成の諸形式」という主題別の構成がとられている。それぞれの主題に基づく近現代の通時的認識をねらいつつ、近現代の政治史を社会経済史的に、また国際関係史的にとらえなおせるようにし、最後に歴史文化の学習を位置づけている。歴史科の全体を通して、この終結単元を除けば、歴史文化の学習はかなり限定的に入れ込まれているのみである。その終結単元の概要は、**表9**の通りである。

　この終結単元では、5つの学習が意図されている。第1は、先ずは歴史文化と集団的アイデンティティとの基本的関係を掴み、現状に対する課題意識をもつことで、現在的視点からスタートすることである。第2は、近現代のヨーロッパにおける典型的な諸事例を比較分析し、歴史神話をはじめとした歴史利用と集団的アイデンティティとの相互関係をとらえることである。第3は、ナチズムやDDRの負の過去の扱いを含め、ドイツ帝国期から東西統合後の現在までのドイツの各時期における過去の扱いを取り上げ、時々の社会の動向と結びつけて比較分析して省みること、そうして民主主義的アイデンティティや社会形成にとっての過去との関わり方の重要性を評価づけることである。第4は、今後のヨーロッパ・アイデンティティの形成に関わる課題を各国における集団的記憶と関係づけてとらえることである。第5は、歴史文化をめぐる具体的な問題を取り上げ、ドイツ社会の新たな形成にとっての過去の取り扱いの在り方を判断することである。

　現在的視点に基づきつつ、歴史文化の主題史という社会のなかの歴史について通時的に認識するヒストリー学習を進め、その枠内において現在の社会のなかの歴史に関するメタヒストリー学習を配している。これまでの時々の社会のなかで歴史がつくられたり、つかわれたりしてきたことを通時的にとらえ、そうした認識に基づくことで、醒めた眼で現在の社会のなかの歴史を

表9　ザクセン州歴史科の終結単元「歴史文化とアイデンティティ形成の諸形式」

学習目標・学習内容	推奨例
歴史文化の諸形式とアイデンティティの複雑さに対して洞察を得ること	過去の解釈による表現としての歴史 自己同一化の要因としての記憶文化 アイデンティティの多様性
アイデンティティ形成の諸形式を知ること 　―フランスの事例におけるナショナル・アイデンティティの形成要因としての神話 　―フランス革命解釈の事例における歴史の手段化 　―境界づけによるアイデンティティ―ドイツ人とポーランド人の事例における敵対者像の伝統的機能 　―旧来の見方の疑問視―オーデル・ナイセ線の事例における和解	事例選択：カール大帝、ジャンヌ・ダルク、ナポレオン バスティーユの襲撃 保守主義・自由主義・社会主義のやり方 タンネンベルク／グルンヴァルト、ポーランド分割、ナチスによるポーランド占領、ドイツ東部地域の喪失 "オーデル・ナイセ平和境界線"、新東方政策、1990年以後のヨーロッパの枠組みでの展開
民主主義的アイデンティティの形成にとっての記憶文化の意味を評価づけること 　―国の統一と自由の理念 　　・文化国民から国家国民を根拠づけるための神話とドイツ帝国においてのその表現形式 　　・ヴァイマル共和国と国民社会主義における神話とその手段化 　　・1949年以降の記憶文化―1848年の革命の遺産 　―国民社会主義の負の遺産の取り扱い 　　・占領国―ニュルンベルク裁判、非ナチ化 　　・DDR 　　・連邦共和国 　― DDR市民のSED国家への同一化の問題	自己同一化の要因としての歴史上の人物とその業績 事例選択：アルミニウス／ヘルマン、バルバロッサ、フリードリヒ大王、ビスマルク 記念碑、記念日・祝日 ヒ首伝説 映画の中のプロイセン礼賛 DDRにおける"遺産と伝統"、連邦共和国の政治的自己理解への寄与 演説、記念銘板 罪と責任、歴史論争 個々人や構造における非ナチ化 DDRにおける国家原則としての反ファシズム 事例：ナチスの犯罪行為の取り扱い、戦争の評価づけと総括 個人的・社会的記憶の緊張関係、命じられたアイデンティティと自分のアイデンティティ
構成と現実の間のヨーロッパのアイデンティティ問題を知ること	ヨーロッパ・アイデンティティの形成の試み 発展途上の記憶共同体としてのヨーロッパ

歴史文化とアイデンティティ形成の諸形式について自分の立場を決めること	デジタルメディアにおける歴史事象の表現の仕方 ドイツにおける記憶文化および民主主義的アイデンティティ形成

(Sächsisches Staatsministerium für Kultus, *Lehrplan Gymnasium Geschichte*, 2019（2004/2007/2009/2011/2019）, S. 47-48より。)

批判的に分析することが重視されている。現在的視点に基づいた歴史文化の歴史研究という性格が強く、判断までを学習領域としつつも、通時的な分析に力点があり、広義の歴史と社会との相互関係を認識することが中心である。

　歴史文化の学習のための単元が特別に設けられており、歴史文化学習が重んじられていることは確かである。尤も、それは後期中等歴史教育においてである。しかも、その単元は一番最後に置かれている。過去についてのヒストリー学習を大前提とし、それらを踏まえることで終結単元での広義の歴史の学習に向かわせる。カリキュラム全体において、過去から現在への関連化が基調となっている。過去について十分に学びきった後でこそ、過去の扱いについての学習が可能であり有効であると考えられているのであろう。

　過去から現在への関連化は、カリキュラム全体においてだけでなく、歴史文化の主題史に基づく終結単元においても貫かれている。時々の社会のなかの歴史について通時的に取り上げ、その一環で現在の社会のなかの歴史を分析させ、判断にも取り組ませる。現在的視点に基づきつつも、現在を問題化する関連化ではなく対象化する関連化に重点をおき、あえて現在との間接的な関連化を介してから、直接的な関連化へ移行するようになっている。

　このように歴史文化学習の集中的配置は、中等歴史教育のカリキュラム全体において過去から現在への関連化を可能にし、しかも終結単元における現在への関連化において間接的な関連化を重視し、それを前提に直接的な関連化を可能にする。過去から現在への関連化において、現在との直接的な関連化を限定的に可能化するのが、この集中的配置である。

⑵歴史文化学習の散発的配置―現在との直接的な関連化の段階的拡大化―

　２つ目は、歴史文化の学習をいくつかの単元に散発的に配置するものである。その事例として、テューリンゲン州のギムナジウムの歴史科（第5～13学年）[20]を取り上げよう。

　同州の歴史科の場合、前期中等教育段階の最終学年である第10学年の最後に、歴史文化に関する主題的項目「歴史についての熟考」を置く。とはいえ、歴史文化を対象とする学習はそれだけではなく、その前後でも行われる。**表10**は、歴史文化の学習が行われる学習項目を抜きだしたものである。

　前期中等教育段階の始発部の「歴史という教科との初めての出逢い」では、「歴史的思考」の導入学習の一環において、生徒は「歴史の構築性」や「過去と歴史の違い」を知り、「学問としての歴史と過去の記憶としての歴史」の存在に気づく[21]。

　そうして身のまわりの様々な歴史の存在を把握した上で、第5・6学年、第7・8学年、第9・10学年では、ドイツ・ヨーロッパ史中心の年代史的構成の下、各学年段階で対象とする過去の事象との関連で、社会のなかの歴史について取り上げる。主に、各学年段階で２つずつ選ぶことになっている選択必修の学習項目[22]においてである。選択必修の学習項目の多くは広義の歴史に関するものであり、それらでもって分析中心の学習を散発的ではあるけれども行わせようとしている。そうした歴史文化に関する学習項目の学習が単独で設定されるならば、多くはメタヒストリー単元における中心的な位置づけとなろうし、必修の単元のなかに組み込むかたちがとられるならば、多くはヒストリー単元における付加的な位置づけとなろう。何れにしろ、現在を対象化する関連化が可能となる。

　前期中等教育段階の終結部の「歴史についての熟考」では、「国民社会主義の犠牲者を記憶するための諸形式」に加え、「ヨーロッパにおける記憶の諸文化（記念日・祝日、記憶の場、シンボル）」または「歴史の対立―歴史解釈をめぐる公的議論の事例」について取り組む[23]。「歴史文化における解釈表

表10　テューリンゲン州歴史科において歴史文化学習が行われる学習項目

段階		歴史文化学習が行われる学習項目
前期中等教育段階	第5・6学年	【必修（始発部）】 ・歴史という教科との初めての出逢い 【選択必修】 ・メディア（例えば、マンガ、児童・青少年図書、コンピュータゲーム）のなかの歴史との出逢い ・痕跡の探索―校外学習（例えば、歴史の場、博物館、歴史展示） ・何れかの学習項目の深化のためのプロジェクト
	第7・8学年	【必修】 ・中世のヨーロッパ 【選択必修】 ・メディア（例えば、マンガ、映画、ドキュメンタリー、青少年図書、コンピュータゲーム）のなかの歴史との出逢い ・博物館における痕跡の探索（博物館による歴史の演出の脱構築）／アーカイブにおける痕跡の探索（収集と保存） ・バルバロッサ伝説―支配者神話の機能 ・歴史文化資料としての記念碑―19世紀のドイツにおける記念碑文化
	第9・10学年	【必修（終結部）】 ・歴史についての熟考 【選択必修】 ・メディア（例えば、マンガ、映画、ドキュメンタリー、青少年図書、コンピュータゲーム）のなかの歴史との出逢い ・ドイツと隣国：共通の過去―異なる歴史
後期中等教育段階	導入段階 （第11学年）	【必修】 ・映画のなかの歴史との出逢い
	資格段階 （第12・13学年）	【必修】 Ⅱ　ネーション―ナショナリズム―ナショナルアイデンティティ Ⅲ　民主制と独裁制 Ⅳ　諸利害・諸価値の緊張状態のなかのヨーロッパ政治と世界政治

（Thüringer Ministerium für Bildung, Jugend und Sport, *Lehrplan für den Erwerb der allgemeinen Hochschulreife Geschichte*, 2021より筆者作成。）

現をめぐる社会的論争を判断することによって生徒は、歴史解釈における現在との結びつきについて省み、歴史についての公的議論への参加を、特にテューリンゲン州の上級段階での歴史教育への準備として、練習することができる」[24]と考えられており、この学習項目では分析の学習とともに判断の学

習も意図されている。

　後期中等教育段階（ギムナジウム上級段階）の資格段階（第12・13学年）では、4つの項目による近現代史中心の構成の下、3つの項目で、各々のヒストリー学習の一環において、社会のなかの歴史についても取り組む。分析中心のメタヒストリー学習において、「民主制と独裁制」で国民社会主義の負の過去との関わり方について議論したりするなど[25]、望ましい在り方の判断の学習もねらっている。現在を対象化する関連化だけでなく問題化する関連化も可能となる。

　この事例は、歴史文化の学習を現在の社会のなかの歴史に関するメタヒストリー学習としてねらいつつ、広義の歴史の存在を把握する学習から、存在を把握するとともに既存の有り様を分析する学習、さらに、分析するとともに新たな在り方を判断する学習へ、カリキュラムの全体を通して学習領域を拡げていく。比重は分析する学習にある。限られた単元での学習であることもあり、先ずは分析の能力をある程度育んだ上で、判断の能力の育成へも拡げようと考えられているのであろう。前期中等歴史教育の最後の主題的項目が、それまでの分析の学習を受けて判断も加えた学習へと切り替える転機となっている。

　このような中等歴史教育における歴史文化学習の分散的配置は、いくつかの単元においてではあるものの、現在との直接的な関連化を可能にする。そうして、カリキュラム全体レベルにおいて、その直接的な関連化を段階的に拡大させていく。先ずは現在を対象化する関連化を優先し、その上で現在を問題化する関連化にも拡げる。現在を対象化する関連化から、対象化するとともに問題化する関連化へ、現在との直接的な関連化を段階的に拡大化するのが、この分散的配置における関連化である。

(3)歴史文化学習の連続的配置─現在との直接的な関連化の段階的向上化─

　3つ目は、歴史文化の学習を多数の単元に連続的に配置するものである。

事例として、ザクセン・アンハルト州の中等学校（第5〜10学年）と専門ギムナジウム（第11〜13学年）の歴史科を取り上げよう。

　同州の歴史科の場合、生徒に育成しようとする「歴史コンピテンス」が「解釈コンピテンス」、「ナラティブコンピテンス」、「歴史文化コンピテンス」の3つでとらえられている[26]。史資料を解釈し、自分で歴史の語りを形成したり、既存の広義の歴史を分析判断したりできるようにし、それらを通して生徒の歴史意識を成長させようと考えられている。そのために中等学校と専門ギムナジウムの学習指導要領では、それぞれの最終時点における3つのコンピテンスの到達目標が示され、それらが各学校段階の全単元を通して目指される。実際、第5学年から第13学年までの各単元において、「解釈コンピテンス」、「ナラティブコンピテンス」、「歴史文化コンピテンス」の目標が立てられている。**表11**には、各学校段階における「歴史文化コンピテンス」の最終到達目標とともに、それぞれの学校段階の単元における「歴史コンピテンス」の目標の事例を示した。

　中等学校の到達目標では、「歴史文化における公的議論」への関与、「想起をめぐる対立」との関わりなどが挙げられている。年代史的構成の下、そのために第5・6学年でも、現在の社会のなかの広義の歴史を分析し判断する学習が目指されている。例えば、第5・6学年の単元「中世国家の例としてのオットー帝国」では、「オットー期の遺産の取り扱いについて議論する」、「"オットーの町"としてのマグデブルクのマーケティングキャンペーンを描写し、宣伝手段としてのオットー大帝の適性を判断する」といった目標が目指される。現在において広義の歴史がつくられたり、つかわれたりしていることに気づき、その在り方をめぐる話し合いを通して自分なりに考えてみることや、自他の考えの違いを知ることが意図されている。現在を対象化するとともに問題化する関連化が第5・6学年から可能となっている。

　後続の専門ギムナジウムにおいては、近現代史中心の構成の下、そうした分析や判断の水準を高めることがねらわれている。専門ギムナジウムの到達

表11　ザクセン・アンハルト州歴史科における歴史文化学習

	各学校段階の歴史文化 コンピテンスの到達目標	各単元の歴史文化 コンピテンスの目標（事例）
中等学校（第5〜10学年）	―歴史文化の様々な諸形式における事実、でっち上げ、推測、また、歪曲、変造を区別することができる ―用いられている言語的・修辞的・芸術的な構成手段に気づき、自分の判断に含めることができる ―歴史文化における公的議論に様々な仕方で関与することができる ―想起をめぐる対立と関わることができる	【中世国家の例としてのオットー帝国】（第5・6学年） 歴史文化コンピテンス： ・ザクセン・アンハルト州におけるオットー期の遺産の取り扱いについて議論する ・インターネット調査に基づき、"オットーの町"としてのマグデブルクのマーケティングキャンペーンを描写し、宣伝手段としてのオットー大帝の適性を判断する
専門ギムナジウム（第11〜13学年）	―歴史文化の事物における歴史の意味解釈を説明し評価づけることができる ―作者の根底にある前提、（かくれた）利害、意図を明らかにすることができる ―対象とする歴史文化の状況的文脈に注意を払うことができる ―事実、でっち上げ、推測、また、歪曲、変造を浮き彫りにすることができる ―根拠のある態度決定を行い、そこで自分の価値基準を表明することができる ―自らがうみだした見解を理路整然と、有意義な構成で、イデオロギー批判的視点をもって口頭または文書で表現することができる ―歴史文化に関する議論において、根拠のある立場をとることができる	【諸解釈に基づいて戦後秩序体制下の対立と協調を叙述し検討する（20世紀後半以降）】（第12・13学年） 歴史文化コンピテンス： ・体制下の対立の原因・結果、協調への移行についての記憶文化と歴史政策を検討する

(Ministerium für Bildung des Landes Sachsen-Anhalt, *Fachlehrplan Sekundarschule Geschichte*, 2019, S. 7・14, Ministerium für Bildung des Landes Sachsen-Anhalt, *Fachlehrplan Fachgymnasium Geschichte*, 2016, S. 8・18より。)

目標では、「作者の根底にある前提、（かくれた）利害、意図を明らかにすることができる」、「対象とする歴史文化の状況的文脈に注意を払うことができる」、「歴史文化に関する議論において、根拠のある立場をとることができる」などが目指されている。社会のなかの歴史の存在を把握し、意図・理由

や文脈を掘り下げて分析するとともに、より確かな判断をうみだし表現することができるよう、広義の歴史の学習を導くことが第11〜13学年では意図されている。それは現在を対象化・問題化する関連化を質的に向上させることになる。

　ザクセン・アンハルト州の歴史科は、各単元レベルにおいて、過去について取り組む学習と結びつけて、現在の社会のなかの歴史について取り組む学習も行う。おそらくヒストリー的単元における付加的位置づけの場合が多かろうが、メタヒストリー的単元における中心的位置づけの場合もあろう[27]。何れにしても、既存の歴史についての学習を分析までに限定せず、判断も学習領域に加える。そうして、カリキュラム全体レベルにおいて、そうした学習を繰り返すとともに、生徒の分析と判断の水準を段階的に高めていく。自分たちの社会としての歴史の在り方を判断できるよう導いていく。

　このような中等歴史教育における歴史文化学習の連続的配置は、個々の単元レベルにおいて現在との直接的な関連化を可能にするだけでなく、現在を対象化する関連化とともに、新たな形成に向けて問題化する関連化も可能にする。そうしてカリキュラム全体レベルを通して、分析とそれに基づく判断の水準を高めていくことにより、広義の歴史の在り方を問うことで社会の在り方を問う営みへの関与を段階的によりよく向上させる。現在を対象化・問題化する直接的な関連化が段階的に向上化するのが、この連続的配置における関連化である。

⑷小括：現在との限定的な直接的関連化／現在との直接的関連化の段階的拡大化／現在との直接的関連化の段階的向上化

　中等歴史教育における歴史文化学習の３つの配置は何れも、現在との直接的な関連化を可能にする。とはいえ、メタヒストリー学習をヒストリー学習とどう結びつけるか、分析の学習や判断の学習をどう展開させるかが違っており、直接的な関連化の様態は異なる。

　歴史文化学習の集中的配置では、過去から現在への関連化の枠内において、現在との間接的関連化を介して直接的関連化を、しかも対象化中心の関連化を可能にする。現在との直接的な関連化は限定的に可能となる。実際のところ、生徒は歴史教育において現在との関連化を意識しづらいのではないか。確かに、この集中的配置の実現は比較的容易であろう。間接的な関連化において、生徒は既存の歴史を鵜呑みにしてはいけないということがよく理解できるだろうし、歴史の構築性、パースペクティブ性や政治性に気づくことができるだろう。批判的な分析や判断において参照可能な知見を得ることもできるだろう。しかしながら、それらを現在において実際に行えるようになるための直接的な関連化の機会は限られている。

　それに対して、歴史文化学習の分散的配置と連続的配置は、現在との直接的な関連化を段階的に進める。分散的配置では、現在を対象化する関連化から、対象化・問題化する関連化へ、直接的な関連化を段階的に拡大させていく。このような直接的な関連化の段階的拡大化は、現在の新たな形成のための関連化を可能にするけれども、対象化する関連化に比重があり、それを先行させる。自分たちの判断によってつくっていこうという関わり方より、呑み込まれないように突きはなして見定めようという関わり方が優勢となり、生徒は現在との研究的な関わり方を学ぶことになろう。

　一方、連続的配置では、現在を対象化・問題化する関連化として直接的な関連化を可能にしつつ、その繰り返しを通して段階的に向上させていく。このような直接的な関連化の段階的向上化は、現在の対象化を一環とする新たな形成との関連化を終始可能にできることにより、批判的な分析と判断を現在において実際に実践できるようにするための社会形成教育を担い、自分たちの判断によってつくっていこうという現在との関わり方を生徒に遂行させる。段階的拡大化に比べ、より実践的な現在との関わり方を生徒に学ばせることができるだろう。

5．おわりに─現在との関連化はどうありうるか

　歴史教育において、現在との関連化はどうありうるか。歴史文化学習という社会のなかの歴史についての学習により、現在との関連化の可能性は大いに高まる。尤も、歴史教育における歴史文化学習の取り扱いは一様でない。現在との関連化は多様でありうる。

　学習の対象において、過去の社会のなかの歴史の学習の場合は、現在との関連化はヒストリー学習における間接的な関連化であり、現在の社会のなかの歴史の学習の場合は、メタヒストリー学習における直接的な関連化である。現在との直接的な関連化であっても、単元における位置づけにおいて、ヒストリー単元における付加的な位置づけの場合は、歴史的視点による過去から現在への関連化であり、メタヒストリー単元における中心的位置づけの場合は、現在的視点による現在から過去への関連化である。また、何れの位置づけにしろ、歴史文化学習の学習領域において、既存の歴史の有り様を分析する学習の場合は、社会認識のために現在を対象化する関連化であり、歴史の新たな在り方を判断する学習の場合は、社会形成のために現在を問題化する関連化である。現在について間接的に扱うだけでなく、直接的に扱うことができ、しかも、それをメインにすること、現在の新たな形成について取り組むことまで可能にすることもできるわけである。

　さらに、終結単元への集中的配置の場合、カリキュラム全体レベルでの過去から現在への関連化により、現在との直接的な関連化は可能であるけれども、限定的である。一方、いくつかの単元への散発的配置の場合と、多くの単元への連続的配置の場合は、単元レベルでの過去から現在への関連化あるいは現在から過去への関連化により、直接的な関連化が可能である。散発的配置の場合、現在を対象化する関連化から、対象化・問題化する関連化へ、その直接的な関連化を段階的に拡大させる。歴史文化学習の働きは社会認識の教育から、それを一環とする社会形成の教育へ拡がる。連続的配置の場合、

現在を対象化・問題化する関連化を一体的に可能にしつつ、そのような直接的な関連化を段階的に向上させる。社会認識とそれを踏まえた社会形成の教育としての歴史文化学習がカリキュラムを通して高められる。

　確かに、これらには、現在との無批判的な関わり方ではなく、批判的な関わり方が通底している。けれども、現在との批判的な関わり方もさまざまであり、一言で歴史文化学習における現在との関連化といっても、多様な可能性がある。その様態こそ、歴史教育において現在についてのどのような学習をどのように可能にするか、それはどうしてかということと結びついており、児童・生徒にとっての意味、教育的な意義や効果を左右しうるものである。いかなる関連化をなぜ重んじるか、それをどう実現するかを検討し、歴史文化学習のよりよい在り方を探っていく必要があろう。

　そこで重視したいことは、単なる現在ではなく児童・生徒にとっての現在との関連化である。冒頭の表1に示したように、K. ベルクマンが「生徒の現在のなかの過去との関連」において歴史文化を位置づけているのには、そうした趣旨が込められているのではなかろうか。歴史文化学習の初めにしろ、途中にしろ、あるいは終わりにしろ、児童・生徒が自らのいまやこれからの生活・社会との関連性を意識できることが必要である。例えば、学校の歴史教育という生徒の日々の生活のなかでも最も身近な広義の歴史について取り上げ、「歴史教育でドイツの戦後史を扱うことはどれくらい重要か、どのテーマはもっとしっかり扱われるべきであったか、どのテーマはもっと軽く扱われたり、別のやり方で扱われたりするべきであったか、クラスで議論しなさい。」[28]という学習課題に取り組ませ、自分たちの社会としての過去との関わり方を考えさせようとする例などもある。現在との関連化を児童・生徒にとっての現在との関連化として実現しうる歴史文化学習の追求が課題となる。それは歴史文化学習による歴史教育文化の再構築につながっていこう。

（山梨大学　服部一秀）

【註】

⑴ Bergmann, K., Gegenwarts- und Zukunftsbezug, in: Mayer, U., Pandel, H.-J., Schneider, G., (Hrsg.), *Handbuch Methoden im Geschichtsunterricht*, Wochenschau, 4. Auflage 2013, S. 91-112, Bergmann, K., *Der Gegenwartsbezug im Geschichtsunterricht*, Wochenschau, 3. Auflage 2012.

⑵ Pandel, H.-J., Geschichtskultur, in: Mayer, U., Pandel, H.-J., Schneider, G., Schönemann, B. (Hrsg.), *Wöterbuch Geschichtsdidaktik*, Wochenschau, 2006, S. 74.

⑶ なお、Lücke, M., Zündorf, I., *Einführung in die Public History*, Vandenhoeck & Ruprecht, 2018, S. 9などによれば、ドイツの歴史教育学（Geschichtsdidaktik）では、すでに1980年代には歴史文化という概念が用いられるようになった。社会における過去や歴史の取り扱いの有り様に関心が向けられ、そうして歴史文化そのものの研究が進められるとともに、歴史文化のなかの歴史教育、歴史文化としての歴史教育の在り方が探求されるなか、2000年代以降、諸州の歴史教育において、歴史文化の学習が取り入れられつつある。今日では、服部一秀「過去とその取り扱いの探究能力を育成する歴史教育の導入単元」、山梨大学教育人間科学部附属教育実践総合センター『教育実践学研究』21、2016年、p. 100で既に紹介したように、KMK（各州文部大臣会議）の決議「教師教育における専門科学・教科教育学の内容に関する諸州共通の要求事項（Ländergemeinsame inhaltliche Anforderungen für die Fachwissenschaften und Fachdidaktiken in der Lehrerbildung）」（2014年）でも、「歴史意識の育成と歴史文化の熟考的な取り扱いの促進」における諸次元、「歴史文化の諸施設や諸形態」などが歴史教師となるために修得すべき内容として挙げられている。

⑷ ドイツの歴史教育学における歴史意識研究について扱っている研究として、宇都宮明子『新しい歴史教論の構築に向けた日独歴史意識研究―構成的意味形成を図る日本史授業開発のために―』、風間書房、2020年。

⑸ 「学習の場」「学習のきっかけ」「学習の対象」という区分けは、Reeken, D. v., Geschichtskultur im Geschichtsunterricht, in: *GWU*, 55, 2004, S. 328-329による。

⑹ 本稿は、ドイツの歴史教育における歴史文化学習について、筆者のこれまでの一連の研究をベースにし、現在との関連化という観点から再検討するものである。したがって、既発表論文と対象や内容において重なる箇所があり、それらについて本文中や註記において示すこととする。

⑺ 服部一秀前掲論文「過去とその取り扱いの探究能力を育成する歴史教育の導入単元」では、Ebeling, H., Birkenfeld, W. (Bearbeitet von Lagatz, U., Schreier, C.,

Usener, U. u.a.),*Die Reise in die Vergangenheit, Sachsen-Anhalt, Band 5/6*, Westermann, 2010の導入単元を分析している。また、服部一秀「社会のなかの歴史に関するメタヒストリー学習の意義」、社会系科教育学会『社会系科教育学研究』28、2016年では、Sauer, M. (Hrsg.), *Geschichte und Geschehen, Thüringen, 5/6, 7/8, 9/10*, Klett, 2012・2013・2013に事例を求め、広義の歴史に関するメタヒストリー学習の基本類型を探っている。

(8)服部一秀「過去の取り扱いという分析対象の時間的位置において異なる歴史授業の相違」、『山梨大学教育人間科学部紀要』17、2016年、服部一秀「メタヒストリー学習にとっての比較の意味」、『山梨大学教育学部紀要』26、2017年。また、服部一秀「歴史政策問題のヒストリー学習／メタ・ヒストリー学習に基づく歴史授業」、二井正浩編著『レリバンスの視点からの歴史教育改革論―日・米・英・独の事例研究―』、風間書房、2022年、参照。なお、前掲の服部「過去の取り扱いという分析対象の時間的位置において異なる歴史授業の相違」の註 3 でも言及したように、ドイツの歴史教育学では今日、歴史文化という概念の射程を現在のみに留めるべきとする立場と、現在だけでなく過去にまで拡げるべきとする立場とがある。

(9) Dietrich. T., Lutherfeste, in: *Praxis Geschichte*, 6/2016, Westermann, 2016, S. 46-50.

(10) Ebenda, S. 47.

(11)ヒストリー学習とメタヒストリー学習という対概念を用いている先行研究として、生島博「対抗イデオロギー教育としての歴史教育」、鳴門社会科教育学会『社会認識教育学研究』18、2003年。

(12) Bührler, A., Fritsche, C., Hohmann, F. (Hrsg.), *Geschichte Entdecken Realschule Bayern 2*, C. C. Buchner, 2019, S. 110-111.

(13)服部一秀前掲論文「歴史政策問題のヒストリー学習／メタ・ヒストリー学習に基づく歴史授業」、pp. 198-205.

(14) Sauer, M. (Hrsg.), *Geschichte und Geschehen, Berlin/Brandenburg, 9/10*, Klett, 2017, S. 60-87. この単元の後半パートでは、主として第二次世界大戦について取り上げられる。なお、ベルリン市・ブランデンブルク州の歴史科の学習指導要領については、次の拙稿を参照されたい。服部一秀「小中学校における歴史実践教育」、『山梨大学教育学部紀要』25、2017年。

(15) Born, N. (Hrsg.), *Forum Geschichte, Sachsen-Anhalt 9*, Cornelsen, 2018, S. 86-103.

(16)服部一秀前掲論文「社会のなかの歴史に関するメタヒストリー学習の意義」。

(17) Baumgärtner, U. (Hrsg.), *Zeit für Geschichte, Geschichts- und Erinnerungskul-*

tur, Niedersachsen, Schroedel, 2014, S. 28-39.

(18) Grohmann, M. u.a., *Kursbuch Geschichte—Sachsen-Anhalt,* Cornelsen, 2019, S. 450-451. ここで取り上げられる国民哀悼の日をめぐっては実際にドイツ社会において議論がある。なお、筆者は国民哀悼の日の分析判断に生徒が取り組む授業をラインラント・プファルツ州のギムナジウム上級段階で参観し、社会に開かれた歴史教育という観点から分析したことがある。服部一秀「社会に開かれた歴史教育はどうありうるか」、山梨大学教育学部附属教育実践総合センター『教育実践学研究』26、2021年を参照いただきたい。

(19) Sächsisches Staatsministerium für Kultus, *Lehrplan Gymnasium Geschichte,* 2019（2004/2007/2009/2011/2019）. ザクセン州の歴史科については、服部一秀「中等一貫歴史カリキュラムにおける歴史文化探究力の育成」、全国社会科教育学会『社会科研究』76、2012年において、2009年部分改訂版の学習指導要領を分析したことがある。本稿では、そこでの考察を踏まえ、現在との関連化という視点から、2019年部分改訂版の学習指導要領の場合を取り上げる。

なお、Münch, D., *Geschichtskultur als Unterrichtsgegenstand,* Wochenschau, 2021, S. 127-137でも、歴史文化学習の取り扱いにおいてザクセン州、テューリンゲン州、ザクセン・アンハルト州の歴史科学習指導要領は特徴的なものとされている。カリキュラム全体レベルにおける現在との関連化を問う本稿第4節も、筆者自身のこれまでの研究を踏まえ、それらの事例を比較検討するものとなっている。

(20) Thüringer Ministerium für Bildung, Jugend und Sport, *Lehrplan für den Erwerb der allgemeinen Hochschulreife Geschichte,* 2021. なお、前述の通り、服部一秀前掲論文「社会のなかの歴史に関するメタヒストリー学習の意義」では、テューリンゲン州前期中等教育段階の歴史教科書を事例として分析し、社会のなかの歴史に関するメタヒストリー学習の類型化を試みている。

(21) Thüringer Ministerium für Bildung, Jugend und Sport, a.a.O., S. 16・19.

(22) Ebenda, S. 6.

(23) Ebenda, S. 29

(24) Ebenda, S. 25.

(25) Ebenda, S. 41-42. テューリンゲン州歴史科学習指導要領の2012年版は、後期中等教育段階においては、最後に「歴史文化とのかかわり」という学習項目をおき、そこで社会のなかの歴史の分析と判断の学習に取り組ませようとしていた。一方、2016年版や2021年版は、その学習項目をなくしており、そこでねらっていた学習を各学習項目に分散させ、それぞれで行わせようとしているのではないかと推測される。

Thüringer Ministerium für Bildung, Wissenschaft und Kultur, *Lehrplan für den Erwerb der allgemeinen Hochschulreife Geschichte*, 2012, S. 42, Thüringer Ministerium für Bildung, Wissenschaft und Kultur, *Lehrplan für den Erwerb der allgemeinen Hochschulreife Geschichte*, 2016, S. 38-45.

⒂ Ministerium für Bildung des Landes Sachsen-Anhalt, *Fachlehrplan Sekundarschule Geschichte*, 2019, S. 5-7. Ministerium für Bildung des Landes Sachsen-Anhalt, *Fachlehrplan Fachgymnasium Geschichte*, 2016, S. 4-8. 同州では2022年 8 月に Fachlehrplan Berufliches Gymnasium Geschichte が新たに発表され、ここで取り上げる Fachlehrplan Fachgymnasium Geschichte からの移行が進められる予定であるが、歴史科の基本的な方針は踏襲されている。なお、ザクセン・アンハルト州中等学校（前期中等教育段階）の2012年版歴史科の「歴史コンピテンス」のモデル、及び、歴史文化学習について分析した先行研究として、服部一秀「年代史的カリキュラムにおいて過去の取り扱いの探究能力を育成する方略」、日本社会科教育学会『社会科教育研究』123、2014年。

⒄例えば、同州文部省の学校教育センター機関 LISA の主導で作成された計画例「オットー大帝は適切な宣伝手段か？」は、メタヒストリー単元において歴史文化学習を中心的に位置づけたものとなっている。服部一秀前掲論文「年代史的カリキュラムにおいて過去の取り扱いの探究能力を育成する方略」、pp. 19-21。

⒅Sauer, M.（Hrsg.）, *Geschichte und Geschehen, Thüringen, 9/10*, Klett, 2013, S. 337. この学習課題は、表 2 で取り上げた同教科書の終結単元「歴史についての熟考」において提示されている。

【付記】

本章は、JSPS 科研費19 K 02836研究助成に基づく研究成果の一部でもある。

第 3 部

レリバンスを重視する歴史授業の創造と展望

第7章　目的動機（行為）と理由動機（反省）から
見た学びの可能性と有意味性
―子どもは歴史授業に何を見たのか？―

1．歴史教育研究にみられるレリバンスの文脈

　前著では、アルフレッド・シュッツが論じるレリバンス概念の多義性、およびその射程を明らかにした[1]。その概略を示すと、有意味性（レリバンス）は自身の思索や行動とそれが影響を及ぼす範囲の関連性の視点から、「自分たちの行動により変化させることができる領域」から「生じるどんな変化も目下自身へは影響を及ぼさない『全く有意味性を欠く領域』」まで、4つの領域が設定できた。その上で、その射程を自身の切実感によりグラデーションで描き、レリバンスが発現する主要因としての動機を、行為（目的）と反省（理由）の軸で捉え直すことが出来ることを示した。

　本章の核になる部分であるため主要な論点を示すと、動機には何らかの目標を達成するための行為を説明する「目的動機」と、過去の経験に基づいてその目標を説明する「真の理由動機」の2つがある[2]。前者（動機を目的的に捉える思考）は現在もしくは未来進行形であり、その動機の向かう先は行為である。それに対して、後者（動機を理由から捉える思考）は過去完了時制的思考として歴史的であり、その動機の向かう先は反省であることを示した。このような考え方がその後デューイやブルーナーによって教育へ応用され、教育と社会のつながり（学校での学びが社会との関係の中でどのような意味を、どのように生み出すか）を検討する流れとなった[3]。

　では、本書のターゲットである歴史教育とレリバンスはどのように関わるのか。バートンらは歴史教育の究極的な目的を民主主義社会生活への参加と

位置づけ⁽⁴⁾、「学校での歴史教育を正当化しうる究極的な拠り所は、民主主義的な社会生活への貢献にあり、この目標（goal）こそが、各々の文化的ツールを評価する上での導きとなってくれるだろう」と指摘する⁽⁵⁾。すなわち、歴史教育は学習レリバンスと大きく関連しており、むしろその意義は高い。

　例えば、このバートンの研究は英国でも多数引用され、歴史教育研究のスタンスに変化が見られる。例えば、ハリスらは、2016年の論文でバートンらの研究を引用しながら、550名の歴史教師を対象に教師が授業をデザインする過程の調査・分析を行う⁽⁶⁾。また、彼は2018年の論文において、歴史を記録や構造で捉えるだけでなく、若者の歴史意識という視点も含めて複合的に捉えることを提案する⁽⁷⁾。彼は子どもが過去と現在を歴史意識によって結びつける傾向があると指摘し、本書を引用しながら歴史の解釈へ影響を与える子どもの歴史意識を分析する必要性を唱える。同時に、彼は学校で子どもが歴史を理解する過程など、子どもの歴史理解に関する研究の不足を指摘し、米国の調査研究者であるエプスタインらの研究も合わせて引用する。また、彼は当該の論文で教師が歴史的知識や授業をデザインする過程、及び子どもが過去を「編む」ことで歴史を作り出す過程を分析する際もバートンの研究⁽⁸⁾を参照する。ハリスは2013年の論文においてバートンらが示したスタンスに着目していた⁽⁹⁾が、上記の引用・参照方法はそれとは異なる文脈である。

　ピーターソンは2015年の論文においてバートンらの研究⁽¹⁰⁾を引用しながら、教師が歴史的知識を構築する過程とそれを生徒が表現するプロセスの関係をより精緻化させる必要性を指摘する⁽¹¹⁾。ピーターソンは、今までの歴史教育が「歴史的知識の認識論的基礎を教師の理解に基づいた偶然に任せている」とし、今後の歴史教育研究の可能性として子どもの認識をベースとした研究の必要性を指摘する。この点は、チャップマンも2017年の論文で本書を引用しながら「生徒が学習していると思っていることと、実際に学習していることは非常に異なることがある」と論じる⁽¹²⁾。チャップマンは歴史教育研究の領域として、「過去に起きたことを子どもがどのように考えている

か」「過去の知識を構築する過程を子どもはどのように考えているか」など、
生徒の理解や認識を扱う研究の必要性を指摘する。このような調査研究の必
要性はクーパーも2018年の論文で改めて論じている。彼女はバートンらを引
用はしないが、創造性をキーワードに、歴史学習の中で子どもが行う歴史解
釈の過程を調査し、それをより創造的なものへと発展させる必要性を説
く[13]。

　近年、英国でこのような調査研究が進みつつある背景の一つには、2014年
に行われたカリキュラム改革がある[14]。新カリキュラムが英国の歴史に改
めて焦点を当てたことを受け、アレキサンダーらは、それを「伝統的な教科
や教授法への復帰」と指摘する[15]。しかし、アレキサンダーは新カリキュ
ラムでは「個々の教師や学校が優先的にモジュール選択をすることができ
る」とし、映画監督や博物館と連携した歴史学習など、多様なプロジェクト
を提案する。また、ハリスらは新カリキュラムでは内容選択の縛りが緩まり、
教師が従来にも増して学習内容を選択可能になり、学校の自由度が高まった
と論じる[16]。すなわち、教育（授業）と子どもの理解を直線上に結びつける
のではなく、その関係を分析することで、各々の教師が子ども理解に基づい
た歴史授業を行う重要性を唱えているのである。ハリスは「子どもが歴史を
知覚したり、学校でどのように理解しているかなど、子どもが歴史授業を通
して教えられていることへ焦点を当てた研究はほとんどない」と指摘す
る[17]。範域を広げて概観すれば、今までもアデイラは地理と歴史の授業を
事例に子どもの授業や試験に対する有用感の調査を行っている[18]。また、
ヘイドンらも歴史教育の有用性に対する調査研究を行っている[19]ため、全
く無いわけではない。しかし、近年は子どもの歴史意識などへより焦点化し
た研究が行われており、その際にバートンらが用いる研究方法を引用・参照
する文脈が見られる。

　このような研究動向を受け、例えば日本で行われている歴史教育研究のフ
ローを整理すると、それらも従来みられた理念的に授業やカリキュラムを分

析、開発する研究から大きく変容しつつあることがわかる。例えば、星は子
どもが歴史授業を意味づける過程とその意図の研究を行い[20]、鈩は質的調
査に基づき子どもが歴史に対して行う significance（歴史における重要性）の
意味づけ過程を明らかにした[21]。小野は、「困難な歴史（Difficult History）」
に着目し、困難と価値づける社会文化的文脈を活用した考え方を提案す
る[22]。宮本が指摘する「歴史の語りを評価する」ことで子どもと歴史学習
の関係を捉え直す語用論を活用した研究[23]もそれらと一定の親和性がある
し、同じく宮本は質的調査に基づいて生徒が歴史授業に見出すレリバンスを
明らかにした研究も行う[24]。

　上記が示す様に、歴史教育研究は所謂「カリキュラムを作る」「授業をつ
くる」研究から、子どもの実態や背景、文脈を捉えることで、授業・カリキ
ュラムを逆照射するものへとシフトしている。このように、研究関心や方法
論が変遷してきた背景の一つには、渡部が米国を事例に「時代は動いてい
る」と指摘したように、社会科教育研究における研究方法論のシフトに基づ
く、研究動向の変化がある[25]。近年は子どもの学びへの動機に焦点を当て
て学びのあり方を再検討する研究もある[26]。このような展開が歴史教育研
究のあり方を変化させている。何かしらのカリキュラムや授業を示す規範
的・理念的研究や、質的研究にも様々なアプローチが見られるが授業の効果
から理念を証明する研究ではなく、授業や子どものリアルに基づき、カリキ
ュラムや授業を再検討する研究へと展開している。

　本章では、これらの考え方を踏まえ、日本における歴史教育実践の中から、
レリバンスに着目した場合の可能性を、具体的な授業事例に基づき議論する。
ただし、子どもが持つ思索（例えば有意味性の射程と要因）を厳密かつ正確に
捉えることは困難であるため、それを厳密な意味で教育や学習へ適用・応用
することは難しい。また、それを学習の中で数値等で計測することは困難で
あることから、教育や学習活動を通して各々の有意味性を客観的に把握する
ことも難しい[27]。つまり、授業や学習において何らかの有意味性を教師が

設定し、それを授業に内在させる研究、すなわち、空想上の規範的・理念的なカリキュラムや授業でその効果を示す研究は、レリバンス研究の場合あまり意味をなさない。そのため、ここでは、筆者が行なった授業を３つ取り上げ、その実態に基づき、歴史教育におけるレリバンスの位置づけと可能性を検討したい。

２．歴史授業にみられるレリバンスの実態

⑴中学校歴史授業「歴史における重要性とは何か？」の場合

　第１は、2019年２月に岐阜大学教育学部附属中学校で前田佳洋教諭が実施した授業である。対象は中学校３年生、単元名は「歴史との関わり方」とし、歴史的分野の最終単元（２時間設定）でカリキュラムの中に位置付けて実施した授業である。前田教諭が設定した目標は、「『歴史上最も重要な人物』を検討することを通して、『重要』には多様な解釈があることや、歴史の資料は誰かが何らかの意図をもって作成していることに気づき、歴史を一つのものと捉えず、批判的に読み取ろうと考えること」である。

　実践は Philosophy for Children（以下、P4C と略記）に基づき行った[28]。P4C はリップマンらを中心に展開する教育論[29]で、子どもの対話をベースに授業を展開するものである。これは、民主主義を社会で機能させるためには子どもと教師が学校で民主主義を体験する機会を持つべきといったデューイの思想[30]に基づいて構成した、民主的な社会形成へ実践的かつ積極的に関わることを目指した教育論である[31]。具体的には、授業のメインクエスチョンの設定は生徒が行い、その後の展開は原則全て対話をベースに展開する[32]。**表１**は、実際に行われた授業過程（２時間目）を示したものである。

　授業のテーマは「歴史上最も重要な人物とは誰か」である。１時間目は、最初に生徒各々が自身にとって「重要」と考える歴史上の人物をレポートとして作成する。その後、グループでレポートを共有し、重要と考えた人物やその根拠を発表し、それを全体で共有する。２時間目（**表１**に示した展開）は、

表1　歴史における重要性とは何か？

○ねらい	○生徒の学習活動　S：生徒の発言　T：教師の発言	◇資料・留意点
○前時までの学習を振り返り、本時の見通しをもつ。	○レポート（歴史における重要だと考える人物を記載する）を見直し、要点を確認する。 S：私が最も「重要」だと捉えた人物は……だ。 生徒が書いた事例：空海：仏教の点、書道家の点 　　　　杉原千畝：人道的な役割、外交として重要 　　　　資料の捉え方：元寇の捉え方 　　　　ショパン、メッシ、他 ○本時の課題を設定する。 　歴史における「重要」とは何なのだろうか？ T：大きな問いは、「歴史って何？」。そこから「今後歴史とどのように関わっていけばよいのか」を考えていきましょう。	◇自作のレポート ・交流にむけて、「重要」な点を踏まえて、概略を確認する。
○班交流を通して、「重要」の多様性と意図性に気づく。	○班で交流する。 T：同じ人物を取り上げていても、「重要」の捉え方が違う場合もあるのはなぜか。 S：もとになっている資料の解釈が違う。同じ事実であっても、それをどう感じたのか、どう伝えようとしたのかという点が違うから。（対話の続きは本文中に示した）	◇ワークシート ・仲間の「重要」の内容を理解し、自分が納得できるものとそうでないものを分ける。
○取り上げる人物の違いや「重要」と考える点が違う理由を考えることで、歴史の解釈に主観が働いていることに気づく。 ○同人物でも「重要」のとらえ方が違う理由を考えることを通して、元になる資料	○全体で交流する。 T：なぜ取り上げる人物や「重要」と考える点が違うのだろうか。 S：人によって、重要と捉えるポイントが違うから。 S：重要には、多様性があり一つに絞ることができないから、様々な人物が取り上げられる。 T：誰かのとらえが正しくて、誰かのとらえがまちがっているのだろうか。 S：そういうわけではない。各々のもつ価値観によって変わってくるだけで、正解や不正解はない。 T：今、話を進める中で、「歴史の正体」がわかってきたかなあと思います。では、今から「対話を踏まえた上で、歴史とどう関わっていったら良いのか」を最後ワークシートに書いてくだ	◇抽出生徒のレポート ・同じ人物でも、違う「重要」性を捉えている二人の生徒のレポートを比較する。または、一人の人物からさまざまな「重要」性を捉えている生徒のレポートから、違いが生まれる理由を考察する。

に作成者の意図が含まれていることに気づく。	さい。 S：歴史は人によって考え方が違う。歴史に正解はないが、そこから学ぶものはある。歴史の人物を通して考えることで、今まで悪い人だと思っていた人が、良い人だったということもある。	
○課題に対する考えをまとめる。	○本時を振り返って考えをまとめる。 S：重要とは、誰かが何らかの意図をもって決めたものである。資料にも意図が含まれている。 T：ということは、私たちが「歴史」と呼んでいるものは、何なのでしょうか。 S：誰かの意図によって作成された一つの歴史にすぎないものである。数多くあるうちの一つの解釈にすぎない。 T：歴史に正解が無い。では、歴史の正解を作っていくのはだれか。自分がどのように解釈し、どのように歴史を見出すのか、これが大事だと思います。二つの班に共通していたのは、事実を見ることに加え、それをどのように捉えることが大事か、ということが共通していたと思います。これは、先生が教えたことではなく、みなさんが対話の中で作り出したことです。数日前に神戸新聞の話をしましたが、そこにもつながってきます。	評価規準 歴史には、多様性があり何らかの意図が働いていることを理解し、歴史的事象を批判的に捉えることが大切であると考えている。 （学びに向かう力・人間性）
○生徒のもつ疑問をもとに、次時の課題を設定する。	○次時の課題を設定する。 ・歴史とは何なのか。・歴史は一つなのか。 ・歴史は誰が決めるのか。・どう歴史に関わればよいのか。	

(授業者が作成した指導案を、授業結果に基づき筆者が再構成した。)

　最初に 1 時間目の内容をレビューした後、「重要な人物」から一段議論を抽象化させることを目的とし、「重要とは何か」に焦点を当て、対話を行った。具体的には、「歴史とは何か」「歴史との関わり方」を考えることを通して、「歴史における重要性」を検討した。対話はまず班で行い、その後全体で行った。班の対話はクラス全体を 2 つに分けて行っており、以下はその内の一つで行われたものである。

Ｔ：大きな問いは、「歴史って何？」。そこから「今後歴史とどのように関わってい
　けばよいのか」を考えていきましょう。

Ｓ：とらえている人物が人それぞれ違うし、「重要」ととらえている要素が違う。
　自分も納得できるものもあるし、自分にはピンとこないものもある。

Ｓ：歴史は語る人がいるだけ存在する。例えば、お母さんから見た歴史もある。教
　科書の歴史も一つの見方で正解とは限らない。よって、今後を考える一つの指
　針になるものが歴史ではないか。

Ｓ：昔から紡いできた知識や想像力を受け継ぐためにあるもの。

Ｓ：時代の流れ。ただ、これは辞書的な意味だった。将来を考えるきっかけであり、
　後世を考えるもの。空海に見られるように、今の日本人として知っておく必要
　のあるもの。

Ｓ：今を考える上で大事なもの。歴史に正解はないことを踏まえて、将来を考える
　ためにあるもの。

Ｓ：自分の生き方を考えるための材料はヒント。全てが真実ではないし、自分が重
　要ではないと考えている人もいる。ただ、自分が重要ではないと考えた人の生
　き方を含めて、自分の生き方を考えたい。

Ｔ：歴史教科書に書かれているものが真実ではない可能性があるのであれば、自分
　は歴史とどのように関われば良い？

Ｓ：史実をどうとらえるかは人によって違う。条約を結んだとしても、それがプラ
　ス、マイナスどちらに働いているかは人によって捉え方は違う。よって、事実
　がどうかは重要ではなく、歴史から何を選択するか、自分に何を訴えているか、
　自分はそこから何を学べるかの方が大事。

Ｓ：真実かどうかは、調べてみてもわからない可能性がある。しかし、そこから学
　ぶしかない。真実の有無よりも、自分の今の生活へどのように活かせるかを考
　える方が大事。

Ｓ：歴史を一つの見方で見てはいけない。杉原千畝が好きで見ていたら、東條英機
　の解釈が異なっていた。歴史は、書かれたものによって今まで考えていた解釈
　と違う解釈もある。歴史は実は脆いものではないか。

Ｓ：文化とか風習など昔からあるもので、今にもつながっているものもある。

Ｓ：さっき「歴史の使い方」のような話があった。私たちは過去に帰ることはでき
　ないから、他の学問との違いが歴史学にはあるような気がする。

S：歴史は自分が重要だと思うものを切り取って、自分の将来に繋げて考えてゆく
　　ことが大事。

T：つまり、今の意見は、現在の歴史の解釈を作り出しているのは自分ってこと？

S：自分が重要だと思うものだけ取り入れると、自分の視点だけで歴史が完成して
　　しまう。自分の価値観だけが入ってしまう。自分の柱があるところに人から異
　　なる価値観を入れることで歴史の木が大きくなっていくのでは。

T：二つの意見は異なる。

S：二つを続けていくと、結局教科書に戻るのでは。皆の意見を聴きながら、重要
　　だとされる歴史を調べていくと、教科書に書かれていることに戻るのではない
　　か。

S：よくわからない。

S：例えば、私は聖徳太子に興味がある。それだけを調べていても、仏教のつなが
　　りから空海も関連してくる。調べていくと、東條英機までつながっていた。重
　　要な人物だけの自分だけの教科書を作ったとしても、結局色々な人物がつなが
　　って、最終的には教科書に戻っちゃうのでは。

S：歴史は人によって考え方が違う。自分だけの教科書をつくるよりも、広く学ん
　　でいくことが大事ではないか。

S：自然と教科書に行き着くという点と、自分の考えを突き詰めていくことは別で
　　ある。それをやると教科書が分厚くなってしまう。

　上記の対話終了後、クラス全体の対話へ移行した。全体では、取り上げる
人物や「重要」と考える点の違いについて、「人によって、重要と捉えるポ
イントが違うから」「重要には、多様性があり一つに絞ることができないか
ら、様々な人物が取り上げられる」「各々のもつ価値観によって変わってく
るだけで、正解や不正解はない」などの発言が見られた。最後に教師は「歴
史に正解が無い。では、歴史の正解を作っていくのはだれか。自分がどのよ
うに解釈し、どのように歴史を見出すのか、これが大事だと思います。二つ
の班に共通していたのは、事実を見ることに加え、それをどのように捉える
ことが大事か、ということが共通していたと思います。これは、先生が教え
たことではなく、みなさんが対話の中で作り出したことです」と発言をして

授業は終了した。

　レリバンスの視点からみた本授業の特徴は3点である。第1は、「重要性」に纏う構築性を検討している点である。これは様々な語りから見ることができるが、「歴史は語る人がいるだけ存在する。例えば、お母さんからみた歴史もある。教科書の歴史も一つの見方で正解とは限らない」「歴史を一つの見方で見てはいけない。杉原千畝が好きで見ていたら、東條英機の解釈が異なっていた。歴史は、書かれたものによって今まで考えていた解釈と違う解釈もある。歴史は実は脆いものではないか」などが代表であろうか。歴史教科書を含め、語り方による歴史解釈の多様性やその脆さを指摘している。

　第2は、何かしら歴史を学ぶ意義を考えている点である。「今後を考える一つの指針になるものが歴史ではないか」「事実がどうかは重要ではなく、歴史から何を選択するか、自分に何を訴えているか、自分はそこから何を学べるかの方が大事」「歴史は自分が重要だと思うものを切り取って、自分の将来に繋げて考えていくことが大事」「文化とか風習など昔からあるもので、今にもつながっているものもある」「今を考える上で大事なもの。歴史に正解はないことを踏まえて、将来を考えるためにあるもの」など、第1の点を認めた上で、歴史を学ぶ意義を考えている。その目的は、自分のため、国のため（文化伝承等）など、様々なフェーズがあるが、自身が歴史を学ぶことの意味づけを検討している。

　第3は、第1、第2の点を対話により生徒自身が考え続けている点である。例えば、教師の「現在の歴史の解釈を作り出しているのは自分ってこと？」という発言を受け、「自分が重要だと思うものだけ取り入れると、自分の視点だけで歴史が完成してしまう。自分の価値観だけが入ってしまう。自分の柱があるところに人から異なる価値観を入れることで歴史の木が大きくなっていくのでは」「二つ（筆者注：多様な視点で歴史を広げていくこと）を続けていくと、結局教科書に戻るのでは」「歴史は人によって考え方が違う。自分だけの教科書をつくるよりも、広く学んでいくことが大事」「自然と教科書に

行き着くという点と、自分の考えを突き詰めていくことは別である。それを
やると教科書が分厚くなってしまう」といった対話が見られた。これらは、
学校における歴史教育の意義までも、対話により検討がなされていることを
示している。

⑵中学校歴史授業「「近代化」とは何か」の場合

　第 2 は、中学校歴史的分野「近代化とは何か」の授業である。本授業は、
2022年 9 月に中学 2 年生の 3 クラスを対象に実施した。授業者は岐阜大学教
育学部附属中学校の岸周吾教諭である。**図 1** は、本単元12時間分のカリキュ
ラムの構造である。前半（ 1 時間目から 5 時間目）のテーマは「近代化ってど
んな変化？」、後半（ 6 時間目から12時間目）のテーマは「江戸幕府滅亡の原
因とは？」である。

　別稿で詳説しているが、当該学校の社会科カリキュラムは、全ての単元で
児童生徒が自主的に設定する問いを設定し、それを中核に位置付けながら、
単元全体を再構成している[33]。単元の学びは、その中核の問いに向き合い、
教科書等に記載されている知識等を活用しながら、説明、理解、議論、意思
決定、社会参加など様々な手続きや方法でそれを考えていく構成を取る。そ
のため、本カリキュラムは「構成的探究型授業カリキュラム」と呼ばれる。
故に、本単元の場合は**図 1** が示す通り、各クラスで生徒が設定した問いは、
それぞれ後段の内容へ接続させていく。

　本単元は、まず第 1 時（単元導入時）に、 1 節の教科書を読んだ後、生徒
の興味・関心、疑問から各自が本単元で探究したい「問い」を設定し、黒板
に書き出す。その上で、それらを全体に対して説明し、交流した後、各クラ
ス共に投票で「問い」を決定した。**表 2** は、各クラスの問い、および問いが
導き出された文脈、後述するが授業者が本授業で課題とした生徒の個人的経
験を引き出す趣旨で行った関連発問をまとめたものである。問いは生徒が設
計し、投票にて決定するため、クラスごとに異なっている。

第1時　1：探究テーマを踏まえた「問い」の設定（評価：主）
◎探究テーマ「近代化ってどんな変化？」を基に、学習内容を大観し、単元のイメージをもつと
　共に教科書を参考に「問い」をたて、自身・仲間との学びの見通しを持つことができる。
　　　　　　　　探究テーマをふまえ、みんなと考えたい「問い」とは何カ
○教科書を参考に、自身の好奇心、興味・関心、疑問から「問い」を立てる。○「問い」を黒板に
○複数の「問い」から、対話を通して考えたい「問い」を投票によって絞る。○絞り込んだ「問い
○最終的に、全体で「問い」を1つ決め出す。
【生徒が設定した「問い」】
・1組：なぜ、人はいつの時代でも争う必要があるのか？
・2組：なぜ差（貧富の差・人種差別）が生まれるのか？
・3組：理想的な政治の仕組みとは？

第5・6時　1：p4c
◎既存の社会のあり方
　の対話を通して、多
　を創造することがで

＜第3時＞
○「問い」の設定理由
○各グループで対話を
○各グループでの対話
○教師のファシリテー
○学びの自己評価を行

第2時　1：イギリスとアメリカの革命
　　　　2：フランス革命（評価：知・技）
◎当時のイギリス、アメリカ、フランスの様子を調べることを通して、
　各国が現状を打破するための革命を起こしたことに気付き、その影響
　が現代にもつながっていることを理解することができる。
　　イギリス、アメリカ、フランスの政治はどのように変化し、
　　　　　　現代の政治につながっているのだろう。
○探究プリントに取り組む。
○探究結果を各班で交流した後、全体交流を行う。
○本時のまとめを書く。　キーワード：【革命】
□ロック、モンテスキュー、ルソー、ピューリタン革命、名誉革命、権
　利章典、立憲君主制、議会政治、独立宣言、絶対王政、フランス革命、
　人権宣言、徴兵制、ナポレオン、民放など

第7時
1：欧米のアジア侵略
◎欧米のアジアへの
　うではない国の様
　えたことを理解す
　欧米の侵略は、中国
○中国とインドの
○中国とインドの特
○「近代化」の進展
　地」獲得という動
○本時のまとめを書
□三角貿易、アヘン
　の乱、インド大反

第3時　3：ヨーロッパにおける国民意識の高まり
　　　　4：ロシアの拡大とアメリカの発展（評価：知・技）
◎ヨーロッパでの国民意識の定着と、アメリカとロシアの発展を調べ
　ることを通して、国民意識の定着が国家というものを形作ったこと
　や、国外に進出する政策を取り始めたことに気付き、近代化の進展
　によって、海外諸国が領土の拡大を目指して国外進出をしていたこ
　とを理解することができる。
　　世界各国の国々では、どのような動きが生まれたのだろう。
○探究プリントに取り組む。
○探究結果を各班で交流した後、全体交流を行う。
○本時のまとめを書く。キーワード：【国民】
□義務教育、普通選挙、政党政治、ビスマルク、南下政策、移民、南
　北戦争、リンカンなど

第8時　2：開国
◎1641年より鎖国体
　て、近代化による
　の実力の差を実感
　心情を感じ取るこ
　井伊直弼が日米修
○資料を参考に、
○不平等条約を結ん
　動揺が社会にも広
　する各自の判断を
○班で意見を交流す
○全体交流を通して
○本時のまとめを書
□ペリー、日米和親

第4時　5：産業革命と資本主義（評価：知・技）
◎イギリスでの産業革命の進展を調べることを通して、産業構造の変
　化によって生まれた資本主義の特徴に気付き、資本主義の利点と欠
　点を踏まえた上で、様々な変化が世界に生まれたことを理解するこ
　とができる。
　　産業革命は、欧米諸国にどのような影響を与えたのだろう。
○探究プリントに取り組む。
○探究結果を各班で交流した後、全体交流を行う。
○本時のまとめを書く。キーワード：【機械化】
○探究テーマ【近代化とはどんな変化？】に関するまとめを書く。
□産業革命、資本主義、労働組合、社会主義など

夏季休業日での「問い」の探究（インタビュー調査）

【本単元末の生徒の文脈】　　　私は近代化というものは…だと思う。外国と…長期

図1　構成的探究型授業カリキュラム（歴史的分野　第5章：開国と近代日本の歩

【探究テーマ】　1節

近代化ってどんな変化？

、考えを交流する。

で確認し、「問い」を吟味する。

価：主）

すことも含め、社会的事象に関する自他と
観に触れることで、「ともに生きる社会」

「問い」

る。

（10 分間）。

確認する。

全体での対話を行う。

究テーマ】　2節

戸幕府滅亡の原因とは？

価知・技）

べることを通して、近代化が行われた国とそ
気付き、弱肉強食の植民地化という時代を迎
できる。

の両国ではどのような結果を生んだのか。

果」をマトリックス表にまとめる。

し、共通点を見つけ出す。

国力の差が生まれ、その差によって「植民
れたいたことを全体で共有し、確認する。

ワード：**植民地**

条約、関税自主権、領事裁判権、太平天

約（評価 思・判・表）

た日本が開国した背景を調べることを通し
を進める欧米諸国の意図に気付き、諸外国と
等条約を結ばざるを得なかった井伊直弼の
る。

約という不平等条約を結んだのはなぜか。

の内容をおさえる。

長年続けてきた鎖国体制が崩れたこと、その
とも踏まえ、当時の大老井伊直弼の決断に対
ートに書く。

弼の判断に内在する価値を考える。

ワード：**不平等**

国、井伊直弼、日米修好通商条約など

【単元の目標】　＜学校全体の研究テーマとのつながり＞
【知識・技能】
・ 社会的事象の意味や意義，特色や相互の関連を理解すると
ともに，それらに関する諸資料を適切に選択し，効果的に
活用することができる。
【思考・判断・表現等】
・ 社会的事象に関する好奇心，疑問や課題を明らかにするた
めの見通しを立て，探究的・対話的（互いの考えを伝え合
い，聞き合い，尊重し合う）な学びを通して，その解決に
向けたよりよい方策・社会のあり方を創造することができ
る（姿）。
【主体的に学習に取り組む態度】
既存の社会のあり方等を見直すことも含め，社会的事象に関
する自他との対話を通して，多様な価値観に触れることで，「と
もに生きる社会」を創造することができる（姿）。
【自己実現に向かう資質・能力】
＜学び続ける力＞＜関係構築力＞＜貢献する人間性＞

第9時　3：開国後の政治と経済（評価：知・技　関・①
◎開国によって日本国内に生まれた変化を調べること通し
て、長年、政権を取り続けてきた江戸幕府への批判が様々
な理由から高まっていたことに気付き、討幕への動きが
始まったことを理解することができる。
開国は、当時の社会にどのような影響を与えたのだろう。
○既習学習を想起して、予想を立てる。
○教科書、資料集を使って、予想を検証する。
○幕府政治への批判は、幕府内だけではなく、経済の混乱
を機とした民衆の不満の高まりがあることを確認し、そ
の混乱の中で諸藩が台頭してきたことを確認する。
○本時のまとめを書く。キーワード：**変化**
□尊王攘夷運動、桜田門外の変、木戸孝允、西郷隆盛、大
久保利通、薩長同盟

第10・11・12時（第11・12時連続）
P課題　（評価：思・判・表）　学・①・③・④
◎長期政権を成立させていた江戸幕府が滅亡に至った原因
を当時の社会情勢を踏まえ分析することを通して、滅亡
という社会的事象には様々な要因があることに気付き、
多様な理由が存在する史実の複雑さを踏まえた上で、よ
りよい方策・社会の在り方を創造することができる。
…江戸幕府が滅亡に至った最大の理由を述べよ。
【第10時】○三角ロジックワークシートによる分析。
【第11・12時】
○同一の原因を選択し、主張を構成した生徒でグルーピン
グをして、意見を交流し、自身の主張を再構築する。
○異なる原因を選択し、主張を構成した生徒でグルーピン
グをして、意見を交流し、自身の主張を再構築する。
※人数の状況に合わせてジクソー法またはブースによる意
見交流を構成して実践する。
○仲間の意見を踏まえた、個人の最終的な主張を全体で交
流する。
○生徒の文脈を活用し、教師が生徒に問う（仮）
○前回のパフォーマンス課題「6人の政治家…」からの学
びを振り返り、学びの自己評価を行う。

した江戸幕府滅亡が滅亡した…、この後、日本国内はどう変化していくのだろう…？

・2節の場合）（◎：ねらい ○：主な学習活動 □：社会的事象（歴史的特徴））

表2　各学級の「問い」と文脈、および関連発問

学級	「問い」・学級（生徒）の文脈・反駁可能な経験等
1組	なぜ、人々はいつの時代でも争う必要があるのか？
文脈	元気、勢いのある学級。反面、軽い雰囲気がある。
発問	・あなたは今までにどんな争いの経験があるの？ ・人々が「争う」時、そこには何が存在するの？　等。
2組	なぜ差（貧富の差・人種差別）が生まれるのか
文脈	柔和な雰囲気がある学級。反面、特別な配慮が不可欠。
発問	・あなたは今までにどんな「差」を実感した？ ・差が生まれない世界は理想の世界と言えるの？　等。
3組	理想的な政治の仕組みとは？
文脈	知的好奇心が旺盛な学級。反面、他を伺い過ぎる傾向。
発問	・私たちの生活における政治とは何を指すの？ ・では、リーダーは私たちの生活において必要？　等。

表3　「『近代化』とは何か」の授業展開

○ねらい	○生徒の学習活動　S：生徒の発言　T：教師の発言	◇資料・留意点
○「格差」に関する個人・社会的経験を踏まえて、考えること（一般的な概念や知識に頼らない）。	○「問い」を確認する 本時の問い「なぜ、差が生まれたのだろうか？」 T：今回の「問い」を設定した理由を、○○さん、説明してください。 S：革命などがあった背景には、権力者と市民には身分などで大きな差があった。差が生まれた要因を考えたい。	◇ P4C 対話ワークシート ・P4C 対話のルールを確認する
○個人的経験を語ることに抵抗を感じる可能性もあるため、手が挙がらないことも予想される。よって、意図	○7人の小グループ（×5）で対話を開始する。 （ある班で展開した対話） S：差は二つある。男女差など元々ある差と、後から作り出した差。 S：差が生まれた理由はよくわからないけど、差は人々が皆と違うと認識することで生まれるのでは。 （本文参照）	・想定される視点：人種・区分・貧富・命 ◇小グループでの対話終了後、全体対話に移る際の教師の発問を

的な指名も状況に応じて実施する）。

○「わからなくなってきました」と生徒が言える対話。

○学級全体での対話

S：差は個性だから、捉え方によって差は変わってくる。

S：個性としての差を認めるか、上下として見るかで、差別となる。人種差別など歴史的背景があるもの。文化などを見ていく必要がある。

T：なぜ「差」は生まれる？

S：人との区別を意図的につくることで、生まれる。

S：差と違いの違い。黒人と白人の違いは差ではない。差別は違いを差としてみた時に生まれる。

S：一人一人が違いを差として見ることで、差が生まれる。

T：違いって何？

S：上下関係がないものは違い。

S：差は上下関係だと思う。

S：肌の色の違いをよく見るか、悪く見るか。これは見ている側の価値観の問題。

T：差別は価値観の違いから出てくる？

S：差別や偏見は、自分と相手の違いを縦の関係で見た時に生まれるのでは。横の関係で見た時には生まれない。

S：青色と赤色は違うけど、差ではない。価値観は関係ない。

S：アメリカが南北に分かれていた時代、黒人がアメリカで奴隷として扱われていた時代、白人は「奴隷」という印象をもったから上下が生まれたのでは。

T：あなたは奴隷を見たことはありますか？　奴隷をどのようにイメージしますか？　何が言いたいかと言うと、見たこともないものに対し、教科書や資料集などでイメージを作り出していませんか。印象の差という話が出ましたが、人種は差？　差別？

S：違い

T：上と下があるものが差別ということだね。では、なぜ差が生まれる？　人間は個性があるから違いが生まれる。あって良い差といけない違いがあるのかな？　書物ではなく、あなたたちの世界で考えて。

精選する。

・想定される下位の問い

「外見で人を区別することは悪い事なの？」

「岐阜県民とはどんな民なの？」

「なぜ人間は中間を嫌がるのだろう？」

「現代も貧富の差が広がっているけれど、18世紀から現代まで貧富の差が埋まらないのはなぜ？」

「命にも差があるのはなぜ？（ワクチン接種）」

◇反駁可能な状況を創り出す教師のファシリテート（個人的経験・社会的経験を語らせる）を行う。

○10分間の休憩
※教師は、休み時間に話しを続ける生徒の対話に
　個人的に介入する

○全体での対話を再開する
Ｔ：違いはどのように「違い」と判断するのか？
　どうやって、差と違いを区別して認識している
　のか？
Ｓ：縦と横。
Ｓ：差と違いを区別することは出来ない。感覚的
　に分けるしかない。
Ｓ：今、初めて「差」と「違い」の違いを意識し
　たから、わからない。実生活で分けて考えたこ
　とはない。
Ｓ：違いは後からひっくり返せないもの。赤色と
　青色など。差は後からひっくり返せるもの。体
　力とか体型の違いなど。
Ｔ：学力は違い？　差？　手を上げて（多くの人
　は差。違いではないと答える）。
　今回、色々な言葉が出てきた。あって良い違い
　と、よくない違いは、どんなものがある？　生
　活経験の中から考えてほしい。
○小グループで対話を再開する。
（先ほどの班の対話）
Ｓ：違いが何かわからない。
Ｓ：あってはいけない違いを出すことで、それが
　「違い」か「差」かわかってくるかも。出して
　いこう。
Ｓ：男女は違い？　男女差別って何？
Ｓ：男子は、女子は、と決めつけることがダメ。
　女子はピンクが好きと決めつけることがダメっ
　てこと？
Ｓ：違いから差が生まれるってことは、全て違
　い？　ということは、差が無い違いはある？
Ｓ：僕は差と違いは違うものだと思う。努力の差
　の元になっている違いはある？
Ｓ：結局、違いって何？

○課題に対する　○各班での対話を全体で共有する
　考えをまとめ　Ｔ：あって良い違いといけない違いとは？
　る。　　　　　Ｓ：あって良いのは、組織における社長と社員。
　　　　　　　　　これが無いと成り立たない。違いを悪い方向と
　　　　　　　　　して捉える差はあってはいけない。

　Ｓ：文化の違いはあって良い。人それぞれ違うか
　　　ら。
　Ｓ：差と違いは難しい。社長と社員、運動ができ
　　　る人と出来ない人などで差が出てくるが、これ
　　　は違いとも言える。差も違いも、両方ともに考
　　　え方によって位置付けが変わるのでは。
　Ｓ：学力や運動能力は、努力により完全に埋めら
　　　れるものでは無い。他人をダメとか良いとか、
　　　評価することは難しいのでは。
　Ｓ：男女の違いがあって、そこから男のイメージ
　　　が作られる。差が生まれるのは元々違いがある
　　　から。あって良い違い、よくない違いはない。
　　　違いから生まれる差があって良いもの・悪いも
　　　のが問題。
　Ｔ：違いはあるけど、そこに意味付けをしている
　　　ことが問題ということだね。でも、私たちの世
　　　界は評価の連続ですよね？　違いに何を足すと
　　　差になってしまう？
　Ｓ：自分は「普通ではない」「出来ていない」な
　　　ど、自分と他人を比べた時に生まれる。
　Ｓ：「強い・弱い」「出来ている・出来ていない」
　　　など、評価が加わることで差が作り出される。
　Ｓ：比べられることが悪いのではなく、自分の中
　　　で比べるという意識が、差を生み出す。
　Ｓ：自分たちが作り上げてきた「できることが良
　　　い、成績は5をもらった方が良い」という仕組
　　　みが問題なのでは。
　Ｔ：むずかしくなってきたね。順位がはっっきり
　　　する世界、比較の無い世界のどっちが良い？
　Ｓ：自分の評価は自分で決めたい。
　Ｔ：皆は試験などで常にランクづけされる。携帯
　　　を見ると、様々なランキングがある。競争社会
　　　の中で、私たちはどうやって生きていけば良い
　　　のだろうか。
　Ｓ：世の中には様々な意見がある。迷ったら、自
　　　分の意見を優先した方が良い。
　Ｓ：社会の意見は、多数の人が「確かに」と言っ
　　　ているだけ。それよりも自分の意見をしっかり
　　　と持った方が良いと思う。
　Ｓ：自分の意見を尊重した方が良いと思うけど、
　　　自分の場合は多数決の場合、多数によった方が
　　　安心するという思いもある。

> 評価規準
> 「個人的経験」
> 「社会的経験」
> に基づき対話す
> ることを通し
> て、現代の社会
> 的事象と向き合
> うための納得解
> ・最適解を導く
> ことができる。
>
> （学びに向かう
> 力・人間性）

	T：差や違いの話から始まって、今は自分自身がそこにどのように向き合っていくかという話になっている気がします。残りの時間で、今思っていることを書いてください。
○今回の対話を個人的経験・社会的経験へ接続する。	○対話を通して学びの自己評価を行う。 S：今の社会を全て壊すのは無理。また、一人一人が思うより良い社会も違う。変えることよりも、今ある社会の中で、一人一人が少しでもよりよく生きていく方法を考えたいと思いました。 T：差から話が始まり、色々な対話となりました。人間はそんなに分かりやすくない。大衆に流される自分もいる。そのような中でも、一人一人がより良い社会をつくっていくためにできることが大事かなあと。世間一般にあるランクづけやレッテルを、自分の力で変えて行けるような選択ができれば良いと思っています。

（授業者が作成した指導案を、授業結果に基づき筆者が再構成した。）

　本章では、紙幅の関係から2組で行われた実践のみを取り上げる。**表3**は、実際に行われた授業過程を示したものである。

　授業実践者が設定した本授業の目標は、「『問い』に関わる既存の社会のあり方等を見直すことも含め、社会的事象に関する自他との対話を通して、多様な価値観や複雑な社会の在り方に触れることで、『ともに生きる社会』を創造しようとすることができる」ことである。授業は、まず問いを立てた生徒が、その背景などを説明し、問題意識をクラスで共有した後、班に分かれてP4Cを行った。例えば、ある班で展開された対話は以下である。

（T：教師、S：生徒）

> S：差は二つある。男女差など元々ある差と、後から作り出した差。
> S：差が生まれた理由はよくわからないけど、差は人々が皆と違うと認識することで生まれるのでは。例えば、黒人と白人とか。元々ある差は埋められないけど、人が作り出した差は埋められる。

S：差は一人一人違うから、その差。でも、一人一人がそれを「違い」と見るかどうかで決まる。人は一人一人違うものではないのか。

S：「差」として見ることが「差」となる。

T：「差」と見るか見ないか、が重要。差は元からあるとした場合、「差」として見て良いものと、見てはいけないものがあるのかな？

S：奴隷制からもわかるけど、あれは「差」とみてはいけない。

S：元々ある差を利用して、差別に発展することがある。

S：その通りで、違いがあっても、差は元々あるから、どの様に見るか、ということが差別を生む。なんていえば良いのかわからないけど。

S：あって良い差とあってはいけない差がある。偏見で差別することはよくない。

S：わからなくなってきた。

T：今、みんな訳わかんなくなってきたよね。それはなぜだろう。皆は、差はあるけど、差別はいけないと言っている。ここが難しい所じゃないかな。差別することと差を認めることは違う？

S：人を分けることが差別？

S：大体の差はあってよい差。差別とは、差で上下関係を作ること。これがダメなのでは。

T：差はあって良いものだけど、上下をつくることがダメ、で良い？　あって良い差は何？

S：リーダーシップ。リーダーは上だからダメか？

　班ごとの対話が終了した後は、その内容を全体で共有した。**表3**に示した通り、対話は「個性としての差を認めるか、上下として見るかで、差別となる。人種差別など歴史的背景があるもの。文化などを見ていく必要がある」という視点から、「なぜ「差」は生まれるか」といった、差が作り出される背景へ推移。「一人一人が違いを差として見ることで、差が生まれる」という点から、「アメリカが南北に分かれていた時代、黒人がアメリカで奴隷として扱われていた時代、白人は「奴隷」という印象をもったから上下が生まれたのでは」という意見が展開したところで教師が「あなたは奴隷を見たことはありますか？　奴隷をどのようにイメージしますか？　何が言いたいか

と言うと、見たこともないものに対し、教科書や資料集などでイメージを作り出していませんか」というファシリテートをした上で、休憩を挟んで「違いはどのように「違い」と判断するのか？　どうやって、差と違いを区別して認識しているのか？」という点を、生徒個々人の生活経験に基づき考えてほしいと伝えた。その後、班で再び対話を行い、その結果を全体で共有した。

　全体の対話は、「あって良い違いといけない違いとは？」から始まり、良い差として「文化の違いはあって良い。人それぞれ違うから」との発言があったが、「差も違いも、両方ともに考え方によって位置付けが変わるのでは」「男女の違いがあって、そこから男のイメージが作られる。差が生まれるのは元々違いがあるから。あって良い違い、よくない違いはない。違いから生まれる差があって良いもの・悪いものが問題」という展開へ。教師が「違いはあるけど、そこに意味付けをしていることが問題ということだね。」とのファシリテートを行うと、「自分たちが作り上げてきた『できることが良い、成績は5をもらった方が良い』という仕組みが問題なのでは」と展開していく。最後に「今の社会を全て壊すのは無理。また、一人一人が思うより良い社会も違う。変えることよりも、今ある社会の中で、一人一人が少しでもよりよく生きていく方法を考えたいと思いました」と発言して終了した。

　対話を検討する前に、生徒が授業の過程で行った「問いの探究」を見てみたい。「問いの探究」とは、対話を行いながら、自身の気づきや他者からの意見を適宜ワークシートへ記入するものである。ワークシートに書かれた内容として以下のようなものがあった。

・女性は江戸時代の寺子屋で女性の務めとして結婚したら夫やその親に従うことが教訓として書かれていた。女性は子を産み、家を守ることだけが期待されていた。寺子屋は庶民の間での教育の場所として使われていて、今の学校みたいな所でも男女差別になることが教えられていた。
・国王が絶対王政で第1・2身分と第3身分で贔屓しているから。
・貧富の差：7人に一人、連鎖、支援。教育格差：田舎⇄都会、社会制度、環境。

社会的性差：メディア、親の眼差し、文化・宗教。人種差別：偏見、集団、不理解（意識的にある相手の不理解）

・貧富：発生の理由：資本主義の考え方から始まる。政府が貧しい者を助けないままだから、被支配者層と支配者層は無限ループする。

・経済格差：先進国と発展途上国の差。GDP、GNPなどの違いは、国力（財力）の違いから差が生まれる。

・昔からの偏見・慣習の連鎖。多数派が強く少数派を排除する。

・学校での差：スクールカースト、いじめ。上位での落とし合い、上位から下位へのいじめ。「人よりも上になりたい」「○○が気に入らない」という気持ち。

・経済の豊かさ、貿易を始めたから、植民地ができたから、人の立場が分かれたから、戦争が起こるから。

・都市部の開発集中：所得が高く、魅力的な地域を求めるから都市部に人が集中する。都市部では過密化、地方で過疎化が進む。

　本授業は、歴史授業であり、テーマは「近代化とは何か」である。**図1**から分かる通り、市民革命や江戸幕府滅亡等へ繋がる単元である。生徒は、本授業の前に単元全体の内容に目を通した上で、今回の問いを設定し、対話を行っている。つまり、生徒の問題意識は「差（貧富の差・人種差別）が生まれる理由」を、歴史で学んだ寺子屋、絶対王政、資本主義、戦争などから広げ、スクールカースト、偏見、経済格差、都市開発など、様々な方向からアプローチすることで、設定した問いの探究に挑戦していることにある。

　レリバンスの視点からみた本授業の特徴は2点である。第1は、現在生徒が置かれている世界や社会に見られる課題や矛盾を近代化と繋げ、その根源（生徒は「根っこ」と表現していた）を探究する様子である。その際に歴史に見られる様々なイシュー（例えば、先に取り上げた絶対王政や資本主義など）が一つのヒントであり、それらを分析の視点として活用する。ただし、あくまでもそのターゲットは、現代社会の課題や矛盾と向き合うことである。つまり、シュッツの言う、行為を重視した未来進行形の学びが行われている。

　第2は、個人的経験と社会的経験を意識した対話が展開している点であ

る(34)。自らと繋げて考えることが困難だと言われることの多い歴史領域に
対し、授業者が意識した生徒の個人的経験・社会的経験からアプローチする
ことで、生徒個々人と歴史、現代社会と歴史のつながりを考えるきっかけの
提案を可能にしている。所謂、「自分ごと・我がこと」として近代化を捉え、
そこから導出されているイシューや課題を自分と繋げて考えている。

(3)高校世界史授業「歴史の見方」の場合

　第3に、高等学校世界史単元（世界史A）として実施した授業「歴史の見
方」を取り上げる。本授業は、執筆者が受け持つ大学の講義にて学生と共に
デザインし、実施先の高校教諭から指導を受けながら作成し、2022年10月に
高校3年生対象に実施したものである。

　本授業の目標は2点である。第1は、物事を多面的多角的に捉える難しさ
の実感である。生徒は、歴史を含めて社会事象を複数の視点から見ることの
重要性を一定程度理解している。しかしながら、それを自分の問題として実
態化できる生徒は多くない。そのため、本単元では歴史事象と現代社会の問
題を分析する視点を捉え、その有効性と合わせて視点に基づく分析の難しさ
を実感することを目指す。

　第2は、歴史を教育で活用する可能性と問題性を考える。歴史解釈は、そ
の特質としての物語性から、近隣国との対立を引き起こすことも少なくない。
そこで、歴史を教育の一つの要素として用いることの可能性と問題性を議論
する。なお、授業は実施する学校のカリキュラム上に位置付けて実施をした
ため、日中戦争をテーマとして選択した。**表4**は実際の授業過程を示したも
のである。

　授業は、北朝鮮によるミサイル発射について書かれた3つの新聞記事を読
み、当該の事象を分析する具体的な視点（北朝鮮、日本、アメリカ、日本、中国、
ロシア、韓国、米軍、韓国軍、自衛隊等）を挙げ、それらを抽象化（当事国、関係
国、隣国、国民、軍部、世界理念等）する。次に、当該の視点で本単元のター

表 4　「歴史の見方」の授業展開

○ねらい	○生徒の学習活動 Ｓ：生徒の発言　Ｔ：教師の発言	◇資料・留意点
○現代社会の問題を読み解く視点を考える	○北朝鮮のミサイル問題を多角的に見る。（個人活動→視点の共有・議論） Ｔ：ミサイル問題を分析する視点は何があるのか。またその視点から見ると、ミサイル問題はどのように見えるのか？ Ｓ：（生徒から出た視点）北朝鮮、日本、アメリカ、グアム、青森県、中国、ロシア、米軍、日本国民等	◇2022年10月5日朝刊（朝日新聞、産経新聞、中日新聞） ・3種類の新聞を配布し、①それらを分析するための視点を設定し、②それに基づき当該問題を分析する。 視点に基づく記述（例） ・北朝鮮の視点 　ミサイルを発射することで、打撃能力を誇示しアメリカと対等に渡り合おうとしている。 ・日本の視点 　ミサイルが日本に落ちる可能性があり、北朝鮮に対して非難を行い、防衛力向上の必要性を感じている。
○歴史事象を読み解く視点を考える。なお、現代社会を読み解く視点との不一致も捉える。	○生徒の発表を聞きながら、彼らが設定した視点を抽象化する。 Ｔ：○○は△△と言えるよね。（抽象化した視点：当事国、関係国、隣国、平和、国際理念、軍部、防衛、国民、為政者、地理、等） ○日中両国の歴史教科書を配布し、日中戦争の記述を読み比べる。 Ｔ：次は、先ほどの視点で日中戦争の分析をしてみましょう。 Ｔ：日本と中国、其々は日中戦争をどのように記載していましたか？ Ｓ：日本の教科書と中国の教科書では視点が違うため、記述の仕方が変わっている。東亜新秩序、門戸開放など、固有の表現がある。 Ｓ：一つの事実が両教科書で良い・悪いと別の解釈で書かれている。 Ｓ：イタリア、ドイツ、イギリス、中国国民政府、法、経済などの視点もある。 Ｓ：ミサイル問題で使用した視点では、必ずしも日中戦争を分析することはできない。他の視点を設定する必要がある。 Ｔ：色々な視点で見ることで、歴史は色々な見方ができる。	◇日本・中国両国で使用されている高校の歴史教科書 （視点に基づく記述（例）） ・中国（政府）から見た記述 　日本の侵略に対して国民党と共産党が調停して、日本の侵略に対抗していった戦争。 ・日本（政府）から見た記述 　盧溝橋事件をきっかけに戦闘が広がったが、日本がリーダーとなって欧米から独立したアジアを作るためには必要な戦争である。 ・アメリカから見た記述 　日中戦争を通じて、日本が中国での実権を握ることを危惧して、援蒋ルートを通じて国民政府を支援した。

| ○共通の歴史教科書の必要性を議論することを通して、歴史教育の可能性と問題性を議論する。 | ○日中韓共同教科書に描かれている日中戦争の記述を読み、先までの視点で分析可能か、また、共通の歴史教科書の必要性を検討する。
Ｔ：共通の歴史は必要か。
Ｓ：お互いの立場があるため、無理に共通化する必要はない。
Ｓ：偏見を無くすために、共通の世界観・歴史観を大事にすべき。
Ｓ：不要。歴史はお互いの国の思想が強く出る。平等な歴史など書けるはずがない。
Ｓ：３カ国の主張を含めた視点が毎回必要というわけではない。ただ、世界の平和の秩序を保つ一つの手段としては、あり得るのでは。 | （想定される歴史教育の意味）
・共通の歴史教科書が必要な理由は、歴史認識の違いで今でも対立しているため、同一の見方をすることで対立が解消されると考える。
・共通の歴史教科書は必要ないと考える理由は、国民国家の形成のために、日本人としてのアイデンティティを形成するためには、自国の歴史を学ぶ必要があると考える。
・自国の歴史を中心に知り、他国の考え方を参考にする程度に共通の歴史教科書で学ぶのが良いと考える。

◇ドイツ・フランスの共通歴史教科書 |
| | ○共通歴史教科書の議論のまとめをする。
・ドイツ・フランスの共通歴史教科書を参考にすることを紹介する。
Ｔ：自国の歴史を学ぶことは、国民国家を形成するために重要な役割があるという意見がある。一方では政治主導で作られたため、政治の手段として歴史教育が使われたという意見もあります。歴史教育はどうあるべきか、考えていってほしいと思います。 | 評価規準
現代の問題と歴史事象を多角的に見て視点を整理することを通じて、歴史の見方のあり方を考えることができる。（学びに向かう力・人間性） |

筆者作成（授業結果に基づき実施前の指導案を修正し、再構成した）。

ゲットである日中戦争を分析し、多様な解釈を生み出す視点設定の難しさを体感し、視点の追加を試みる。その際は、日本・中国で使用されている教科書を題材とし、両国による当該事象の語られ方も合わせて分析する。その後、日中韓の研究者が共同で作成している「共通歴史教科書」があることを示し、当該「教科書」に記載されている日中戦争の語り方を分析する。これらを終

えた後、クラス全体で歴史教育における「共通教科書」の必要性の有無を議論し、歴史を学校教育で扱う視点（教育を通して歴史を学ぶ意義と意味）を検討した。

　レリバンスの視点からみた本授業の特徴は2点である。第1は、難しさを前提としている点である。社会事象を特定の視点で分析することは難しく、仮にそれを授業の目的と設定した場合でも、必ずしも生徒がそれを獲得・応用するとは限らない[35]。本授業では歴史を分析する視点の普遍化を目指すことはせず、視点の社会的・文化的な構築性を前提とし、歴史・社会を捉えることの困難さを前提とした。その結果、生徒からは「お互いの立場があるため、無理に共通化する必要はない」「偏見を無くすために、共通の世界観・歴史観を大事にすべき」「（共通歴史教科書は）不要。歴史はお互いの国の思想が強く出る。平等な歴史など書けるはずがない」「3カ国の主張を含めた視点が毎回必要というわけではない。ただ、世界の平和の秩序を保つ一つの手段としては、あり得るのでは」など、困難さを踏まえた意見が乱立した。この乱立が、社会・歴史の理解・共有の実際的な難しさである。

　第2は、行為の対象として歴史をとらえている点である。本授業は、共通の歴史教科書を事例に、歴史教育の可能性と問題性を議論する。ここでは、日中戦争を事例としながらも、「歴史とは何か」「歴史における正しさ」「歴史と教育の関係」などが授業のターゲットである。つまり、本授業は動機を目的的に捉え、その向かう先は行為である。

3．反省・行為基準で考える歴史学習の可能性

　改めて、3つの授業を前段のシュッツに重ねて整理してみたい。シュッツは、有意味性が発現する主要因としての動機を、行為と反省の軸で捉え直し、自身が注目するもの（注目させられているもの）は、どのような理由でその価値があるとみなされるのか。また、それは誰にとっての価値であり、それに着目する目的は今後の未来の社会を予測するためなのか、過去完了的な何ら

かの理論や原理を捉え、必要に応じてそれを今の社会へ適応・応用するためなのか。現前の事象に有意味性を持つ（持たされる）ことの理由と目的を自身と社会の関係から再検討する。すなわち、学びに対する有意味性を関係的に捉え直すことを提案する(36)。つまり、歴史学習は誰にとっての価値を志向するのか。また、そこに価値を見出す目的は今後の未来の社会を予測するためなのか、過去完了的な何らかの理論や原理を捉え、必要に応じてそれを今の社会へ適応・応用するためなのか。レリバンスの視点に立つ場合、歴史学習に有意味性を持つ（持たされる）ことの理由と目的は、自身と社会の関係から再検討を迫られる。すなわち、我々は学びに対する有意味性の関係的な捉え直しを迫られている。

　レリバンスの視点から見える3つの授業の特徴として2点を指摘できる。第1に、3つの授業の共通項は、動機的レリバンス（自発性）が保証されている点である。「歴史における重要性」「近代化とは何か」の授業は共に生徒による自発的・自律的な対話をベースとしている。「歴史の見方」の授業も教師が設定した見方・考え方を「正解」としたものではなく、歴史解釈の多様性という立場性のみが条件であり、事象に対する複数の視点や思想は生徒自身が社会・歴史の事象へ応用することにより、社会の実態の中で検証する。シュッツの言う目的動機、真の理解動機としての有意味性が機能している。

　第2に、歴史教育（学習）の可能性としての、反省と行為の軸である。1つ目の「歴史における重要性」は「重要性」が纏う構築性の検討を通して生徒は歴史の脆さをとらえ、その上で「自分はそこから何を学べるかの方が大事」であると指摘する。つまり、レリバンスの実態としては過去完了的な反省の軸に重心を置きながら学びを進めつつ、歴史学習と自身の関係を再定義するものであろう。2つ目の「近代化とは何か」は、歴史を事例に現代社会の課題や矛盾に気づき、それと向き合う姿である。生徒の発言に見える「差も違いも、両方ともに考え方によって位置付けが変わる」「自分たちが作り上げてきた『○○が良い』という仕組みが問題」「（今の社会を）変えること

よりも、今ある社会の中で、一人一人が少しでもよりよく生きていく方法を考えたい」などが示す通り、行為を重視した未来進行形の学びである。3つ目の「歴史の見方」は、理由動機をエンジンとした反省の文脈で日中戦争の語られ方を分析しながら、歴史教育の可能性と問題性を議論することで、「歴史学習」という行為に有意味性を持たされることの理由と目的を、社会の文脈から再検討している。

　上の特徴は、これら3つの授業の間に優劣があることを示していない。各実践が、理念や規範ではなく、その実際的な結果として歴史学習を行為と反省のいずれかに重心を起きつつ、両者が絡み合って展開がなされたことの意義を示すものである。歴史の授業が持つレリバンスとしての学びの意味はそこにある。

　授業後、2つ目の「近代化とは何か」授業を行なった教諭へインタビューを行なった。「歴史授業の教育的意義・レリバンスをどのように考えているか？」という問いかけに対し、当該の教諭は以下のように答えている。

> ・歴史事象を通して何を育てたいか。レリバンスは高くできる。ただ、一手間かかる。教材研究をちゃんとする必要がある。江戸の3大改革を授業したとき、「政治に必要な力」「政治に求めるもの」という議論になった。宗教の話になれば、宗教の起こりから入るが、最終的には宗教と社会が接続する。くっつけていく所はある。
> ・歴史的な見方で公民をやっていく。時期や時間の経過、歴史家のように読むのではなく、歴史を通して応用可能な思考方法を獲得する。歴史的事象で思考していく。批判的思考、多面多角的にみて、筋道立てて、本当にそうか、自分はどうなのか、自分だったら、あなたの世界で通用するのか？　などと問う。対話をしながら、公民的なものを歴史の中で探究していきたい。

　上記の返答は、歴史教育の手段化を示してはいない。歴史を含め、論争的なものを大文字の社会（SOCIETY）の中に位置付けて対話・議論することで、生徒が暗黙裡に所属し、させられている社会と学校での学びを接続することである。歴史授業を通して、自身と社会の関係を再検討するのである。つま

り、教育の中で「歴史」が注目するもの（注目させられているもの）は、どのような理由で誰にとってその価値があると、社会的・文化的に判断されるのか、多方面から思案・考察する。本返答は、歴史教育にこそ、それが可能であるとの指摘である。

　子どもは、教育という手段を通して、実際に自身では批判・反駁が困難な状況下で何かしらの学びを迫られている。そこには常に権力性が付き纏う。しかしながら、子どもは自身の社会観・文化観・思想などを背景とし、それらと向き合っている。彼らの学習動機を、教師と子ども、様々な権力関係、学校と社会、制度（例えば入試制度と学校カリキュラム）、などとの対峙や拮抗に陥れることは学びとはならない。むしろ、そのような現象として子どもの目前に立ち現れている力関係こそを分析対象とすることで、教育や学習はリアルになる。学校での学びに有意味性を持つ（持たされる）ことの理由と目的を自身と社会の関係から意図的に再検討するのである。すなわち、学びに対する有意味性を、子どもの文脈に基づいて関係的に捉え直すことが求められている。

（岐阜大学　田中　伸）

【註】

(1)田中伸「レリバンス論とその射程」二井正浩編著『レリバンスの視点からの歴史教育改革論―日・米・英・独の事例研究―』風間書房、2022年、53-74頁。

(2)前著で詳説しているが、例えば、「雨が降っているから、私は傘を指す」といった際、前者（目的動機）は「雨に濡れないこと」、後者（真の理由同期）は、「雨が降る状態で外出をすると雨に濡れる可能性がある」ことを意味する。これは、行動や行為の原理をどこに置くかの違いである。アルフレッド・シュッツ著、佐藤嘉一訳『社会的世界の意味構成』木鐸社、2006年、146-153頁。本田由紀「教育内容の「レリバンス」問題と教育評価――社会システム論の視点から」長尾彰夫／浜田寿美男編『教育評価を考える 抜本的改革への提言』ミネルヴァ書房、2000年、153-185頁。

(3)前掲(1)、54-56頁。

(4)キース・バートン、リンダ・レヴスティック著、渡部竜也、草原和博、田口紘子、

田中伸訳『コモングッドのための歴史教育―社会文化的アプローチ―』春風社、2015年、32頁。

⑸同上、35頁。

⑹ Harris, R. & Burn, K., English history teachers' views on what substantive content young people should be taught, *Journal of Curriculum Studies*, 2016, Vol. 48, No. 4, pp. 518-546.

⑺ Harris, R. & Reynolds, R., Exploring Teachers' Curriculum Decision Making: insights from history education, *Oxford Review of Education*, 2018, 44: 2, pp. 139-155.

⑻ Barton, K. C., The denial of desire: How to make history education meaningless, *The National History Standards; The problem of the canon and the future of teaching history*, 2009, pp. 265-282.

⑼ Harris, R., The place of diversity within history and the challenge of policy and curriculum, *Oxford review of education*, 2013, Vol. 39, No. 3, pp. 400-419.

⑽ Barton, K. C. & Levstik, L., Why Don't More History Teachers Engage Students in Interpretation?, *In Social Studies Today: Research and Practice*, 2010, pp. 35-42.

⑾ Peterson, A., Different battlegrounds, similar concerns? The 'history wars' and the teaching of history in Australia and England, *Compare: A Journal of Comparative and International Education*, 2015, Vol. 46, No. 6, pp. 861-881.

⑿ Chapman, A., Research and Practice in History Education in England: A perspective from London, *The Journal of Social Studies Education*, 2017, vol. 6, pp. 13-41.

⒀ Cooper, H., What is Creativity in History?, *Education 3-13: International Journal of Primary, Elementary and Early years Education*, 2018, Vol. 46, No. 6, pp. 636-647.

⒁ Department of Education, The National Curriculum in England, 2014.

⒂ Alexander, C. & Weekes-Bernard, D., History Lesson: inequality, diversity and the national curriculum, *Race Ethnicity and Education*, 2017, 20: 4, pp. 478-494.

⒃ *Op.cit.*(6).

⒄ Harris, R. & Reynolds, R., The history curriculum and its personal connection to students from minority ethnic backgrounds, *Curriculum Studies*, 2014, Vol. 46, No. 4, pp. 464-486.

⒅ Adey, K. & Biddulph, M., The influence of pupil perceptions on subject choice at

14+ in Geography and History, *Educational Studies*, 2001, Vol. 27, No. 4, pp. 430-450.

⒆ Haydn, T. & Harris, R., Pupil perspectives on the purposes and benefits of studying history in high school: a view from the UK, *Journal of Curriculum Studies*, 2010, Vol. 42, No. 2, pp. 241-261.

⒇星瑞希「生徒は教師の歴史授業をいかに意味づけるのか？」全国社会科教育学会『社会科研究』第90号、2019年、25-36頁。

(21)鉅悠介「子どもは歴史の何を、なぜ重要だと考えるのか」全国社会科教育学会『社会科研究』第91号、2019年、13-24頁。

(22)小野創太「『困難な歴史（Difficult History)』をどのように探究すべきか」全国社会科教育学会『社会科研究』第95号、2021年、25-36頁。

(23)宮本英征「歴史の語りを評価する歴史授業」全国社会科教育学会『社会科研究』第86号、2017年、13-24頁。

(24)宮本英征「生徒が歴史授業に見出すレリバンスの質的検討」二井正浩編著『レリバンスの視点からの歴史教育改革論―日・米・英・独の事例研究―』風間書房、2022年、31-52頁。

(25)渡部竜也「社会文化的アプローチは社会科教育研究を変えるか？」日本社会科教育学会『社会科教育研究』No.141、2020年、19-30頁。

(26)田中伸「社会的レリバンスの構築を目指した授業研究の方略―米国社会科教育は子どもの学びへの動機をどのように扱ってきたか―」全国社会科教育学会『社会科教育論叢』、2017年、81-90頁。

(27)前掲(1)、68-69頁。

(28)代表的なものとしては福井の研究がある（福井駿「小学校低学年における関係としての社会の学習」全国社会科教育学会『社会科研究』第81号、2014年、51-62頁、福井駿「問いを立てることを学習する哲学教育」日本教科教育学会『日本教科教育学会誌』第37巻第3号、2014年、23-32頁など）。

(29)マシュー・リップマン著、河野哲也ほか『探究の共同体―考えるための教室―』玉川大学出版部、2016年、151頁。

(30) Dewey, J., *Democracy and education: An introduction to the philosophy of education*. New York: The Free Press,1916.

(31) M. Rグレゴリー他著、小玉重夫監修　豊田光世、田中伸、田端健人訳者代表『子どものための哲学教育ハンドブック―世界で広がる探究学習―』東京大学出版会、2020年。

⑫ Sharp, A. M. & Reed, R. F., *Studies in philosophy for children; Harry stottle-meir's discovery.* Philadelphia: Temple University Press, 1992, p. 343.

⑬ 田中伸「『実践の空間』としての学び―探究カリキュラムの作り方―」『子どものための哲学（P4C）教育論』東京大学出版会、2023年（印刷中）。

⑭ 個人的経験・社会的経験については、田中伸・Amber Strong Makaiau、「探究学習における対話の原理―グローバル時代における社会科教育研究方法論の提案を通して―」日本社会科教育学会『社会科教育研究』Vol. 134、2018年、72-85頁参照。

⑮ 田中伸・橋本康弘「高等学校社会系教科目における価値学習の実態と課題―生徒の価値判断基準とその変容の分析を通して―」法と教育学会『法と教育』第 7 号、2017年、1-11頁。

⑯ 前掲 2 ）68頁。

第8章　歴史探究学習における学習レリバンスの検討
―問いの構築学習・「世界史探究」の場合―

1．はじめに

　本章の目的は、歴史探究学習において深い学びへと動機づける学習レリバンスを構築するために、ラーニング・プログレッションズ（LPs）研究[1]の駆動問題（driving question）とその駆動（driving）性に着目する。そうすることで、深く学ぶ姿勢を保証する探究学習として問いの構築学習・「世界史探究」を組織するための授業構成論を明らかにする。そして、高等学校における実践を踏まえ、歴史探究学習における学習者の駆動性の論理を事例的に明らかにする。

　学校教育では、コンピテンシー・ベースの学力を育成するために、深い学びに向かう学習者の姿勢のあり方が注目されている。歴史教育でも、知識教授から知識・資質を構築する探究学習への転換が求められている。例えば、高等学校の新しい歴史カリキュラムでは「歴史総合」を踏まえた探究科目として「日本史探究」「世界史探究」を置いている。

　しかし、これまでの歴史教育は、探究学習において深く学ぶ姿勢の論理について十分に論じてこなかった。例えば、科学的社会認識形成としての探究学習においては、知識論などの科学性の論理に重点を置きすぎていた。そのため、学習者が深く学ぶ姿勢は、教師の意図や授業構成に埋没していた。一方で、市民的資質育成としての探究学習は、意思決定などの行為性の論理に重点を置いたが、主観的な行為形成に留まることが多い。学習者の学ぶ姿勢を尊重しているが、深く学ぶ姿勢についての検討は不十分であった[2]。

　そこで、科学教育において科学的な探究姿勢を形成しようとするラーニン

グ・プログレッションズ（LPs）研究を参考にする。LPs 研究は、教師による科学的概念の教授と学習者による科学的概念の主体的な学習を一体化し、子どもたちの概念変化や思考の深まりを保証しようとするものである。この研究では駆動問題が重視されている。授業は駆動問題から始まり、カリキュラム、単元、小単元ごとに連関し、目標（学習パフォーマンス）を達成するように構成する。各段階の駆動問題は、学習者の「駆動」を強調し、科学的な探究姿勢を形成する。そして、子どもが取り組む学習活動を明示・文脈化し、学習へと動機づける。その特徴は、教師による現実的学問的な教材の取り扱い方と生徒の科学的長期的な学び方を作り出すことにあり、この二つの相関関係によって、子どもたちを学びへ駆動させることを意図している。

　このLPs 研究の駆動問題とその駆動性を、歴史学習に当てはめると、駆動問題は、教師による歴史の取り扱い方を示す歴史教材の構成と、生徒の学び方を示す歴史学習の方法を作り出すことで、子どもたちを歴史の学びへと駆動させると考えることができる。

　そこで、本章では、2節でLPs 研究の駆動問題の特徴を明らかにして、その論理を活用した問いの構築学習・「世界史探究」単元「あなたは、第一次世界大戦に対してどのように行動するだろうか」を示す。そして、本単元における駆動問題と、駆動問題によって作り出される歴史教材及び学習方法の構成について授業構成論の視点から説明する。3節で、高等学校の実践から、本単元における生徒の駆動の実際とその駆動性の特徴について明らかにする。そして、4節で、歴史探究学習において深い学びへと動機づける学習レリバンスの論理として、「駆動」について検討する。

２．駆動問題と問いの構築学習

⑴LPs 研究における駆動問題

　LPs 研究は、学習者の自発的概念変化に関する認知発達研究と教授にもとづく概念変化に関する教育研究を結びつけ、科学的な概念の変化や思考の深

まりを促進させようとするものであり、2000年代にはじまったアメリカの理科教育カリキュラム改革に大きな影響を与えている。日本の理科教育においては、学問の中心となる概念や理論の理解が深まる過程が十分に考慮されてこなかったという反省から、LPs研究の考え方に注目が集まっている。そのため、LPs研究を踏まえ開発された具体的なカリキュラムを分析し、目標とした概念を一貫して長期的に獲得する構成や概念を繰り返し活用する論理が示された。さらに、単元段階の構成も論じられ、駆動問題と段階的複線的な概念変化・思考発達の論理も解明されている。例えば、LPs研究の一つであるクレイチェックの科学教育論の特徴として、①駆動問題から始めること、②鍵となる科学のスタンダードの習得を示す学習ゴールに焦点を合わせること、③熟達者の問題解決の過程である科学的な実践（scientific practice）に参加し、学問の重要な観念を学習・応用することによって駆動問題を探索すること、④協働的な活動に参加すること、⑤学習テクノロジーによって足場かけ（scaffold）されること、⑥駆動問題を扱った具体的な生産物（tangible products）を創造すること、の6つが紹介されている。これらの6つのうち、駆動問題は①③⑥の3つの特徴に関係し、重視されていることが分かる。そこで、LPs研究における駆動問題の特徴や構成を検討し、歴史探究学習に活用する。

　駆動問題は目標（学習パフォーマンス）を達成するように構成し、学習者の「駆動」を強調して科学的な探究姿勢を形成する。駆動問題が達成する目標（学習パフォーマンス）は、理解させたい知識ではなく、生徒が課題に対して知識の活用の仕方を特定するものになっている。例えば、目標（学習パフォーマンス）の一つに、「生徒は化学反応の有無について主張し、特性の点で証拠を述べ、化学反応は古い物質が、古い物質と比べて異なった特性をもった新しい物質を形成するために相互作用する過程であるという理由づけを述べながら、科学的な説明を構成する」というものがある。この目標は、内容（内容スタンダード）「物質が新しい物質を形成するために反応する時、それら

の構成元素は新しい方法で結合する。この再結合において、生成物の特徴は反応物と異なっているかもしれない」と方法（科学的な実践）「証拠を用いて説明を創出する。証拠と説明の間の関係を形成するために批判的に、そして論理的に思考する」を組み合わせて設定される。そして、単元全体の目標（学習パフォーマンス）とその目標に到達するための授業ごとの下位目標（下位の学習パフォーマンス）を、学習者の発達段階に合わせて素朴な段階から洗練された段階へと伸ばすように設定する。

　そのため、駆動問題は各段階の目標（学習パフォーマンス）に対応させ、表裏一体の形で設定する。さらに、駆動問題と結びつく授業の発問を組織する。単元全体の駆動問題、小単元ごとの駆動問題、授業ごとの駆動問題、駆動問題を支える授業の発問のように、個々の授業の駆動問題・発問は、段階ごとの入れ子構造になる。

　また、駆動問題は、①実行可能性：調査が実行可能な問題である、②意味：学習者にとって興味深く、学習者の生活や現実や文化と交差する、③価値：実際の科学者がすることと関連があり、カリキュラムスタンダードを満たす、④持続可能性（Sustainability）：長期的に問いに対する答えを追究することができる、⑤文脈：現実世界の議論に結びつき、結果を有するものである、⑥倫理：問題に使われる科学的な実践は生物や環境に害を与えないものである、という特徴をもつ。この特徴は、駆動問題が教師による現実的学問的な教材の取り扱い方と生徒の科学的長期的な学び方を作り出すことを示しており、この二つの相関関係によって、子どもたちを目標（学習パフォーマンス）へと駆動させることを意図している。教師による現実的学問的な教材の取り扱い方は内容（内容スタンダード）を、生徒の科学的長期的な学び方は方法（科学的な実践）を踏まえたものになる。

　LPs研究における駆動問題の検討を踏まえると、歴史探究学習においては、次の点を参考にすることができる。

　①目標は、学習パフォーマンスとして組織し、歴史的知識の獲得ではな

く、歴史的知識の活用の仕方を視野に入れる。それは、内容と方法を組み合わせて設定する。

②駆動問題は、単元全体の駆動問題、各小単元の駆動問題、授業ごとの駆動問題のように、段階的に組織し、目標（学習パフォーマンス）を達成するものになる。

③駆動問題は、目標（学習パフォーマンス）へと生徒を駆動させるために、教師による歴史の取り扱い方を示す歴史教材の構成と生徒の学び方を示す歴史学習の方法を作り出すものとなる。

⑵問いの構築学習・「世界史探究」単元「あなたは、第一次世界大戦に対してどのように行動するだろうか」（2時間）の実際

本単元を開発するにあたり、単元の目標は、社会の問い直し（クレイム申し立て）という社会性の論理に基づいて、「国家・社会と個人とのジレンマ問題を議論し、生徒が問いを作る」に設定した。「国家・社会と個人とのジレンマ問題を踏まえて生徒が問いを作る」が、LPs研究にける内容（内容スタンダード）である。「議論（トゥールミン図式）」が、方法（科学的な実践）にあたる。そして、単元の目標を達成するための下位目標として「第一次世界大戦の兵役をめぐる国家・社会と個人とのジレンマ問題を議論し、生徒が自分の判断を説明する」を設定した。その結果、トゥールミン図式に基づく第一次世界大戦の兵役者の歴史的・社会的価値観を踏まえて議論し、問いを構築する歴史探究学習として**表1**のように組織した[3]。

1限目の導入では、第1次駆動問題「◎“映像の20世紀⑵大量殺戮の完成”を視聴し、第一次世界大戦について、興味を持ったこと、不思議に思ったこと、さらに、調べてみたいことを各自問いにしてみよう」を組織し、第一次世界大戦の映像を視聴させ、興味を持ったことや不思議に思ったことについて問いを作らせる。展開1では、第2次駆動問題「◎第一次世界大戦に直面した人々の行動やその背景・理由についてグループで調べ、興味を持ったこ

表1　「世界史探究」単元「あなたは第一次世界大戦に対してどのように行動するだろうか」

	教師の発問・活動	教授・学習活動	生徒の学習内容
導入15分	◎"映像の20世紀(2)大量殺戮の完成"を視聴し、第一次世界大戦について、興味を持ったこと、不思議に思ったこと、さらに、調べてみたいことを各自問いにしてみよう。 【第1次駆動問題】	○「映像の20世紀」を10分間視聴させる。問いを作るために5分程度とる。	○（生徒A）【問い】どうしてこの時代の人たちは、兵士ということに誇りを持ち、国のために戦ったのか。【理由】現在は、国のために自分の命を捧げてまで戦おうとする人は少ないと思うけど、この時代の兵士たちは、兵士になることを誇りに思っていたから。
展開1　35分	◎第一次世界大戦に直面した人々の行動やその背景・理由についてグループで調べ、興味を持ったこと、不思議に思ったこと、さらに調べたいことを問いにしてみよう。 【第2次駆動問題】 ・資料①〜⑤から分かるイギリス人の行動を班でまとめてみよう。また、資料①〜⑤に示されたイギリス人の行動の理由・根拠を班で考えてみよう。 ＊各資料から以下のようなイギリス人の行動について考察させる。	・4人班で考察する。30分程度の時間をとる。	資料①ドイツとの戦争を求めるデモ、資料②入隊しない男性への少女の軽蔑、資料③女性兵士の誕生、資料④生命尊重による戦争拒否、資料⑤平和追究による兵役拒否。

　資料①からは、人々がドイツとの戦争を求めてデモをしていること、資料②からは、少女が入隊しない男性を軽蔑していること、資料③からは、女性が兵士になっていること、資料④からは、生命を奪わないために戦争に参加・協力しないことを主張していること、資料⑤からは、平和を求めていること、を読み取らせる。

＊イギリス人の行動の理由・根拠について、生徒の考察が不十分な場合、以下の内容について補足する。

　資料①では、ドイツへの勝利だけでなく、戦争への憧れなど戦争熱が高まっていることなどに着目させる。特に、イギリスでは南アフリカ戦争などで戦争報道が活発化し、戦争に関して聞いたり話したりすることに抵抗感がなくなっていた。
　資料②では、男性であるならば勇気を示し戦うべきであるという風潮が広がっていることに気づかせる。さらに、男性たちに対して「行け」と戦争を鼓舞する女性が描かれたポスターを紹介することもできる。

　資料③からは、戦うことが女性も含む国民全員の義務と考えていることに着目させる。陸軍女性補助部隊は陸軍所属であり、女性が英陸軍に初めて入隊することになった。最盛期には 5 万 3 千の女性が入隊した。後方輸送など戦争協力が中心であったが、フランスの前線に展開することもあった。ポスターの「Women's Army Auxiliary Corp（WAAC）」は「陸軍女性補助部隊」であり、隊員を募集している。「EVERY FIT …」は、「全てのふさわしい女性は 1 人のふさわしい男性を解放することができる」と訳され、陸軍の後方支援的な業務を女性が行うことで、より多くの男性が前線で戦うことができるようになることを意味していた。女性は英国旗の下に立って笑顔をふりまくことで、愛国心を強調している。

　資料④は、良心の自由に基づいて、兵役を拒否している。兵役免除審査局における兵役法の良心条項に基づく兵役免除申請者の審査の様子である。兵役拒否申請者は 1 万 6500 人（0.3％）であった。イギリスでは、兵役拒否の許容が、宗教的拒否者（クエーカー教徒など）から政治的拒否者（良心の自由）へ拡大していた。兵役拒否は(1)入隊後、非戦闘的な軍事業務に従事、(2)入隊はせず非軍事的代替業務に従事（国営・民営）、(3)あらゆる業務の拒否、があった。(3)の絶対的兵役拒否者は 350 人（ほぼクエーカー教徒）許可されたが、他の申請した 1298 人は代替業務を拒否し投獄された。

　資料⑤では、戦争を行う国家のいいなりではなく、平和の回復を市民の責務と考えていることに着目させる。

・イギリスの人々の行動の特色をまとめてみよう。		・(1)大戦に対して積極的肯定的な行動と消極的否定的な行動があった。(2)積極的肯定的な行動の背景には、各自の戦争熱だけでなく、国家・国民同士が義務として戦争へ向かうことを要請した。(3)消極的否定的な行動の背景には宗教的信条や良心（人道的）、平和の希求などがある。
○人々の行動やその背景について、興味を持ったこと、不思議に思ったことを問いにしてみよう。また、そのような問いにした理由を説明しよう。	○ 5 分程度時間をとり、問いを作らせる。	○（生徒A）【問い】どうして戦争や戦士になることを良いことだと考える人が多かったのか。【理由】何も知らない人々が内閣に戦争するように求めたり、入隊しない人を軽蔑していたから。
展開2 40分	◎第一次世界大戦に対するあなたの判断を、議論の構造（トゥールミン図式）を踏まえて、他の生徒に説明しよう。 【第 3 次下位駆動問題】		

・イギリスの人々の行動とその理由を踏まえて、自分の行動をA～Eから選択しよう。また、そのように選択した理由を説明しよう。

・資料①～③の人々のように、戦争に積極的に参加・協力しようとする人々の理由や価値観を議論の構造に基づいて考察しよう。トゥールミン図式の【理由・根拠】【裏づけ】を班で考えて、図を完成しよう。

・A～Eの行動は、当時のイギリス人の実際の行動であることを印象づける。
・25分程度4人班で考察させる。

A兵隊として前線で戦う、B兵隊にはなるが、弾薬の運搬など後方支援のみに従事する、C兵隊にはならず、兵器工場などで働く、D軍事関係ではない仕事に従事する、E戦争に参加・協力することを拒否する、から選択し、理由を記述する。

【事実】
第一次世界大戦の勃発　→

【主張：大戦に参加・協力するべき】
・戦争熱、女性による戦争鼓舞、陸軍所属（陸軍補助部隊）の女性の出現

【理由・根拠】
ドイツと戦うため。国民として、勇気を示し愛国心を示すことが大切。戦争においては「応分の負担」を国民全員が背負うべき

【裏づけ：なぜ、その理由・背景・根拠が重要だと判断したのか】
国家の維持・発展のためには、個人が果たす義務がある。

・資料④⑤の人々のように、戦争に参加・協力するべきでないとする人々の理由や価値観を議論の構造に基づいて考察しよう。トゥールミン図式の【理由・根拠】【裏づけ】を班で考えて、図を完成しよう。

・10分程度、4人班で対話させる。

【事実】
第一次世界大戦の勃発　→

【主張：大戦に参加・協力するべきではない】
・良心的兵役拒否（宗教的・政治的）

【理由・背景・根拠】
宗教的信条は権利として保障されている。良心の自由などの自由の尊重はイギリスの伝統・国制である。平和の大義を唱え続けることこそがシティズンシップの責務である。

【裏づけ：なぜ、その理由・背景・根拠が重要だと判断したのか】
国家の維持・発展よりも、個人の信条を重視するべき場合がある。

	＊トゥールミン図式を完成させる際に、以下のことに注意する。	

> トゥールミン図式の【理由・根拠】については、前時の学習内容を踏まえて考察させる。その後、「なぜ、その理由・根拠が重要だと判断したのか」と投げかけて、【裏づけ】について探究させる。「イギリスが勝利するため」のような事実的な思考ではなく、「国家や社会の維持・発展のためには、個人が果たす義務がある」のような高次のメタ的な思考（価値観）になるようにアドバイスする。メタ的に思考させることが難しい場合、教師が回答を提示する。

○改めて、第一次世界大戦に対するあなたの判断を、議論の構造（トゥールミン図式）を踏まえて、他の生徒に説明しよう。	・改めて判断して、10分程度時間をとり、図式を完成させる。その後、4人班で対話させる。	○略

| 終結
10分 | ◎国家・社会と個人とのジレンマ問題をグループで出し合い、どのように行動するか話し合おう。そして、この授業で、興味を持ったことや不思議に思ったことを各自問いにしてみよう。
【第3次上位駆動問題】
・国家・社会と個人とのジレンマ問題をグループで出し合おう。

・グループで探究したい事例を選び、【理由】と【裏づけ】を踏まえて、その対応を【主張】しよう。
・この授業で、興味を持ったことや不思議に思ったことを各自問いにしてみよう。また、その問いにした理由を説明しよう。 | ・自由に発言させる。 | ・コロナ・ワクチン接種・コロナ禍での外国人観光客の受け入れ。
・（この活動は難しく、多くの生徒は記述していない）

・（生徒A）【問い】なぜ国家や社会が考える理想と、個人の考える理想がこんなにも違うのか。【理由】国家や社会の考えや方針に対して不満なことがたくさんあるから。 |

【資料】
①「イギリス首相ロイド＝ジョージの回想録」（小野塚知二編『第一次世界大戦開戦原因の再検討──国際分業と民衆心理』岩波書店、2014、182頁）、②「臆病・恥辱のしるしである白い羽を配る女性」（林田敏子『戦う女、戦えない女』人文書院、2013、33頁）、③「詩「陸軍女性補助部隊の隊員たち」（林田敏子『戦う女、戦えない女』人文書院、2013、134-135頁）、④「兵役免除審査局における兵役法の良心条項に基づく兵役免除申請者」（小関隆『徴兵制と良心的兵役拒否』人文書院、2010、56-57頁）、⑤「徴兵制反対同盟（NCF）の最高指導者アレンの言葉」（小関隆『徴兵制と良心的兵役拒否』人文書院、2010、102-103頁）

と、不思議に思ったこと、さらに調べたいことを問いにしてみよう」を組織し、大戦に直面した人々の行動について探究させる。特に、イギリスの人々に着目して、戦争に対して肯定的な行動を示す資料①〜③と、戦争に対して否定的な行動を示す資料④⑤を分析させ、人々の行動やその理由・背景を班で解釈させる。そして改めて興味をもったことから問いを作らせる。

　2限目の展開2では、第3次下位駆動問題「◎第一次世界大戦に対するあなたの判断を、議論の構造（トゥールミン図式）を踏まえて、他の生徒に説明しよう」を組織する。この駆動問題は問いを作らせるものではなく、終結の第3次上位駆動問題を支えるための下位の駆動問題に位置づく。授業では最初にイギリス人の行動を踏まえて、大戦に対する生徒自身の行動を選択肢から判断させる。次に、イギリス人の行動の理由・背景にある価値観について、トゥールミン図式を用いて班で分析させる。そして、明確になった国家・社会と個人との社会的なジレンマを意識して、改めて、大戦に対する自分の行動について、トゥールミン図式を作成させる。その後、各自の判断をグループで説明させる。終結では、第3次上位駆動問題「◎国家・社会と個人とのジレンマ問題をグループで出し合い、どのように行動するか話し合おう。そして、この授業で、興味を持ったことや不思議に思ったことを各自問いにしてみよう」を組織する。この駆動問題は単元全体の駆動問題に位置づく。授業では、現代社会における国家・社会と個人との社会的なジレンマの問題について、グループで事例を出し合わせる。そして、トゥールミン図式を参考にしながら、問題への対応について対話させる。その後、各自で興味を持った問題とその対応をまとめさせる。最後にこれまでの学習を受けて、最終的な問いを確定させる。

　本単元の特徴は、次のようにまとめることができる。

　第一に、本単元の下位目標「第一次世界大戦の兵役をめぐる国家・社会と個人とのジレンマ問題を議論し、生徒が自分の判断を説明する」を踏まえて、本単元の目標「国家・社会と個人とのジレンマ問題を議論し、生徒が問いを

作る」を達成するようにしている。

　第二に、第 1 次駆動問題、第 2 次駆動問題、第 3 次下位駆動問題、第 3 次上位駆動問題という 4 つの駆動問題を組織し、段階的に探究する構成になっている。

　第三に、第一次世界大戦の兵役をめぐる人々の行動とその背景にある社会的ジレンマ問題を歴史教材とし、トゥールミン図式に基づく歴史的・社会的価値観を踏まえて議論するという学習方法を構成している。

⑶ 本単元の授業構成原理

　表 2 は、本単元の駆動問題の構造を示している。駆動問題は、第 1 次駆動問題、第 2 次駆動問題、第 3 次駆動問題で構成され、第 3 次駆動問題は下位・上位のものに区別している。第 1 次駆動問題では、第一次世界大戦に対する興味・関心に基づいて問いを作る。第 2 次駆動問題では、第一次世界大戦の兵役をめぐる問いを作る。そして、第 3 次の下位駆動問題で第一次世界大戦の兵役をめぐる国家・社会と個人とのジレンマ問題をトゥールミン図式で議論できるようにする。そして、第 3 次の上位駆動問題で、単元目標「国家・社会と個人とのジレンマ問題を議論し、生徒が問いを作る」について取り組むようにしている。

　このように組織する駆動問題は、第一次世界大戦の兵役をめぐる人々の行動とその背景にある社会的ジレンマ問題を歴史教材とし、トゥールミン図式に基づく歴史的・社会的価値観を踏まえて議論するという学習方法を作り出している。この構成を歴史授業構成論に基づいて検討すると、駆動問題は、歴史授業における教育内容・学習活動・教材の選択と配列を作り出していることになる。例えば、第 1 次駆動問題「◎ "映像の20世紀⑵大量殺戮の完成" を視聴し、第一次世界大戦について、興味を持ったこと、不思議に思ったこと、さらに、調べてみたいことを各自問いにしてみよう」は、教育内容として「第一次世界大戦に対する自分の興味・関心を踏まえて問いにする」を、

表2　本単元の駆動問題の構造

		駆動問題の構成	教育内容	学習活動	教材	学習内容
導入	第1次駆動問題	「◎"映像の20世紀(2)大量殺戮の完成"を視聴し、第一次世界大戦について、興味を持ったこと、不思議に思ったこと、さらに調べてみたいことを各自問いにしてみよう」	第一次世界大戦に対する自分の興味関心を踏まえて問いにする。	各自で第一次世界大戦の諸事象について内省的に対話する。	「映像の20世紀(2)大量殺戮の完成(サラエボ事件、動員と戦争熱、クリスマスまでには帰れる)」	【第1段階の生徒の問い】歴史的事実に対して主観的判断を踏まえた問い
			問いの思考	問いの主体	問いの対象	
展開1	第2次駆動問題	◎第一次世界大戦に直面した人々の行動やその背景・理由についてグループで調べ、興味を持ったこと、不思議に思ったこと、さらに調べたいと思ったことを問いにしてみよう。	第一次世界大戦に直面した人々の行動やその背景・理由を踏まえて問いにする。	グループで第一次世界大戦に直面した人々の行動やその背景・理由について対話する。	【肯定的な理由】資料①〜③から戦争熱や愛国心の発露、平等な負担という解釈【否定的な理由】資料④⑤から宗教的信条や自由平和の尊重という解釈	【第2段階の生徒の問い】歴史解釈についての判断を踏まえる問い
			問いの思考	問いの主体	問いの対象	
展開2	第3次駆動問題	【下位問題】◎第一次世界大戦に対するあなたの判断を、議論の構造(トゥールミン図式)を踏まえて、他の生徒に説明しよう。	国家・社会と個人とのジレンマを踏まえて、第一次世界大戦に対する自分の判断を説明する。	グループでトゥールミン図式に基づいて第一次世界大戦への行動について他の生徒に説明する。	【肯定的な価値観】国家の維持・発展のためには、個人が果たす義務がある。【否定的な価値観】国家の維持・発展よりも、個人の信条を重視するべき場合がある。	【論理上の第3段階の生徒の問い】過去の社会的ジレンマ問題についての判断を踏まえる問い
			(問いの思考)	(問いの主体)	(問いの対象)	
終結		【上位問題】◎国家・社会と個人とのジレンマ問題をグループで出し合い、どのように行動するか話し合おう。そして、この授業で、興味を持ったことや不思議に思ったことを各自問いにしてみよう。	現在の国家・社会と個人とのジレンマ問題に対する自分の判断を踏まえて問いにする。	グループで事例を出し合い、トゥールミン図式に基づいて行動を話し合う。	国家・社会と個人とのジレンマ問題(コロナ・ワクチン接種・コロナ禍での外国人観光客の受け入れなど)	【第4段階の生徒の問い】現在の社会的ジレンマ問題についての判断を踏まえる問い
			問いの思考	問いの主体	問いの対象	

学習活動として「各自で第一次世界大戦の諸事象について内省的に対話する」を、教材として「映像の20世紀⑵大量殺戮の完成（サラエボ事件、動員と戦争熱、クリスマスまでには帰れる）」を選択する。

　そして、第 1 次駆動問題で選択する教育内容「第一次世界大戦に対する自分の興味・関心を踏まえて問いにする」は、第 2 次駆動問題で教育内容「◎第一次世界大戦に直面した人々の行動やその背景・理由を踏まえて問いにする」に、第 3 次下位駆動問題で教育内容「◎国家・社会と個人とのジレンマを踏まえて、第一次世界大戦に対する自分の判断を説明する」に第 3 次上位駆動問題で教育内容「◎現在の国家・社会と個人とのジレンマ問題に対する自分の判断を踏まえて問いにする」になるように配列する。つまり、駆動問題は、教育内容として、生徒が問いをつくることを選択し、歴史的事実を踏まえて主観的に問いを作るものを、歴史解釈を踏まえて問いを作るものへ、さらに過去と現在の社会的ジレンマ問題を踏まえて問いを作るものへと、過去から現在を対象に問いを構築する段階的な配列を作り出す。同様に、駆動問題は学習活動として対話活動を選択し、第一次世界大戦の諸事象について内省的な対話を、大戦期のイギリスの人々の行動についてのグループ対話へ、さらに、トゥールミン図式に基づく対話へと、個人から集団で対話する段階的な配列を作り出す。また、教材としては、第一次世界大戦の資料を選択し、第一次世界大戦の映像から、イギリスの人々の行動についての史資料へ、さらに、過去・現在の社会的ジレンマ問題へと、歴史事実・解釈から社会問題を扱う段階的な配列を作り出す。

　このような駆動問題と駆動問題によって構成される教育内容・学習活動・教材によって、生徒は学習内容として「問い」を構築する。その際、問いは、「問いの思考」、「問いの主体」「問いの対象」という三つの要素で構成する。「問いの思考」は、何を問いにして考えるのかという価値判断を表し、疑問詞とそれに対応する動詞で構成する。「問いの主体」は、「問い」をどの視点から切り出すのかという思考の視点や主体を決めるものであり、多くの場合、

主語となる。「問いの対象」は、問いとして示される価値判断の対象であり、多くの場合、動詞の対象になる。これらの構成要素は教育内容・学習活動・教材に影響を受ける。すなわち、生徒の「問いの思考」は教育内容に影響を受け、歴史的事実を踏まえる主観的判断から、歴史解釈を踏まえる判断へ、さらに過去や現在の国家・社会と個人とのジレンマ問題を踏まえる判断へと駆動する。「問いの主体」は学習活動に影響を受け、問いを切り出す主体を、第一次世界大戦の事項から、大戦期のイギリスの人々へ、さらに、生徒自身へと駆動する。「問いの対象」は教材に影響を受け、問いで思考する対象を第一次世界大戦の映像の事項から、イギリスの人々の行動に関する歴史解釈へ、さらに過去・現在の社会的ジレンマ問題へと駆動する。この結果、第1次駆動問題は、学習内容である第1段階の生徒の問いとして、歴史的事実に対して主観的判断を踏まえる問いを構築する。同様に、第2次駆動問題は、第2段階の生徒の問いとして、歴史解釈についての判断を踏まえる問いを構築する。第3次駆動問題は、実際には問いを作らせていないが、過去の社会的ジレンマ問題について議論させることで、過去の社会的ジレンマ問題についての判断を踏まえる問いを論理的には構築できるようにする。第4次駆動問題は、第4段階の生徒の問いとして、現在の社会的ジレンマ問題についての判断を踏まえる問いを構築する。

　まとめると、本単元の授業構成は、4つの駆動問題が教育内容・学習活動・教材の構成を作り出す。そして、教育内容・学習活動・教材の選択とその段階的配列が、生徒の「問いの思考」「問いの主体」「問いの対象」とその駆動のあり方を決定し、学習内容としての生徒の問いを構築する。このことを授業構成原理としてモデル化したのが図1と図2である。図1は、本単元の駆動問題の構造を表し、4つの駆動問題を組織することで、教育内容・学習活動・教材は第1次から第3次上位の4水準で構成され、生徒は各水準を踏まえて学習内容をつくる。つまり、駆動問題が教育内容・学習活動・教材の構成とその水準を作り出し、生徒の学習内容とその達成水準が決定する。

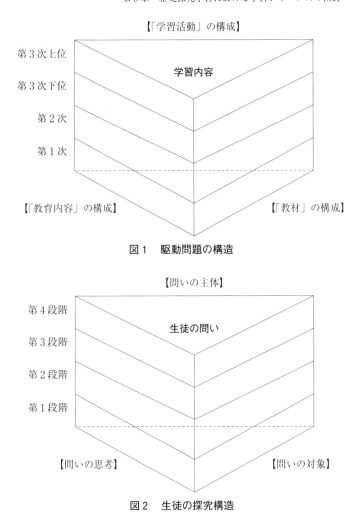

図 1　　駆動問題の構造

図 2　　生徒の探究構造

　図 2 は、本単元の生徒の探究構造を表し、4 つの駆動問題が作り出す教育内容・学習活動・教材が、生徒の「問いの思考」「問いの主体」「問いの対象」の構成と、第 1 段階から第 4 段階の水準への駆動のあり方を決定し、達成した段階で生徒が問いを構築する。つまり、駆動問題で作り出された教育内

容・学習活動・教材が、生徒の問いとその駆動のあり方を決定し、生徒は個別的複線的に問いを構築する。

３．高等学校の実践と生徒の駆動の実際

(1)静岡県立小山高等学校の実践

　本授業は2022年6月に静岡県立小山高等学校の美那川雄一先生に、「世界史A」（2年生）の投げ入れ単元として、**表1**の計画に従って実践して頂いた。

　導入では、第一次世界大戦を突然学習することになり、また、大戦の原因・経緯・結果のような教科書的内容ではなかったため、生徒は戸惑っていた。しかし、授業者がロシアによるウクライナ軍事侵攻に言及し、戦う兵士の思いに着目させることで、学ぶ意義を認識させた。展開2のトゥールミン図式を用いた分析は、難しくなりがちである。そこで、授業者は「チームプレイにおける自己犠牲」のように、身近な事例を踏まえつつ分析を促した。終結では、各班の取り組みに応じて、国家・社会と個人とのジレンマ関係に言及するなど、考える視点を提示した。

　この結果、生徒の多くは、トゥールミン図式を完成し、映像に基づく事実的な判断だけでなく、大戦に対する姿勢について歴史的社会的価値観を踏まえて、問いを作ることができた。また、国家・社会と個人とのジレンマ問題については、コロナ・ワクチンの接種、外国人観光客の訪日、自衛隊のあり方などが話し合われた。そのあり方について、トゥールミン図式に基づいて社会的に判断することは、生徒にとって難しかったようだ。しかし、第一次世界大戦や戦争をめぐる人々の行動が、過去や現代の社会的ジレンマ問題の一つであることの認識を深め、改めて問いを構築できた生徒もいた。

(2)生徒の問いの実際

①生徒Aの駆動の実際とその検証（第4段階）

　表3から**表6**は生徒の駆動の実際を示した分析評価シートである。生徒の

表 3　生徒 A の駆動の実際とその検証（第 4 段階）

駆動問題	生徒 A の回答	問いの思考	問いの主体	問いの対象	駆動性
		教育内容	学習活動	教材	
【第 3 次位問題】国家・社会と個人とのジレンマ問題をグループで出し合い、どのように行動するか話し合おう。そして、この授業で、興味を持ったことや不思議に思ったことを各自問いにしてみよう。	【問い】なぜ国家や社会が考える理想と、個人の考える理想がこんなにも違うのか。【理由】国家や社会の考えや方針に対して不満なことがたくさんあるから。【第 4 段階】	なぜ…と…がこんなにも違うのか。	国家・社会、個人、	国家や社会が考える理想と、個人の考える理想	現在の社会的ジレンマ問題についての判断を踏まえる問いへ駆動
		【教育内容】国家・社会と個人とのジレンマ問題に対する自分の判断を踏まえて問いにする。	【学習活動】グループで事例を出し合い、トゥールミン図式に基づいて行動を話し合う。	【教材】国家・社会と個人とのジレンマ問題（コロナ・ワクチン接種・コロナ禍での外国人観光客の受け入れなど）	
【第 3 次下位問題】第一次世界大戦に対するあなたの判断を、議論の構造（トゥールミン図式）を踏まえて、他の生徒に説明しよう。		【教育内容】国家・社会と個人とのジレンマを踏まえて、第一次世界大戦に対する自分の判断を説明する。	【学習活動】グループでトゥールミン図式に基づいて第一次世界大戦への行動について他の生徒に説明する。	【教材】〈肯定的な価値観〉・国家の維持・発展のためには、個人が果たす義務がある。〈否定的な価値観〉・国家の維持・発展よりも、個人の信条を重視するべき場合がある。	
【第 2 次】第一次世界大戦に直面した人々の行動やその背景・理由についてグループで調べ、興味を持ったこと、不思議に思ったこと、さらに調べたいことを問いにしてみよう。	【問い】どうして戦争や兵士になることを良いことだと考える人が、多かったのか。【理由】何も知らない人々が内閣に戦争するように求めたり、入隊しない人を軽蔑していたから。【第 2 段階】	どうして…多かったのか。	（この時代の人々）	戦争や兵士になることを良いことだと、	歴史解釈についての判断を踏まえる問いへ駆動
		【教育内容】第一次世界大戦に直面した人々の行動やその背景・理由を踏まえて問いにする。	【学習活動】グループで第一次世界大戦に直面した人々の行動やその背景・理由について対話する。	【教材】〈肯定的な理由〉資料①～③から戦争熱や愛国心の発露、平等な負担という解釈。〈否定的な理由〉資料④⑤から宗教的信条や自由平和の尊重という解釈。	

【第1次】「映像の20世紀(2)大量殺戮の完成」を視聴し、第一次世界大戦について考えよう。また、興味を持ったこと、不思議に思ったこと、さらに、調べてみたいことを各自問いにしてみよう。	【問い】どうしてこの時代の人たちは、兵士ということに誇りを持ち、国のために戦ったのか。【理由】現在は、国のために自分の命を捧げてまで戦おうとする人は少ないと思うけど、この時代の兵士たちは、兵士になることを誇りに思っていたから。【第1段階】	どうして…戦ったのか *【教育内容】第一次世界大戦に対する自分の興味・関心を踏まえて問いにする。*	この時代の人たち *【学習活動】各自で第一次世界大戦の諸事象について内省的に対話する。*	兵士ということに誇りを持ち、国のために *【教材】「映像の20世紀 (2)大量殺戮の完成 (サラエボ事件、動員と戦争熱、クリスマスまでには帰れる)」*	歴史的事実に対して主観的判断を踏まえる問い

　問いに影響を与える駆動問題や教育内容、学習活動、教材といった部分は共通なのでイタリック体で示した。**ゴチック体**で示した部分が、それぞれの生徒による問いとその評価付け、問いの構成要素、駆動性を示している。

　表3は、第4段階の問いを構築した生徒Aの探究過程の実際を示している。生徒Aは、第1次駆動問題によって、「【問い】どうしてこの時代の人たちは、兵士ということに誇りを持ち、国のために戦ったのか。【理由】現在は、国のために自分の命を捧げてまで戦おうとする人は少ないと思うけど、この時代の兵士たちは、兵士になることを誇りに思っていたから」のように記述した。生徒Aの問いは、教育内容「第一次世界大戦に対する自分の興味・関心を踏まえて問いにする」を踏まえて、問いの思考として「どうして…戦ったのか」を選択した。次に、学習活動「各自で内省的に対話する」を行い、第一次世界大戦に対する自分の興味・関心の視点を明確にする。そして、問いの主体「この時代の人たち」を設定した。また、教材「映像の20世紀(2)大量殺戮の完成(サラエボ事件、動員と戦争熱、クリスマスまでには帰れる)」を参考にして、問いの対象を「兵士ということに誇りを持ち、国のために」とした。この結果、生徒Aは、第1次駆動問題によって、第一次世界大戦の勃発とい

う歴史的事実について主観的に価値判断して問いを作成したと考えることができる。

　次に、生徒Aは、第2次駆動問題によって、「【問い】どうして戦争や兵士になることを良いことだと考える人が多かったのか。【理由】何も知らない人々が内閣に戦争するように求めたり、入隊しない人を軽蔑していたから。」のように記述した。生徒Aの問いは、教育内容「第一次世界大戦に直面した人々の行動やその背景・理由を踏まえて問いにする」によって、問いの思考は、「どうして…多かったのか」となり、人々の行動を踏まえた思考に駆動した。また、学習活動「グループで第一次世界大戦に直面した人々の行動やその背景・理由について対話する」を行ったが、問いの主体は明記されなかった。しかし、【理由】も参考にすると、「（この時代の人々）」になると考えた。そして、教材「【肯定的な理由】資料①〜③から戦争熱や愛国心の発露、平等な負担という解釈」に注目することで、「戦争や兵士になること」へと駆動した。このことから、生徒Aは、第2次駆動問題によって、戦争に対して肯定的なイギリスの人々の理由や背景に関する歴史解釈を踏まえて価値判断し、問いを作成したと考えることができる。

　そして、生徒Aは、第3次下位駆動問題に対して、トゥールミン図式の国家・社会と個人とのジレンマを踏まえて、第一次世界大戦に対する自分の判断を説明した。そのうえで第3次上位駆動問題によって、「【問い】なぜ国家や社会が考える理想と、個人の考える理想がこんなにも違うのか。【理由】国家や社会の考えや方針に対して不満なことがたくさんあるから」と記述した。生徒Aの問いは、教育内容「国家・社会と個人とのジレンマ問題に対する自分の判断を踏まえて問いにする」に影響を受け、問いの思考は「なぜ…理想と…理想がこんなにも違うのか」のようにジレンマについて思考するものに駆動した。そして、学習活動「グループで事例を出し合い、トゥールミン図式に基づいて行動を話し合う」を行ったが、問いの主体は明記されなかった。そこで、【理由】も参考にすると、「（この時代の人々）」から「（私たち

の国家・社会）」へ駆動していると考えた。また、教材「国家・社会と個人と
のジレンマ問題（コロナ・ワクチン接種・コロナ禍での外国人観光客の受け入れな
ど）」を参考にして、問いの対象を「国家や社会が考える理想と、個人の考
える理想」とし、第一次世界大戦の人々の戦争観・価値観ではなく、現代・
未来の国家・社会・個人の理想へと駆動した。このことから、生徒Aは、第
3次上位駆動問題によって、国家・社会と個人との現在のジレンマ問題に対
する自分の判断を踏まえて、問いを作成したと考えることができる。

　まとめると、生徒Aは、第1次駆動問題によって、第一次世界大戦の勃発
という歴史的事実について主観的に価値判断して問いを作成した。第2次駆
動問題によって、戦争に対して肯定的な当時の人々の理由や背景に関する歴
史解釈を踏まえて価値判断し、問いを作成した。第3次上位駆動問題によっ
て、国家・社会と個人との現在のジレンマ問題に対する自分の判断を踏まえ
て、問いを作成した。この結果、生徒Aは、問いを作る際に、歴史を「過去
の事実」から「過去の解釈」へ、さらに、自分自身の「現在・未来への判
断」に結びつくものへと駆動させたと考えることができる。それは、生徒A
が自分自身の過去・現在・未来として歴史を作り出していることを意味する。
なお集計では、生徒Aのように第4段階へと駆動した者は、6人（24人中）
であった。

②生徒Bの駆動の実際とその検証（第3段階）

　表4は、第3段階の問いに留まった生徒Bの探究過程の実際をしめしてい
る。生徒Bは、第3次上位駆動問題によって、「【問い】大戦の中で国家に貢
献する人と個人を優先する人しかいなかったのか。【理由】人間は皆同じ思
考で生きているわけではないから、色んな考えがあったのではないかと思っ
たから」のように記述した。教育内容は第4段階のものよりも第3段階「国
家・社会と個人とのジレンマを踏まえて、第一次世界大戦に対する自分の判
断を説明する」に影響を受け、「…人と…人しかいなかったのか」という第

表4　生徒Bの駆動の実際とその検証（第3段階）

駆動問題	生徒Bの回答	問いの思考 教育内容	問いの主体 学習活動	問いの対象 教材	駆動性
【第3次上位問題】国家・社会と個人とのジレンマ問題をグループで出し合い、どのように行動するか話し合おう。そして、この授業で、興味を持ったことや不思議に思ったことを各自問いにしてみよう。	【問い】大戦の中で国家に貢献する人と個人を優先する人しかいなかったのか。【理由】人間は皆同じ思考で生きているわけではないから、色んな考えがあったのではないかと思ったから。【第3段階】	…人と…人しかいなかったのか。 【教育内容】国家・社会と個人とのジレンマ問題に対する自分の判断を踏まえて問いにする。	大戦の中で国家に貢献する人と個人を優先する人 【学習活動】グループで事例を出し合い、トゥールミン図式に基づいて行動を話し合う。	大戦の中で国家に貢献する人と個人を優先する人 【教材】国家・社会と個人とのジレンマ問題（コロナ・ワクチン接種・コロナ禍での外国人観光客の受け入れなど）	現在の社会的ジレンマ問題についての判断を踏まえる問いへ駆動
【第3次下位問題】第一次世界大戦に対するあなたの判断を、議論の構造（トゥールミン図式）を踏まえて、他の生徒に説明しよう。		【教育内容】国家・社会と個人とのジレンマを踏まえて、第一次世界大戦に対する自分の判断を説明する。	【学習活動】グループでトゥールミン図式に基づいて第一次世界大戦への行動について他の生徒に説明する。	【教材】〈肯定的な価値観〉・国家の維持・発展のためには、個人が果たす義務がある。〈否定的な価値観〉・国家の維持・発展よりも、個人の信条を重視するべき場合がある。	
【第2次】第一次世界大戦に直面した人々の行動やその背景・理由についてグループで調べ、興味を持ったこと、不思議に思ったこと、さらに調べたいことを問いにしてみよう。	【問い】どうして戦争に対して意欲的でいなければならない世の中になってしまったのか。【理由】戦争をうながしたり、戦争に対して積極的な人が多く、消極的な人に対して軽蔑したりしたから。【第2段階】	どうして…なってしまったのか。 【教育内容】第一次世界大戦に直面した人々の行動やその背景・理由を踏まえて問いにする。	（当時のイギリスは） 【学習活動】グループで第一次世界大戦に直面した人々の行動やその背景・理由について対話する。	戦争に対して意欲的でいなければならない世の中に 【教材】〈肯定的な理由〉資料①〜③から戦争熱や愛国心の発露、平等な負担という解釈。〈否定的な理由〉資料④⑤から宗教的信条や自由平和の尊重とい	歴史解釈についての判断を踏まえる問いへ駆動

【第1次】「映像の20世紀(2)大量殺戮の完成」を視聴し、第一次世界大戦について考えよう。また、興味を持ったこと、不思議に思ったこと、さらに、調べてみたいことを各自問いにしてみよう。	【問い】たくさんの兵士たちのほとんどが積極的に戦争に参加したのはなぜか。【理由】戦争では死の危険がともなうのに、ほとんどの人が笑顔だったり、平然とした表情で戦争に向かって行ったから。【第1段階】	積極的に…に参加したのはなぜか【教育内容】第一次世界大戦に対する自分の興味・関心を踏まえて問いにする。	たくさんの兵士たちのほとんどが【学習活動】各自で第一次世界大戦の諸事象について内省的に対話する。	う解釈。	歴史的事実に対して主観的判断を踏まえる問い
				戦争に	
				【教材】『映像の20世紀 (2)大量殺戮の完成（サラエボ事件、動員と戦争熱、クリスマスまでには帰れる)』	

一次世界大戦の兵役における社会的ジレンマを踏まえた問いの思考を構成している。そして、第3・4段階のトゥールミン図式に基づく対話活動を行い、問いの主体は「大戦の中で国家に貢献する人と個人を優先する人」になった。また、教材は第4段階よりも第3段階の「【肯定的な価値観】国家の維持・発展のためには、個人が果たす義務がある。【否定的な価値観】国家の維持・発展よりも、個人の信条を重視するべき場合がある」を参考にして、問いの対象が「大戦の中で国家に貢献する人と個人を優先する人」になり、問いの主体と同じものになった。このことから、生徒Bは、第3次上位駆動問題によって構成された教育内容・学習活動・教材よりも、第3次下位駆動問題によって構成された教育内容・学習活動・教材に影響を受け、第一次世界大戦における国家・社会と個人との社会的ジレンマ問題に対する自分の判断を踏まえて、問いを作成したと考えることができる。

　まとめると、生徒Bは、生徒Aと同様に、第1次駆動問題によって、第一次世界大戦の勃発という歴史的事実について主観的に価値判断して問いを作成した。そして、第2次駆動問題によって、戦争に対して肯定的な当時の人々の理由や背景に関する歴史解釈を踏まえて価値判断し、問いを作成した。

しかし、第 3 次上位駆動問題に対しては、国家・社会と個人との過去のジレンマ問題に対する自分の判断を踏まえて、問いを作成した。この結果、生徒 B は、問いを作る際に、歴史を「過去の事実」から「過去の解釈」へ、さらに、自分自身の「過去への判断」に結びつくものとして駆動させたと考えることができる。それは生徒 B が、歴史を過去に限定しているが、自分自身にとっての過去を作り出していることを意味する。なお集計では、生徒 B のように第 3 段階まで駆動した者は 3 人（24 人中）であった。

③生徒 C の駆動の実際とその検証（第 2 段階）

　表 5 は、第 2 段階の問いの構築に留まった生徒 C の探究過程の実際を示している。生徒 C は第 1 次・第 2 次駆動問題により第 2 段階までは駆動した。しかし、第 3 次の下位・上位駆動問題によっては駆動できず、「【問い】戦争に賛成しない**表 1** 資料④⑤の考えをして行動している人はどれほどいたのだろうか。【理由】戦争熱もあり賛成して軍に入らざるを得なかった人がいる中でそれでも賛成しないと主張していた人は少ないと思ったから」という第 2 段階の問いの構築に留まった。問いの思考は、第 3・4 段階の教育内容を踏まえることなく、「…人はどれほどいたのだろうか」であり、第 2 次駆動問題の問いの思考と変化していない。問いの主体と問いの対象は共に「戦争に賛成しない**表 1** 資料④⑤の考えをして行動している人」であり、第 2 次駆動問題の問いの主体と問いの対象である「兵役拒否者」をより具体的に示したものになった。

　まとめると、生徒 C は第 2 次駆動問題によって、戦争に対して否定的な当時の人々の理由や背景に関する歴史解釈を踏まえて問いを作成したが、第 3 次下位・上位駆動問題及び教育内容・学習活動・教材によって駆動できなかった。この結果、生徒 C は、問いを作る際に、歴史を「過去の事実」から「過去の解釈」までは駆動できたと考えることができる。それは、生徒 C が歴史を過去に限定し、他者にとっての過去を作り出すことに留まったことを

表5　生徒Cの駆動の実際とその検証（第2段階）

駆動問題	生徒Cの回答	問いの思考	問いの主体	問いの対象	駆動性
		教育内容	学習活動	教材	
【第3次上位問題】国家・社会と個人とのジレンマ問題をグループで出し合い、どのように行動するか話し合おう。そして、この授業で、興味を持ったことや不思議に思ったことを各自問いにしてみよう。	【問い】戦争に賛成しない表1資料④⑤の考えをして行動している人はどれほどいたのだろうか。【理由】戦争熱もあり賛成して軍に入らざるを得なかった人がいる中でそれでも賛成しないと主張していた人は少ないと思ったから。【第2段階】	…人はどれほどいたのだろうか。	戦争に賛成しない④⑤の考えをして行動している人	戦争に賛成しない④⑤の考えをして行動している人は	歴史解釈についての判断を踏まえる問いに留まる。
		【教育内容】国家・社会と個人とのジレンマ問題に対する自分の判断を踏まえて問いにする。	【学習活動】グループで事例を出し合い、トゥールミン図式に基づいて行動を話し合う。	【教材】国家・社会と個人とのジレンマ問題（コロナ・ワクチン接種・コロナ禍での外国人観光客の受け入れなど）	
【第3次下位問題】第一次世界大戦に対するあなたの判断を、議論の構造（トゥールミン図式）を踏まえて、他の生徒に説明しよう。		【教育内容】国家・社会と個人とのジレンマを踏まえて、第一次世界大戦に対する自分の判断を説明する。	【学習活動】グループでトゥールミン図式に基づいて第一次世界大戦への行動について他の生徒に説明する。	【教材】〈肯定的な価値観〉・国家の維持・発展のためには、個人が果たす義務がある。〈否定的な価値観〉・国家の維持・発展よりも、個人の信条を重視するべき場合がある。	
【第2次】第一次世界大戦に直面した人々の行動やその背景・理由についてグループで調べ、興味を持ったこと、不思議に思ったこと、さらに調べたいことを問いにしてみよう。	【問い】兵役拒否者は国にどれほどいたのだろうか。【理由】生命を奪うことはせず平和への意思を大切にするほうが良いとは思うが、戦争をしようと動く人の方が多いと思ったから。	…国にどれほどいたのだろうか	（イギリス人は）	兵役拒否者	歴史解釈についての判断を踏まえる問いへ駆動
		【教育内容】第一次世界大戦に直面した人々の行動やその背景・理由を踏まえて問いにする。	【学習活動】グループで第一次世界大戦に直面した人々の行動やその背景・理由について対話する。	【教材】〈肯定的な理由〉資料①〜③から戦争熱や愛国心の発露、平等な負担という解釈。〈否定的な理由〉資料④⑤から宗教的信条や自由	

	【第2段階】			平和の尊重という解釈。	
【第1次】「映像の20世紀(2)大量殺戮の完成」を視聴し、第一次世界大戦について考えよう。また、興味を持ったこと、不思議に思ったこと、さらに、調べてみたいことを各自問いにしてみよう。	【問い】①結果的に1週間ではなく、どれほどの間続いたのだろうか。②また兵士たちの感情はどう変わっていったのか。【理由】楽しそうと思っている人がいるなかで戦争が長引いていくにつれて楽しいという感情はなくなってしまったのではないかと思ったから。【第1段階】	①結果的に…どれほどの間続いたのだろうか。②…どう変わっていったのいか。	①（第一次世界大戦）1②（第一次世界大戦んの）兵士たちの感情は	①（第一次世界大戦）1週間ではなく1②兵士たちの感情は	歴史的事実に対して主観的判断を踏まえる問い
		【教育内容】第一次世界大戦に対する自分の興味・関心を踏まえて問いにする。	【学習活動】各自で第一次世界大戦の諸事象について内省的に対話する。	【教材】「映像の20世紀(2)大量殺戮の完成（サラエボ事件、動員と戦争熱、クリスマスまでには帰れる）」	

意味する。なお集計では、生徒Cのように第2段階まで駆動した者は13人（24人中）であった。

④生徒Dの駆動の実際とその検証（第1段階）

　表6は、第1段階の問いの構築に留まった生徒Dの探究過程の実際を示している。生徒Dは第2次駆動問題により第2段階までは駆動した。しかし、第3次上位駆動問題において、「【問い】一番最初に戦争を始めた国は何を思って戦争をしたのか。【理由】攻め込まれる側からしたら国を守るために国民が盛り上がる理由もわかるが、攻められる存在がいない攻める側の国民は何を思っていたのか」のように、第1段階の問いに後退した。問いの思考は「…は何を思って…をしたのか」のように、社会的ジレンマに結びついた思考ではなく、開戦国の理由を追究する思考であるため第1段階の主観的な判断と同等と考えた。問いの主体は「一番最初に戦争を始めた国」であり、第2・3段階の対話活動で意識するはずの主体ではなく、第1段階に主観的に

表6　生徒Dの駆動の実際とその検証（第1段階）

駆動問題	生徒Dの回答	問いの思考 教育内容	問いの主体 学習活動	問いの対象 教材	駆動性
【第3次上位問題】国家・社会と個人とのジレンマ問題をグループで出し合い、どのように行動するか話し合おう。そして、この授業で、興味を持ったことや不思議に思ったことを各自問いにしてみよう。	【問い】一番最初に戦争を始めた国は何を思って戦争をしたのか。【理由】攻め込まれる側からしたら国を守るために国民が盛り上がる理由もわかるが、攻められる存在がいない攻める側の国民は何を思っていたのか。【第1段階】	…は何を思って…をしたのか。【教育内容】国家・社会と個人とのジレンマ問題に対する自分の判断を踏まえて問いにする。	一番最初に戦争を始めた国【学習活動】グループで事例を出し合い、トゥールミン図式に基づいて行動を話し合う。	戦争を【教材】国家・社会と個人とのジレンマ問題（コロナ・ワクチン接種・コロナ禍での外国人観光客の受け入れなど）	歴史的事実に対して主観的判断を踏まえる問いへ後退
【第3次下位問題】第一次世界大戦に対するあなたの判断を、議論の構造（トゥールミン図式）を踏まえて、他の生徒に説明しよう。		【教育内容】国家・社会と個人とのジレンマを踏まえて、第一次世界大戦への行動についての自分の判断を説明する。	【学習活動】グループでトゥールミン図式に基づいて第一次世界大戦への行動について他の生徒に説明する。	【教材】〈肯定的な価値観〉・国家の維持・発展のためには、個人が果たす義務がある。〈否定的な価値観〉・国家の維持・発展よりも、個人の信条を重視するべき場合がある。	
【第2次】第一次世界大戦に直面した人々の行動やその背景・理由についてグループで調べ、興味を持ったこと、不思議に思ったこと、さらに調べたいことを問いにしてみよう。	【問い】なぜ人々は戦争を求めたのか。【理由】国民全員が戦争に賛同しているように書かれるが、反対意見の割合はどうだったのか。「全員が賛同している」ように書かれてしまえば、	なぜ…を求めたのか【教育内容】第一次世界大戦に直面した人々の行動やその背景・理由を踏まえて問いにする。	人々は【学習活動】グループで第一次世界大戦に直面した人々の行動やその背景・理由について対話する。	戦争を【教材】〈肯定的な理由〉資料①～③から戦争熱や愛国心の発露、平等な負担という解釈。〈否定的な理由〉資料④⑤から宗教的信条や自由平和の尊重とい	歴史解釈についての判断を踏まえる問いへ駆動

	「賛同しなければ」と思う人もいたはず。【第2段階】				う解釈。
【第1次】「映像の20世紀(2)大量殺戮の完成」を視聴し、第一次世界大戦について考えよう。また、興味を持ったこと、不思議に思ったこと、さらに調べてみたいことを各自問いにしてみよう。	【問い】何故兵士となった人々は戦争が短期間で済むと思っていたのか。【理由】戦争に出兵するとなれば何かしらの出兵について情報が流れると思うが、どんな情報が流れていたのか疑問に思ったから。その情報を元に短期間で済むのだと判断したと思ったから。【第1段階】	何故…と思っていたのか。【教育内容】第一次世界大戦に対する自分の興味・関心を踏まえて問いにする。	兵士となった人々は【学習活動】各自で第一次世界大戦の諸事象について内省的に対話する。	戦争が短期間で済む【教材】「映像の20世紀(2)大量殺戮の完成（サラエボ事件、動員と戦争熱、クリスマスまでには帰れる）」	歴史的事実に対して主観的判断を踏まえた問い

意識する主体であると判断した。問いの対象は「戦争」であるが、【理由】も参考にすると、第一次世界大戦を意味していると判断し第1段階に位置付けた。

　まとめると、生徒Dは第2次駆動問題によって、第一次世界大戦に賛成・反対する人々の割合やその理由について考察する第2段階の問いへ駆動した。しかし、第3次下位・上位駆動問題及び教育内容・学習活動・教材は、生徒Dを駆動させることができなかった。また、第2次駆動問題より第1次駆動問題及び教育内容・学習活動・教材が、生徒Dにとって最も興味・関心を持たせるものであり、最終的には第1段階の問いに後退することになった。この結果、生徒Dは、問いを作る際に、歴史を「過去の事実」から「過去の解釈」へと一度は駆動させたが、最終的には、「過去の事実」へと後退させたと考えることができる。それは、生徒Dが歴史を過去に限定し、自分とは無関係の過去の事実を作り出すことに留まったことを意味する。なお集計では、

第１段階に留まった生徒はもう一人いた。この生徒も、生徒Ｄと同様に、第
２段階の問いを一度は構築したが、最終的に第１段階の問いに後退した。

⑶生徒の駆動性

　生徒の作った問いを言説分析し評価付けを行った結果、駆動問題と生徒の
作った問いの関係性について次のように整理できる。

　第一に、全ての生徒が、第２段階の問いへ駆動していることが分かった。
このことは、第２次の駆動問題及び駆動問題が作り出す教育内容・学習活
動・教材によって、生徒が効果的に駆動し、第１段階の問いを上位の段階へ
作り変えることができたことを示している。

　第二に、生徒Ｂのように第２段階から第３段階の問いへ駆動したのは３名、
生徒Ａのように第４段階の問いへ駆動したのは６名であった。一方で、生徒
Ｄのように第１段階の問いへ後退した生徒も２名いた。生徒Ｃのように半数
以上（13名）の生徒は第２段階の問い以上は駆動しなかった。このことは、
第３次の上位・下位駆動問題及び駆動問題が作り出す教育内容・学習活動・
教材によって、効果的に駆動する生徒とそうでない生徒に分かれることを示
している。

　また本節では、各段階の生徒が問いを作る際に、歴史をどのように扱って
いるかについても検討した。その結果、各段階の生徒の歴史の扱い方は次の
ようになった。すなわち、最終的に第１段階に後退した生徒は、歴史を過去
に限定し、自分とは無関係の過去の事実を作り出すことを克服できていない。
第２段階の問いに留まる生徒は、歴史を過去に限定し、他者にとっての過去
を作り出している。第３段階の問いを作った生徒は、歴史を過去に限定して
いるが、自分自身にとっての過去を作り出している。第４段階の問いを達成
した生徒は、歴史を自分自身の過去、現在、未来として再構築している。

　まとめると、本節では、生徒の「駆動」は、駆動問題と駆動問題により作
り出される教育内容・学習活動・教材で起こる。駆動問題と駆動問題により

作り出される教育内容・学習活動・教材が駆動させて達成する段階は、生徒によって異なる。駆動の道筋は個別的複線的であり、学習内容の達成度も変化することを示した。

そして、生徒が「駆動」するということは、生徒それぞれが、歴史を自分と無関係な「過去の事実」や他者にとっての「過去の解釈」から、自分自身の「過去における判断」や「現在・未来への判断」へと作り変えることである。それは、生徒それぞれが、自分とは結びつかない過去から自分自身の過去・現在・未来として、歴史を再構築することを意味していることを明らかにした。

4．おわりに

本研究は、ラーニング・プログレッションズ（LPs）研究の駆動問題とその構成を参考にして、問いの構築学習として開発した「世界史探究」単元「あなたは、第一次世界大戦に対してどのように行動するだろうか」の駆動問題の特徴と授業構成原理を説明した。そして、実際に授業を受けた生徒が作った問いを言説分析し、生徒の駆動の実際とその探究過程について明示した。その結果、次の点を明らかにすることができた。

①歴史探究学習における駆動問題は、目標（学習パフォーマンス）を達成するために、段階的に構成する。

②歴史探究学習における駆動問題は、歴史探究のための教育内容・学習活動・教材を構成する。

③歴史探究学習において、駆動問題と教育内容・学習活動・教材が生徒の中に学習内容を作り出す。

④生徒は、駆動問題と教育内容・学習活動・教材を踏まえて「駆動」することで、学習内容を上位のものに作り変える。

⑤教育内容・学習活動・教材が駆動させて達成する段階は、生徒によって異なる。「駆動」の道筋は、個別的複線的であり、学習内容の達成度

も変化する。

⑥生徒が「駆動」するということは、歴史を「過去の事実」や他者にとっての「過去の解釈」から、自分自身の「過去における判断」や「現在・未来への判断」へと作り変えることである。それは、生徒それぞれが、自分自身の過去、現在、未来として、歴史を再構築することを意味する。

　本研究の意義は、歴史探究学習において深い学びへと動機づける学習レリバンスの新しい論理として「駆動」を提示し、その駆動性が、生徒それぞれが自分自身の過去、現在、未来として歴史を再構築していこうとする姿勢であることを、事例的ではあるが、明らかにしたことである。

（玉川大学　宮本英征）

【註】

⑴拙稿「歴史教育における探究学習の研究─社会認識形成と市民的資質育成を視点として─」『玉川大学教育学部紀要』21、2022、73-93頁。

⑵大貫守「J. S. クレイチェックの科学教育論に関する検討─「プロジェクトにもとづく科学」に着目して─」日本教育方法学会編『教育方法学研究』41、2016、37-48頁。

⑶本授業で用いた資料は、拙稿「「世界史B」と「世界史探究」はどう違うのか─問いにもとづく探究を視点にして─」愛知県世界史教育研究会『世界史教育研究』第8号、2021年に掲載している。また、生徒用の授業プリント等は、https://history-lessons.site/ において、2022年6月、静岡県立小山高等学校美那川雄一教諭の実践記録として公開している。

【謝辞】

　静岡県立小山高等学校の美那川雄一教諭には、本単元の実践にあたり、生徒のレディネスを踏まえた適切な資料の示し方や効果的なグループ活動の方法などを提案して頂いた。実践においても生徒の状況を踏まえつつ授業計画を柔軟に変更しつつ授業を展開された。本研究の成果は、美那川教諭のご助言・ご協力のおかげである。この場を借りて感謝申し上げたい。

【付記】
　本研究は JSPS 科研費20Ｋ13853の研究助成に基づく研究成果の一部でもある。

第9章　英国の評価問題分析を踏まえた
「歴史総合」の授業試案の構想
―単元「ファシズムと大衆社会」の場合―

1．問題の所在

⑴本章の課題

　本章の目的は、AQA（Assessment of Qualifications Alliance）のGCSE（General Certificate of Secondary Education、中等教育資格試験）を手がかりに解明したイギリスの歴史学習におけるレリバンスに関する知見[1]と、「歴史総合」という科目についての新学習指導要領の記述[2]とを踏まえ、高等学校の「歴史総合」の授業試案を構想・提案することである。

　今般の学習指導要領の改訂によって新しく「歴史総合」という必修科目が2022年度から始まったが、果たしてそこでどのような授業実践を行えばいいのか、現状、手探りの状態であることが推察される。そこで「歴史総合」とはいかなる科目でなければならないのか、またイギリスの評価問題分析から推察されるレリバンスの観点から望ましい教育的意味・意義を有した歴史教育実践とはいかなるものか。上記二つの視点を踏まえた授業試案を構想・提案することで、「歴史総合」の授業実践に関して一つの可能性を示したいというのが、本章の目的である。

⑵なぜイギリスの評価問題分析をもとに、「歴史総合」の授業開発を行うのか

　そもそもGCSEとは、中等教育資格試験という名称が示す通り、その成績によって、中等教育修了程度の学力レベルを有しているか否かを証明する

ために利用される、KS4（Year 10〜11の２年間）の終わり（16歳）に受験する
試験のことである。受験年齢とその目的を勘案し、日本の高等学校段階の教
育実践のあり方により直接的示唆が得られると評価できる。また、詳細は後
述するが、「歴史総合」の学習指導要領の記述から導出される歴史学習のあ
るべき姿とイギリスの評価問題分析から推察される歴史学習の実情とを対比
したところ、一定程度の重なりが確認できた。そのため、新しく始まった
「歴史総合」においていかなる授業を構築すべきかに対して、イギリスのそ
れが格好の方針を提示できると考えたためである。

２．「歴史総合」とはいかなる科目でなければならないか
　　─学習指導要領の文言を手がかりに─

　本節では、2018年告示の学習指導要領を手がかりに、「歴史総合」にいか
なる科目としての特性が求められているかを確認したい。
　学習指導要領にもある通り、「歴史総合」は２単位の必修科目である。そ
こでは、現代的な諸課題の形成に関わる近現代の歴史を理解すること、諸資
料から歴史に関する様々な情報を適切かつ効果的に調べまとめる技能を身に
付けること、近現代の歴史を概念などを活用して多面的・多角的に考察した
り歴史に見られる課題を把握し解決を視野に入れて構想したりできること、
それら考察、構想した結果を適切に表現できること、それら理解、考察、構
想、表現を通じて、よりよい社会の実現を視野に課題を主体的に追究、解決
しようとする態度や自覚、および日本国民としての自覚や自国の歴史に対す
る愛情、他国の歴史を尊重する態度といったものについての自覚を養うこと、
という目標が掲げられている。
　これらの目標を実現するために、内容項目としてＡ「歴史の扉」、Ｂ「近
代化と私たち」、Ｃ「国際秩序の変化や大衆化と私たち」、Ｄ「グローバル化
と私たち」の４つが示されている。このうち内容項目Ａは全体の導入として、
これから学習する歴史事象が自分たちの生活や地域などとつながっていると

いう実感を得ることによって、歴史を学ぶ意味と必要性を理解したうえで、歴史は資料に基づく叙述であるといった歴史に関する本質的理解と、複数の資料の関係や異同に着目しながら資料を活用することといった技能の習得、がめざされている。続くＢ〜Ｄは、「近代化」、「大衆化」、「グローバル化」とそれぞれ異なる視点から、現代的な諸課題の形成に関わる近現代の歴史を、概念などを活用して多面的・多角的に考察したり、歴史に見られる課題を把握し解決を視野に入れて構想したりするパートである。いずれの内容項目においても、これから学習する内容に関して「問い」を見出したのち、実際に内容を学習し、その学習を踏まえて、自由・制限、平等・格差、開発・保全、統合・分化、対立・協調などの観点から主題を設定し、現代的な諸課題と関連付けて追究、解決する構成となっている。このとき現代的な諸課題とどう関連付けるかだが、一つは、なぜ現代的な諸課題がこうした歴史の結果形成されたのか（派生）と、もう一つは、こうした歴史的事象の背景や原因、結果や影響などを多面的・多角的に考察した結果、現代的な諸課題についても手がかりとなる視点が獲得できる（類似）の、二つの関連付け方が想定できるだろう。

　以上より、歴史は資料に基づく叙述であるとの前提に立ち、よりよい社会の実現を視野に現代的な諸課題の追究、解決を意図して、資料に基づき近現代の歴史的事象を考察、構想し、その結果を適切に表現できることが、「歴史総合」という科目に求められているとまとめられよう。

３．イギリスの歴史学習とはいかなるものか

　昨年度、筆者は、2018年実施の中等教育資格試験を具体的に取り上げ、イギリス（イングランド）の歴史学習の実情の解明を試みた[3]。同分析より、イギリスの歴史学習においては、構成主義的学力の総合的育成とまとめられる学力の育成が目指されていることが具体的に明らかとなった。イギリスの歴史学習においては、そもそも歴史は解釈であるとの前提に立つ。そのうえで、

同時代の資料（一次資料）や解釈（二次資料）を的確かつ正当に評価・分析し、その評価・分析に基づきそれらを選択的に活用することで歴史的事象を探究させ、その探究の成果として解釈を構築（文章化）することが求められていた。その際、その解釈としては、高度な社会認識が含みこまれていることが、高得点を取るためには必要な条件であった。

　以上の特質と「歴史総合」の学習指導要領の文言とを比較すると、イギリスの歴史学習には、現代的な諸課題と関連付けという視点が希薄であるという相違点はあるが、それ以外は、類似していることが見て取れる。そこで、そうしたイギリスの歴史学習におけるレリバンス（意味・意義）としての3つ（①科学的社会認識形成が目指されている、②高度な［歴史的］探究と思考が求められる、③それを的確に表現できなければならない）に加え、④現代的な諸課題の解決を意図して関連付ける、という要素を加味した「歴史総合」の授業試案を構想した。教材としたのは「歴史総合」の内容項目Cにも登場し、かつ昨年度の評価問題分析でも実際に取り上げたファシズムと大衆社会である。なお、前項において指摘したように、現代的な諸課題の関連付けは派生と類似の二つがありうるが、今回は類似を選択し、現代的な課題としてロシアのウクライナ侵攻を取り上げた。「歴史総合」においてナチスドイツを取り上げ授業モデルを構想・提案した先行研究としては、宮城[4]、早川[5]、西牟田[6]、牧野[7]のものがそれぞれ確認できたが、いずれも、①〜④の4つすべてを実現することを目的に構想・提案されたものではない。

4．構想した授業試案—単元「ファシズムと大衆社会」の実際—

⑴4つのレリバンスをどのように意識したか

①探究の成果を表現するために

　我が国の歴史教育が、ややもすると歴史的事象の暗記中心に陥りがちという状況を考えると、論述する機会をある単元に組み込んだからといって、論述が十分にできるようになるとは考えにくい。当然、どういった条件を有す

る論述が適切なのか、その判断の根拠は何か、といった観点についての指導
が行き届いていなければ、探究の成果を表現する技能の向上も果たしえない。
そこで、今回は試案として、7時間構成の1時間目、2時間目、7時間目に
それぞれ、要約とはどうすることか、論理的文章とはどういうものか、実際
に作成した文章は論理的か否かを吟味・検討する時間をそれぞれ設けること
で、探究した成果を表現する技能の向上を可能とするよう単元を構成した。

　無論、この営みは一つの単元だけで完結するわけではなく、繰り返し行わ
れなければならない。ただし、「歴史総合」が2単位しかないということを
考えたとき、「歴史総合」だけでそれを担うことができるはずもなく、また
そうすべきでもない。そのため、この部分は、地理歴史科や公民科の他の科
目のみならず、「論理国語」や「総合的な探究の時間」といった他教科・他
領域とも連携しながら実践すべき部分といえるだろう。肝心なのは、こうし
た指導が行き届かなければ、経験をいくら積み重ねてみたところで、表現力
や論理的思考力は向上しえないという前提にある。その意味では、中等教育
資格試験の問題がすべて論述問題であり、それを前提とした授業が行われて
いるイギリスの歴史教育は非常に参考になる。

②高度な歴史的探究を実際に行わせるために

　探究とは、生徒自らが課題を設定し、その解決に向けて情報を収集し、そ
の情報を整理・分析し、その成果を表現・共有する過程で新たな課題に気づ
き、その課題の解決に向けてさらに情報を収集し、といった一連の営みによ
って成立するものと考えられる。そこでそうした営みをスパイラルに3回繰
り返すことによって、その探究の営みを高度化するよう仕向ける単元を構成
した。

　具体的には、複数の課題図書を設定し、それらを分担して読解し、まとめ、
異なる課題図書を読んだ者同士で報告しあう過程で、戦争というものがなぜ
起こるのかを一般的に探究する活動を組織した。

　そのうえで2周目として歴史的事象であるヒトラーとナチスドイツを取り上げ、なぜ第2次世界大戦が起こったのかを、ヒトラーの暴走によるところが大きいのか、時代（社会）がヒトラーを求めたのか、どちらの解釈がより説得力があるか、と課題を設定し、歴史的事象に関する資料や書籍の情報をまとめ、分析する過程で、二つの解釈に関して比較分析を行わせるよう組織した。

　3周目は現代的な諸課題を探究する部分である。ここでは、ロシアのウクライナ侵攻を事例とし、2周目で比較分析した二つの解釈のうち、どちらが今回の侵攻の原因としてより説得力を持つか、を考察する部分である。ここでも同課題に対して、情報を収集する調べ学習を組織し、それに基づき自身の解釈を構築し、それを共有する機会を保障した。

　戦争とはなぜ起こるのかを一般的、具体的（歴史的および同時代的）に探究させるこれら3周の探究過程をスパイラルに組織する単元構成によって、高度な歴史的探究が実現可能なように構想した。

③探究に際し、科学的社会認識の形成を保障するために

　②においても記述したが、本単元は、探究という営みを3周スパイラルに回す過程として組織している。その3周の探究において、いくつかに共通する認識が登場する。それが、現代社会や過去社会を一般的・構造的に説明できる概念ということになる。

　本単元では、国際社会の無政府性（各国による権力の分有）と自助の原則、演説に見る社会心理学、社会における情報の重要性（民主主義と世論）、国内の不満（不安）の増大と責任転嫁のメカニズム、西欧近代が潜在的に抱えていた矛盾に起因する全体主義という思想、権威主義的パーソナリティなどを具体的に設定し、歴史的事象を手がかりにそれらを意識させ、現代的な諸課題の分析においては、そうした認識を適用させることで現在の状況が説明可能か吟味させるよう組織した。こうした単元構成によって、現代社会や過去

社会を一般的・構造的に説明できる概念（科学的社会認識）を習得したうえで
活用できるよう単元を構想した。

④現代的な諸課題と関連付けるために

　現代的な諸課題と関連付ける方法には、大きく分けて派生と類似の二つが
あるが、現代社会や過去社会を一般的・構造的に説明できる概念（科学的社
会認識）を習得したうえで活用できるよう単元を構想するためには、派生で
はなく類似の方が好都合との判断から、類似による関連付けを念頭に置いて
単元を構成した。そうしたことで、科学的社会認識を用いて現代的な諸課題
について解決を視野に考察・構想することを可能にする単元構成となってい
ると考える。

⑵単元の詳細

　では、具体的にどのような単元展開を構想したか。本単元の詳細を**資料**と
して作成した。以下、後に示す**資料**に基づきながら、本単元の詳細を示そう。
本単元は、事前学習と7授業時間で構成されている。単元の目標は**資料**の通
りである。

　まず、事前学習として、3冊の課題図書を設定し、それらのいずれかを各
自で読み、その内容を2000字程度に要約してまとめてくるというものを課し
ている。その後の学習において、3冊それぞれを読んだ3人組を作り、グル
ープワークによってその内容を互いに解説させるという展開を考えているた
め、クラスの人数に応じて均等に分かれるよう、希望をもとに調整すること
になる。加えて、自身しか読んでいない書籍の内容を他者に説明するという
営みが事後に控えている以上、わかりやすい文章とは何か、どうすればわか
りやすく説明できるかを意識しながら、自分なりに責任をもってまとめるこ
とになる。

　なおこのときの3冊とは、①プレハーノフ『歴史における個人の役割』、

②E・H・カー『歴史とは何か』、③トルストイ『戦争と平和』を考えている。これら3冊の読解と要約を通して、おそらくは今まであまり考えたこともなかったと思われる、歴史的出来事と傑出した個人とはどういう関係にあるか、歴史的探究とはいかなる営みか、戦争はなぜ起こるのか、に関して、それぞれに考えざるをえない機会をあえて提供し、自身の考えを整理することも目的としている。

　続く1時間目は、違う課題図書を読んできた3人でグループを組んで、読んできた書籍の内容に関して互いにレクチャーしあう時間として設定している。それぞれに自分しか読んでいない書籍の内容をわかりやすくまとめて他者に伝えるということは困難を伴う。当然わからなければ質問が来る。その質問にもきちんと回答しなければならない。こうしたやり取りを通じて、どのようにすれば他者にうまく伝わるのか、分かりやすい要約とは何か、を考えることになる。と同時に自分が今どこまでできているかも自覚することになる。それに加えて、他者のまとめた要約文とそれに対する質疑応答を手がかりに、自分が読まなかった他の2冊に関して、基礎的な内容を把握することもこの時間の目的である。

　2時間目は、前時の質疑応答の内容も確認しながら、分かりやすい文章というものについて、再度グループで考えたのち、各グループの考えをまとめつつ、「分かりやすさ＝明快性、論理性、無矛盾性（一貫性）」を有する文章の条件や書き方について考える時間として設定している。

　冒頭にグループワークの時間を設定し、分かりやすい文章とは何か、どのような条件を満たせば、わかりやすい文章と呼べるのか、をそれぞれ考えさせる。そこで出てきた回答をもとに授業を展開し、分かりやすさに必要な諸条件を生徒とともに考える。ただ、おそらくは、GCSEのAO3やAO4に関係する条件が生徒から出ることはないと思われるので、そういった観点を補い、都合7つの条件を生徒とともに設定することを目的としている。ここで設定した諸条件は、7時間目に実際に考察・構想された解釈（文章）を評価

する際の評価の観点として利用されることになる。

　そのうえでこうした文章が書けるようになるための準備として、文章に型があることや、読者や目的、状況に応じてその型を使い分ける必要があること、書くためには情報の整理が重要であること、情報の整理には図表の活用が有効であることなどをおさえることを目的として、本時の学習を設定している。

　3時間目から6時間目は、トルストイやプレハーノフ、E・H・カーの書籍の内容を、歴史的事象や現代的な諸課題を事例に、具体的に考察・構想する時間として設定している。3時間目にロシアのウクライナ侵攻の概略を示し、4時間目と5時間目にナチスドイツについての二つの解釈を詳細に検討する。二つとは、解釈1「ナチスドイツの暴走（第2次世界大戦）はヒトラーの個人的素養の影響の方が当時の社会情勢よりも大きい」というものと、逆に解釈2「当時の社会情勢の方が大きい」というものである。そして6時間目でナチスドイツを事例として検討した二つの解釈のうち、どちらの解釈の方が今回のウクライナ侵攻には適しているかを考えるための時間とし、グループで情報を検索し、それらをもとに自身の解釈を構築・文章化する活動を組織している。

　まず3時間目は、ロシアのウクライナ侵攻についてその被害状況に触れたのち、日本や国際社会がどのような対応をしたかを確認する。その過程で、国際社会が有効な手を打てない現状について、国際社会の無政府性（各国による権力の分有）と自助の原則、および安全保障理事会にみる寡頭制（不平等性）について確認する。この原則は今回のウクライナ侵攻によってあらわとなったが、基本的に国際社会が有する一般的な原則である。

　次に、なぜロシアは今回このような侵攻を行ったのか、ロシアの主張を確認する。そこから、今回の侵攻が8年前から始まっていること、そしてロシアの言い分である「ウクライナの非ナチ化」から、ウクライナとロシアの歴史的・地理的関係性の深さについて確認したのち、それら歴史的・地理的関

係性の深さを踏まえ、NATOの東方拡大について説明している。以上のように、3時間目は今般のロシアによるウクライナ侵攻についての基本的事項をおさえる時間といえる。

　続く4時間目は、解釈1を検討する時間である。冒頭で『わが闘争』の記述について触れ、その記述にあるプロパガンダの有効性と恐ろしさを確認する。それに関連した概念として、演説技法に見る社会心理学について考えたのち、その技法を駆使・実行しえたヒトラーの素養と、それがあったからこそ権力を握り、党の方針を先鋭化させ、暴走させえた（第2次世界大戦を引き起こした）という解釈を説明するのに好都合な歴史的事実を提示し、同解釈を検討している。

　4時間目では、権力を握った後のヒトラーの権力維持方略としてのプロパガンダの巧みな組織化による世論操作と教化（大衆の懐柔）と恐怖による政治にも触れている。特に戦後の少女の回顧録から、教化（教育）の悪用の恐ろしさと社会における情報の重要性を確認することで、現在でも有効なプロパガンダの社会的意味について考えさせる構成としている。

　これに対して、解釈2について検討しているのが5時間目である。まずもって、ナチスの勢力拡大の歴史に見る空白期間（ヒトラーの仮出獄から勢力拡大開始までの4年間）に着目し、ヒトラーをもってしても、世界恐慌が起こるまでは勢力拡大には至らなかったこと、すなわち世界恐慌（不況）や社会不安がナチスのような極端な政策を標榜する政党への支持拡大とつながったのであって、ヒトラー個人の素養の影響はさして大きくないという解釈に着目させる。そのうえで、社会不安とフラストレーション、スケープゴーティングとの関係性に着目させることで、解釈2を補強し、その根拠となりうる歴史的事実（ヒトラーの政策とスケープゴーティングとの関連性やヒトラーが選挙を通じて合法的に政権を獲得したということ、など）を提示している。

　なお、5時間目では、アドルノやエーリッヒ・フロム、ハンナ・アーレントを取り上げ、社会不安や不況があったにせよ、なぜ当時の人々や社会がヒ

トラーやナチスに協力したのかを考察している。そこから権威主義的パーソナリティや全体主義の背景としての大衆社会に着目し、スケープゴーティングも全体主義も、ともに現代でも起こりうるといった認識を形成させようとしている。

　6時間目は4〜5時間目で学習した解釈やそれを支える概念を援用し、ウクライナ侵攻が起こった原因について、考察・構想・文章化する時間である。そのためにどのような情報があれば、この原因の分析が可能となるかと問い、生徒からいくつかの候補を引き出す。その候補を手がかりに教員によってブラッシュアップを図り（今回は7種類と想定）、グループワークによってそれらを調べ報告するよう求める。その際、インターネットを使って調べることになるが、何の資料を根拠としたか、その資料をどう評価するか、説明することを求めることによって、不確かなインターネット情報をうのみにしないというスタンスで調べさせるよう仕向けている。

　そののち調べた成果を共有し、教員による補足を必要に応じて行い、まとめとしてそれらの事実も踏まえて、自身の解釈を構築・文章化することを求めている。その際、自らの考えと相いれない事実をどう考えるか、またもう一方の解釈をどう評価するか、それらを含めて説得力のあるわかりやすい文章として構築することを求め、本単元の1、2時間目で行った学習の成果も踏まえるよう促している。

　7時間目は、作成した文章をグループで議論、分析、検証する時間である。まず6人組を作る（最初に要約を披露しあった3人組を二つずつまとめる）。そのうえでその6人の文章を、2時間目に解明した、明快性、論理性と無矛盾性（一貫性）を有する文章に必要な7つの観点（各5点）に基づく35点満点で採点し、話し合って一番を決める。その過程で、今一度わかりやすい文章というものとその条件、およびその具体の在り様について、6人で再考するのが狙いである。

　そうして出てきた各グループの一番の作品を全体に持ち寄り、全体で再度

評価する。他グループからのコメントも交えることで、6 人で再考したわかりやすい文章というものとその条件、およびその具体の在り様が、偏っていないかをチェックし、もって文章指導の成果を確定させることとしている。

　以上が本単元の展開である。詳細は、次ページからの資料を確認いただきたい。

資料：開発した単元の詳細

単元名「ファシズムと大衆社会」
単元の目標
知識・技能
○課題図書の概要（歴史的出来事と傑出した個人とはどういう関係にあるか、歴史的探究とはいかなる営みか、戦争はなぜ起こるのか）について把握できる。
○ウクライナ侵攻の概略が把握できる。
○国際社会の無政府性（各国による権力の分有）と自助の原則について理解できる。
○ウクライナとロシアの歴史的・地理的関係の深さについて把握できる。
○ウクライナ侵攻の直接的なきっかけとしてのNATOの東方拡大について把握できる。
○解釈1「ナチス党の暴走（第2次世界大戦）は他の要因よりもヒトラー個人の責任である」を正当化する事実とそこから得られる概念について理解できる。
　・ヒトラーの個人的素養とナチスドイツの暴走の関連性
　・ヒトラーの演説技法とそこに見られる心理学の応用
　・プロパガンダの巧みな組織化（情報統制）と恐怖による政治
　・プロパガンダへの抵抗の難しさと社会における情報の重要性
○解釈2「ナチス党の暴走（第2次世界大戦）はヒトラー個人よりも社会的な要因の方が大きい」を正当化する事実とそこから得られる概念について理解できる。
　・大恐慌（1929年）以降ナチスが台頭し、それまでは停滞していたこと
　・ナチスは大衆の支持を得て合法的に権力を獲得したこと
　・ナチスは、その大衆の期待に応える施策をも実行したこと
　・国内の不満（不安）の増大と責任転嫁のメカニズム
　・ナチスの台頭に大衆社会の到来と大衆心理が大きくかかわっていること
　・ナチスの台頭（全体主義）と西欧近代が潜在的に抱えていた矛盾とに関係があること
　・ナチス当時の大衆の心理と権威主義的パーソナリティ
思考・判断・表現
○分かりやすい文章というものの有効性、条件、構成の仕方などが把握できる。
○分かりやすい文章を書くための準備の基本が把握できる。
○わかりやすい文章とは何か、どうすればわかりやすく説明できるか、自分なりに考

えてまとめることができるとともに、他者の文章に対しても指摘できる。

○解釈1、2それぞれについて、事実に基づき、正当に分析・評価・検証できる。

○ウクライナ侵攻がなぜ起こったか、考察・構想するためのデータを出典の妥当性や論拠の信頼性などから判別して収集できる。

○上記の情報に基づきウクライナ侵攻の原因を多面的・多角的に考察・構想し、論理的に表現できる。

学びに向かう力・人間性等

○ある事象に関して、多面的・多角的に考察することの重要性と難しさを自覚できる。

○情報の価値と役割、有効性の判別の困難さを自覚できる。

○現代的な諸課題に関して、歴史的事象の探究を通して、解決を視野に、考察・構想しようとする。

単元の概要

パート	活動	テーマ	目標（習得させたい知識や技能等）
事前学習	下記課題図書から一冊読み、2000字程度に要約する。 プレハーノフ『歴史における個人の役割』 E・H・カー『歴史とは何か』 トルストイ『戦争と平和』	歴史的出来事と傑出した個人とはどういう関係にあるか。 歴史的探究とはいかなる営みか。 戦争はなぜ起こるのか。	プレハーノフ：歴史における個人の一定の役割は認める。ただ、英雄となる人間は、自ら進んでなるということではなく、社会の状況と要求に即してなるものである。 E・H・カー：歴史とは過去と現在の対話である。 トルストイ：戦争を含む歴史的事件の原因は権力であり、権力とは支配者に移譲された大衆の意志の総和である。 わかりやすい文章とは何か、どうすればわかりやすく説明できるか、自分なりに考え、まとめられる。
導入 （1時間） ※「論理国語」と連携してもよい。	違う本を読んだ3人で、書籍の内容を相互にレクチャー。分かり易いか、要約として適当か、指摘しあう。	要約とはどういうものか、分かりやすい文章とはどういうものか、それぞれ今どの程度できるか。	歴史的探究とは何か、歴史における個人の役割とはどういうものか、戦争はなぜ起こるかについての著書の内容を把握できるとともに、それをうまく要約して他者に伝えることができる。 わかりやすい文章とは何か、どうすればわかりやすく説明できるか、自分なりに考えるとともに、他者の発表に対しても指摘できる。 自分が今どの程度、わかりやすい要約ができるか、現状を自覚できる。 自身が読んでこなかった他の2冊に関して、基礎的な内容を把握できる。
展開1 （1時間） ※「論理国	前時の指摘を共有する過程で「分かりやすさ＝明快性、論理性、無矛盾性（一貫	分かりやすいな文章とはどういうものかどのようにすればわかりやすい文章が書	分かりやすい文章というものの有効性、条件、構成の仕方などを GCSE の評価の観点も加味しながら把握できる。 分かりやすい文章を書くための準備の

語」と連携してもよい。	性)」を有する文章の条件や書き方について考える。	けるか。	基本が把握できる。
展開 2 （4 時間）	ナチスドイツの暴走（第 2 次世界大戦）についての歴史的探究をおこなう。その成果をもとに、ウクライナ侵攻の原因について考察・構想する。	2―1 （1 時間） ウクライナ侵攻とは何か、今どうなっているか、ロシアの主張は？	①ウクライナ侵攻の概略 ②戦況（現状）と被害状況の確認 ③日本や世界の対応にみる**国際社会の無政府性（各国による権力の分有）と自助の原則** ④ロシアの主張（特別軍事作戦）。8 年間虐げられた人々を開放するため。ロシアの言い分である「ウクライナの非軍事化と非ナチ化」。 ⑤ウクライナとロシアの関係性とその歴史的、地理的分析 ⑥国際政治情勢（NATO の東方拡大）
		2―2 （2 時間） ナチスドイツの暴走（第 2 次世界大戦）についての歴史的に探究しよう。 解釈 1「ナチス党の暴走（第 2 次世界大戦）は他の要因よりもヒトラー個人の責任である。」 解釈 2「ナチス党の暴走（第 2 次世界大戦）はヒトラー個人の責任というよりも社会的な要因の方が大きい。」	解釈 1 を正当化する事実とそこから得られる概念 ①ヒトラーの個人的素養とナチスドイツの暴走の関連性 『我が闘争』より「プロパガンダの芸術とは、まさにこの点にある。すなわち大衆の感情に基づく表象世界を理解し、心理学から見て正しい形式をとれば、注目を集めるばかりか、ひいては広範な大衆の心へ至る道を見出すのである。 **社会心理学（矛盾する要素を極力排除【単純化】し、繰り返し主張すれば【一貫性】、たとえそれが偏向していたり、真実がゆがめられていたりしても、浸透しやすい。)** ②プロパガンダの巧みな組織化（情報統制）と恐怖による政治 国民啓発・宣伝省 映画政策やメディアの利用、学校教育への介入や社会教育の推進 ゲシュタポ、SS、人民法廷等を活用した反対派の粛清と情報統制 **社会における情報の重要性（民主主義と世論）**
			解釈 2 を正当化する事実とそこから得られる概念 ①大恐慌（1929 年）以降ナチスが台頭し、それまでは停滞していたこと **国内の不満（不安）の増大と責任転嫁のメカニズム** ヒトラーの演説では、当時の各階級の人々が求める施策の実現も掲げられており、大衆の支持を得て合法的に権力を獲得し、その大衆の期待に応える施策を実行したこと

			反ユダヤ主義をはじめ、不安な大衆に応える政策を取ったことで大衆の支持を得て、権力を合法的に獲得・維持したこと ②ナチスの台頭と大衆心理 ハンナ・アーレント『全体主義の起源』：**全体主義とはもともと西欧近代が潜在的に抱えていた矛盾に起因する。** エーリッヒ・フロム『自由からの逃走』：**権威主義的パーソナリティ**
		2―3（1時間） ウクライナ侵攻がなぜ起こったか、考察・構想するためのデータを収集し、実際に考察・構想し、その成果を論理的にまとめよう。	ウクライナ問題に関連する基本的事実 その事実の論拠は信用できるのか、といった観点からの情報収集能力 歴史的探究を手掛かりに、ウクライナ侵攻の原因を多面的・多角的に考察・構想し、論理的に表現できる。
展開3 （1時間） ※「論理国語」と連携してもよい。	各論述について、グループで議論、分析、検証する。	分かりやすい文章とはどういうものか。 「ウクライナ侵攻はなぜ起こったか」についての多様な分析結果を論理性の観点から比較考量しよう。	自身の考えをわかりやすく説明できる 他者の考えをわかりやすさの観点から評価できる。

※下線部が、概念の具体

単元の詳細（事前学習は除く）

過程		教師の発問や指示	教授学習過程	資料	生徒に習得させたい知識・技能 （予想される反応）
導入	導入：要約とは何か	事前学習（課題図書）は、うまく要約できたか？ そもそも、要約とはどういう営みか？ では、どのようにすれば、それはうまくできるのか？ 今回はどのようにしたか？ 皆のやり方をまとめると、おおむねこのような感じか？	T：発問する S：答える T：発問する T：発問する S：答える T：まとめる		文章などの要点をとりまとめること （例） 段落に分ける。 構文の理解 要点の抽出　など ①段落分け、②文章構成（構文）の理解、③各段落における要点（もっとも重要な一文）を取り出す、④抽出した要点の中から、要旨（文章全体で最も

				筆者が伝えたい主張）を絞り込む、⑤要旨を構文に注意しながら列挙する、その際どういった接続になっているか意識する、⑥それらをつなげて記述する、⑦初見の人間にもわかるように、平易な言葉で書き直す、無論、自分の意見や感想、勝手な補足が入らないように。
展開‥各自の要約の説明と理解	それでは、課題図書（3冊）の要約をお互いに披露しあい、その内容に関する理解を相互に深めよう。わからなければ、その図書を担当した人に質問すること。また、上記の観点からきちんと要約できているか、わかりやすいかも意識しながら、グループで、それぞれの要約を評価してみよう。	T：課題提示 S：グループ学習 T：机間巡視 S：質疑応答		
終結‥成果の確認と次時への課題設定	それぞれの要約はどうだったか？ 分かりやすいものと分かりにくいものはどう違ったか？ では、分かりやすいとは、どういう条件を備えているものだと思うか？ 次の時間は、わかりやすい文章とは何かを考える。自分の要約に対してどのような質問が出たか、なぜそのような質問が出たか、どのようにすればそのような質問は防げたのか、次時までに振り返っておくこと。	T：発問する T：発問する S：答える T：発問する S：答える T：次時の課題とそれに向けた準備の指示		（例） 構成に無理がある。 重要な説明が足りない。 用語が難解 など （例） 矛盾のない構成 無理のない展開 十分な説明 分かりやすい言い換え

| 展開1 | 導入：課題提示と作業 | 自分の要約について考えてきたか？

なぜそのような質問が出たのか、どのようにすればそのような質問は防げたと思うか？

その振り返りは正しいか？他の二人にも確認してみよう。

それぞれの振り返りの成果を確認をしながら、同時にわかりやすい文章とはどのような条件を満たしたもののことを指すか、考えてみよう。
条件をグループごとに黒板に列挙しよう。 | T：発問する
T：発問する

T：指示する
S：グループ学習（質疑応答）
T：机間巡視
T：発問する
T：指示する
S：成果の板書 | | |
| | 展開：論理的な文章とはなにか | そもそも、わかりやすい文章とはどういうものだと思うか？

では、わかりやすくするためには、どうすればいい？各グループの書いた条件を確認してみよう。
なぜ、難しい言葉を使わないとわかりやすいのか？

では、なぜ難しい言葉を使うのか？

あえて、使ってるということ？それだけ？

つまり、難しい言葉でもそのまま使うしかないくらい、内容を理解できていないということ？ | T：発問する
S：答える

T：発問する
S：答える

T：発問する
S：答える

T：発問する
S：答える

T：発問する | | （例）
書き手の伝えたいことを誰に対しても正確に伝えられる（わかりやすい）文章
（例）
難しい言葉を使わない＝平易な言葉で説明する。
論旨が筋道だって整理されている。

難しい言葉は、初見の人間には分からないから。また、どういうつもりでその言葉を使っているのか、いちいち確認しないといけないから。
確かに、要約においても、言い換えというのが重要である。
（例）
専門用語を使った方が、それっぽく見える。
短く要約するには、専門用語の方が好都合
自分もその言葉の意味をよくわかってないから、難しい言葉はそのまま使ってるかも。 |

		では、難しい言葉を使わなくて済むためには？	T：発問する S：答える	内容を徹底的に読み込むしかない。わかりやすい文章を書くためには、その文章を書くにあたって参照した資料をよく理解しないとそもそもかけない。
		それでは、どういう書き方をすればわかりやすいのか？ 「論旨が筋道だって整理されている」ってどういうこと？	T：発問する S：答える	書かなきゃいけないことが、きちんと明示され、それが順番に（抜けなく）書かれていること 書かなきゃいけないことが、全部書かれていて、それらが矛盾してないこと 明快性、論理性と無矛盾性（一貫性）のある文章の方が、説得力がますということ
		これまでのことをまとめよう。 分かりやすい文章を書くためには？	T：まとめる	参照した資料をよく読み、内容をきちんと理解し、明快性、論理性と無矛盾性（一貫性）を意識しながら文章化すること。そうすることで説得力を持たせること
		とすると、どういう条件を満たしていれば、明快性、論理性と無矛盾性（一貫性）を意識した文章となるだろうか？ どういう文章を書いていれば、質問がでにくい（わかりやすかった）といえるだろうか？	T：発問する S：答える	（例） 主張と根拠、事実といったものが明確に区別されている。 説明の前に、説明の仕方（手順）のようなものを書いておくと親切である。 具体例があると説得力が出る。
		まとめるとこのようなものか？	T：まとめる	①根拠をきちんと示すこと ②客観的に見て、誰もが納得できること ③接続詞を正しく使い、一貫性を持っていること ④論理的な文章を書くには、結論、説明の手順、実際の説明、再度結論、といった手順で書くこと ⑤実際の説明において、根拠とともに具体例を示すとより効果的であるということ
		加えて、こういうことも意識できれば、もっと明快で論理的な文章となると思われる。	T：補足説明する	⑥根拠を示す際には、どのような資料をなぜ根拠としたか、その資料の出典や執筆者の立場といった属性を加味して、その資料の有用性を明示すること ⑦その結論にそぐわない別の資料をどう評価するか、なぜそれを用いて別の結論としないのか、別の結論（解釈）に関しても反証すること どの資料も、誰かが目的をもって書いたもの

				書いた人がどういう立場の人か、どういう目的でそれを書いたのかによって、その資料が有効な資料かどうか判定できる。その判定をしたうえで、もっとも有効な資料を用いて論を立てれば、無効な資料を用いるより説得力が増す。また、説得力という観点から言えば、あり得るかもしれない別の結論ではなぜないといえるのか、についても言及（反証）するとよい。
		どのような準備をすれば、そんな文章が書けるとおもうか？	T：発問する S：答える	（例）読者を想定して書く。情報をきちんと整理して書く。
		まとめるとこのようなものか？	T：まとめる	①誰に対して、何のために、どういう形式で文章を書くか、きちんと踏まえて書くこと ②きちんと読む（情報を収集する）こと（書くことによって、何か新しいことができるようになるわけではない、あくまでも書くことは、自身の知識を整理することでしかない。
		①のためには、目的や状況に応じてわかりやすい型があるので、その方法を参照するとよい。	T：補足説明する	帰納法 演繹法 PREP 法（Point・Reason・Example・Point） SDS 法（Summary・Detail・Summary）
		また、②のためには、整理のために図表を用いるという方法もある。		論理構造を整理するための図表例 トゥールミンモデル 論点表 樹形図 マインドマップなど
終結：単元を貫く問いの明示		今日は、わかりやすい文章とはどういう条件を有するものか、について考えた。	T：説明する	
		今日の成果と事前学習で読んだ書籍の内容、これからの学習を踏まえて、この単元の最後に「ウクライナ侵攻はなぜ起こったのか」について考察しその成果を論述することを予定している。わかりやすい論述が書けるように、復習しておくこと。その際は、次のような文献も参考にすること	T：説明する	
			T：文献紹介	苅谷剛彦『知的複眼思考法』講談社、2002年。批判的な読書の仕方 作文の書き方、考え方はどうすべきか。

展開2	2－1 ウクライナ侵攻とは何か・今どうなっているか	導入：問題提起	この記事は何の記事か？	T：資料提示 T：発問する S：答える	①	ウクライナ侵攻
			ウクライナってどこ？	T：発問する S：答える		ウクライナとロシアの地理的位置関係
			ロシアは、その後、どのように侵攻していったか？	T：発問する S：答える	②	侵攻の経過、今どのようになっているか（現在進行形）。
				T：資料提示	③	被害状況の確認
			MMQ：なぜ、このような侵攻がなされたのだろうか？	T：発問する		
		展開：ウクライナ侵攻の概略と状況	日本はどのように反応し、対応したか。	T：発問する T：資料提示 S：答える	④	「ロシアによる侵略を非難する決議」（３月１日・２日採択）避難民受け入れ物資支援ロシア等への経済制裁
			国連はどのように対応したか。	T：発問する T：資料提示 S：答える	⑤	安保理でロシアを非難する決議案が採択されたが、ロシアが拒否権発動。総会で軍の即時撤退などを求める決議案が賛成多数（賛成141、反対5、棄権35）で採択（強制力無し）した。
			なぜ、国連は有効な手立てを講じることができないのだろうか？	T：発問する T：説明する		総会は、加盟国への拘束力が生じる決議は出せない。出せるのは安全保障理事会。常任理事国の５か国は拒否権を有しており、有効な手立てを講じるすべがない。**国際社会の無政府性（各国による権力の分有）と自助の原則、および安全保障理事会にみる寡頭制（不平等性）**
			何らかの反発が国際社会からあろうことは想定されるはず。なぜロシアはこのような行動に出たのだろう。ロシアの主張を確認しよう。	T：発問する T：説明する	⑥	特別軍事作戦であって戦争ではない。軍事作戦の目的＝「ウクライナ政府によって８年間、虐げられてきた人々を保護するため」、「ウクライナの非軍事化と非ナチ化」
			ウクライナ政府によって８年間、虐げられてきた人々とは？	T：発問する T：説明する		2014年のクリミア危機　同年のクリミア併合および、同年以降のウクライナ東部でのウクライナ軍と親露派武装勢力や反ウクライナ政府組織、ロシア連邦政府・軍との紛争（軍事衝突や対立）を

			ウクライナの非ナチ化とは？ウクライナとロシアの歴史的関係性を確認しよう。	Ｔ：発問する	踏まえてのこと
			まずナチス・ドイツとは？	Ｔ：発問する Ｓ：答える	第2次世界大戦時のドイツ。旧ソ連が、第2次世界大戦で多大な人的犠牲を払いながら勝利した相手である。
			では、なぜウクライナをナチスと同一視するのか？	Ｔ：発問する Ｓ：答える	戦争を正当化し、国民を鼓舞するためではないか。 プーチン大統領はこの戦争を絶えず正当化し続ける必要がある。そこで、この第二次世界大戦（特に独ソ戦）に対する正の感情にダイレクトに訴えかけるためにこの用語を使っているのではないか。
				Ｔ：説明する	確かにその側面はありうる。 正当化の一環として、インターネット上に、ウクライナを非難する目的の真偽不明の情報までもが連日流されている。
			でも、それだけだろうか。	Ｔ：発問する	
			バンデラ主義者という言葉を知っているか？	Ｔ：発問する Ｔ：説明する	ステパン・バンデラに由来。戦間期から第二次世界大戦中にかけてウクライナ独立のために、ポーランドとソ連の両方と戦った活動家であり、極右的な準軍事組織を率いた人物。 ウクライナの見解＝ウクライナの独立のために戦った「自由の闘士」、「独立の英雄」。同時に、ソ連の支配からの開放を目指して、ナチス・ドイツと協力した人物でもある。 ソ連構成国時代は、裏切り者として評価されていたが、ウクライナの独立後、名誉回復がなされようとしている（特に親ヨーロッパ政権において）。
			ということはロシアの見解は？	Ｔ：発問する Ｓ：答える	かつてのナチ協力者の名誉回復を図ろうとする、親ヨーロッパの政権（現在のゼレンスキー政権も含めて）は「ネオナチ」。今でも、東部でロシア系住民に「ジェノサイド」が行われているとする。
			なぜ、ウクライナにそれほどまでに介入しようとするのか？ウクライナとロシアの地理的関係性について確認しよう。	Ｔ：発問する	

		もう一度地図を見てみよう。ウクライナのヨーロッパ側の隣国はどこか？	T：発問する S：答える		ポーランド、スロバキア、ハンガリー、ルーマニア、モルドバなど
		NATO、WPOとは？	T：発問する S：答える		これらのうち、モルドバを除けば、元WPO（ワルシャワ条約機構）の加盟国で、現在はNATO（北大西洋条約機構）の加盟国 NATO：ソ連に対抗する意図をもって、第2次世界大戦後に設立された政府間軍事同盟。ソ連崩壊後の現在でも存続。 WPO：NATOに対抗して、ソ連を盟主として1955年に設立された東ヨーロッパ諸国の軍事同盟。1991年に解散。
		もしウクライナがNATOに加盟するとロシアはどう考えるか？	T：発問する S：答える T：説明する		自分の味方だったはずの国家が、かつての自分を仮想敵国としてきた同盟に加入しているということ（NATOの東方拡大）。ウクライナもNATOへの加盟に積極的。 ロシアは、東欧諸国を武力衝突を回避するための“緩衝地帯”だと考える意識が強い。自らの兄弟国とも認識しているウクライナまでもがNATOに加盟することなど許容できない。 侵攻直前、NATOの東方不拡大を求め、対応を迫っていた。それは2月の演説にもある。
終結：本時のまとめと課題提示		まとめよう。	T：説明する		①ウクライナ侵攻の概略（2014年のクリミア危機以降） ②戦況（現状）と被害状況の確認 ③日本や世界の不十分な対応 ④ロシアの主張（特別軍事作戦）。8年間虐げられた人々を開放するため。ロシアの言い分である「ウクライナの非軍事化と非ナチ化」。 ⑤ウクライナとロシアの関係性とその歴史的、地理的分析 ⑥国際政治情勢（NATOの東方拡大）
		プレハーノフやトルストイの書籍の概要を覚えているか？	T：発問する S：答える		プレハーノフ：歴史における個人の一定の役割は認める。ただ、英雄となる人間は、自ら進んでなるということではなく、社会の状況と要求に即してなるものである。 トルストイ：戦争を含む歴史的事件の原因は権力であり、権力とは支配者に移譲された大衆の意志の総和である。

		なぜ、戦争は起こってしまうのか。これらの文章の意味を具体的に考えよう。事例はナチス・ドイツ（第2次世界大戦）。その分析を通して、今回の侵攻の原因についても、考察しよう。	T：発問する		
2－2　ナチス・ドイツの暴走について歴史的に探究しよう	導入：課題提示	ナチス・ドイツを率いたのは？	T：発問するS：答える		アドルフ・ヒトラー
		プレハーノフやトルストイの書籍の内容を踏まえると？	T：発問するS：答えるT：説明する		アドルフ・ヒトラーの役割や素養の方が大きかったのか、それとも単に時代（当時の社会情勢）がアドルフ・ヒトラーに合致したのか、となる。この二つは、どちらかが明快に正しいというわけではない。歴史における解釈とは何か（E・H・カーの書籍の内容）。両説の根拠となる歴史的事実やその説明を聞き、どちらの方が結果（第2次世界大戦）に大きな影響を与えたと考えられるか、その根拠となる事実や概念は何か、考察しよう。
	展開1：解釈1の吟味・検討	まずはアドルフ・ヒトラーの役割や素養の方が大きかったという解釈について。これは、『我が闘争』（ヒトラーの著書）からの引用である。心理学から見て正しい形式ってどういうことだろう？ヒトラーの演説の仕方にはどういう特徴があるのだろうか？	T：資料提示S：資料読解	⑦	「プロパガンダの芸術とは、まさにこの点にある。すなわち大衆の感情に基づく表象世界を理解し、心理学から見て正しい形式をとれば、注目を集めるばかりか、ひいては広範な大衆の心へ至る道を見出すのである。」
			T：資料提示S：資料読解	⑧	ヒトラーとは相いれなかったオットー・シュトラッサー（ナチス党左派）の言葉情熱によって彼は動かされる。彼は今世紀における最も偉大な演説家の一人にすぐに数えられるようになるだろう。アドルフ・ヒトラーがホールに入ってくる。彼は息を吸う。しばらく時間をかけて、彼は演説の方法、その日の感覚、その場の雰囲気などを探り、感じ取る。突然彼は言葉を発する。彼の言葉はまるで矢のようにその対象を射抜く。彼は個々人の私的な世界に触れ、大衆の無意識を解放し、最も内面の願望を表現し、最も聞きたいことを発言する。
			T：資料提示	⑨	綿密な計算発声法のレッスンを受けてのもの

				S：資料 読解 T：資料 提示 S：資料 読解	⑩	巧妙な身振り手振り（ジェスチャー） の活用　など 社会心理学（ザイアンス効果、誤前提 暗示、黄昏時効果など） 判断力の鈍る時間に、矛盾する要素を 極力排除【単純化】し、繰り返し主張 すれば【一貫性】、たとえそれが偏向 していたり、真実がゆがめられていた りしても、浸透しやすい。
これらからどのよう なことが言えるだろ うか？				T：発問 する S：答え る		現在でも適応可能な社会心理学の論理 を駆使し、綿密に計算した演説を十分 に練習したうえで行ったため、大衆の 支持を獲得できた。それだけの演説家 としての素養をヒトラーは持っていた （対立する人物も、そこだけは一目置 いていた）。
こうした技法を駆使 して、ヒトラーはど のようなことを主張 したのか？				T：発問 する T：説明 する	⑪	反ユダヤ人主義と社会ダーウィン主義
社会ダーウィン主義 とは？				T：発問 する S：答え る		ダーウィンの進化論を人間社会のあり 方にそのまま適用し、高い地位にあっ たり裕福な人間は優れた人間なのだか ら優遇し、逆に地位が低かったり貧し い者は劣っているのだから排除、淘汰 させていけば、人類全体が進化してい くとする考え方
反ユダヤ人主義と は？				T：発問 する S：答え る		ユダヤ人およびユダヤ教に対する敵意、 憎悪、迫害、偏見
では、そのヒトラー によって、ナチス党 はどのように勢力を 拡大していったか？				T：発問 する T：説明 する		ヒトラーが権力を獲得したことによっ て、政党の理念が変化（先鋭化）し、 ヒトラー個人の思想が党の綱領として 公式化していったこと 1919年：ミュンヘンにて前身のドイツ 労働者党（DAP）が組織される 同年：ヒトラー入党 1920年：改称 1921年：ヒトラー、第一議長に就任。 1923年：ミュンヘン一揆の失敗。ヒト ラー投獄。 1923～24年：裁判。わずか半年で仮出 獄。 ミュンヘン一揆・裁判を通じて、ヒト ラーは人気を獲得し、ナチスはバイエ ルン州の地方政党からドイツ全国に影 響を与える政党へと成長。 1925年：ナチス党再結党。 1929年以降、支持を徐々に拡大してい き、1932年には国会の第一党になる。 ただし比較第一党にすぎず、ヒトラー が首相になった1933年の段階では、全 国民の3分の1程度の支持しか得てい なかった。

			権力を持ったヒトラーは、どのようにして戦争へと突き進んでいったか？	T：発問する T：説明する	⑫	選挙妨害や多数派工作を行って憲法を改正し、血の粛正事件で内部を統制し、全権委任法に基づき総統に就任する。強い権力を背景に、社会ダーウィン主義と反ユダヤ主義を推し進め、積極的に戦争へと傾倒するとともに、対ユダヤ人政策の非人道的要素も強くなっていった（ユダヤ人の絶滅計画）。暴走を可能にする社会制度を強引に確立し、暴走し始めた。
			その権力を強化・維持するために、どのような政策を行ったか？	T：発問する T：説明する	⑬	プロパガンダの巧みな組織化による世論操作と教化（大衆の懐柔）と恐怖による政治 　　新しいメディアの積極利用（ラジオや映画） 　　国民啓発・宣伝省の設置 　　学校教育への介入と焚書 　　社会教育の推進（ヒトラーユーゲントやドイツ女子同盟） 　　親衛隊、ゲシュタポ、人民法廷を利用した思想統制と反対派の弾圧・粛正（恐怖政治）
			教化と恐怖による政治は、本当に効果があったのか？　次の資料を確認しよう。これは、ドイツ女子同盟の幹部だった少女の回顧録である。ここから何が読み取れるか？	T：資料提示 S：資料読解 T：発問する S：答える	⑭	幼少期にヒトラーの思想のみを教育された若者の中には、戦後もその思想から抜けきれないものもいたということ 教化に対抗することの難しさ 教育の悪用の恐ろしさ そのための情報やリテラシーの重要性
			まとめよう。	T：発問する T：説明する		演説家としての素養がヒトラーに確かにあったこと その素養があったからこそ、ナチス党は勢力を拡大しえたこと 同時に、党の理念を変化（先鋭化）させたこと 権力獲得後は、暴走を可能にする社会制度を強引に確立し、暴走し始めたこと その権力を維持するために、プロパガンダの巧みな組織化による世論操作と教化・恐怖による政治を行ったこと

展開2：解釈2の吟味・検討	もう一度、ナチス党の歴史を確認しよう。	T：発問する T：説明する			（※）展開1参照
	25年に再結党してから、29年まで勢力がなかなか拡大しなかったのはなぜだろうか？ なぜ、29年以降勢力が拡大したのだろうか？	T：発問する S：答える			
	1929年とは何があった年か覚えているか？	T：発問する S：答える			世界恐慌
	なぜ、世界恐慌をきっかけにナチス党の勢力が拡大したのだろうか？	T：発問する T：説明する	⑮		1929年までは社会が経済的にも比較的安定していたこと 大恐慌によって社会不安が増大したこと 連立内閣では、突然の社会不安に十分に対応できず（連立内閣の弊害が表面化し）、そのために議会軽視、独裁化、極右政党の台頭を許す余地が生まれたこと 社会状況や不況、連立内閣といった外部要因がナチスの台頭の要因であったということ
	なぜ、世界恐慌（不況）や社会不安がナチスのような極端な政策を標榜する政党への支持拡大とつながるのだろうか？ 次の資料を読んで考えてみよう。	T：資料提示 S：資料読解	⑯		なぜスケープゴーティングが起こるのか。 あいまいな状況やフラストレーションには長期間耐えきれず、責任者（誰が悪いか、敵）を選び、罰することで、心の安寧を得ようとするから。 その際、敵を見出し、脅威の源がもっぱらその敵にあると見なし、強大な力があると思い込むことで、心の安寧を得ようとすることもある。 国内の不満（不安）が高まれば、責任転嫁をしてでもその不満を解消しようとする。
	こうした論理を考えれば、ヒトラーの主たる主張＝反ユダヤ人主義と社会ダーウィン主義は、どういう政策といえるか？	T：発問する S：答える			反ユダヤ人主義は格好のスケープゴートを提供しているといえ、社会ダーウィン主義は、不況や第1次世界大戦の敗北、多額の賠償金などでくじかれた自尊心をくすぐる（不満のはけ口）ものといえるのではないか。
	ヒトラーは、反ユダヤ人主義や社会ダーウィン主義以外にどのような公約を発表・実行しただろうか？	T：発問する T：説明する	⑰		反ヴェルサイユ条約 大恐慌への対応を誤った政府に対する批判 ドイツ民族の純粋性・優位性の強調手段としての、ドイツ文化（絵画・建築・映画）の復興

	では、戦争（第2次世界大戦）の開戦はどうか？	T：発問する T：説明する		再軍備化の促進とドイツの軍事大国化による軍需拡大に起因する経済基盤の具体的変革 少なくとも開戦当初は、ドイツ国民に大きな犠牲を強いずに経済基盤を拡大させる、市民に歓迎された戦争との評価から、ヒトラーの人気が拡大したこと 世界恐慌のような社会状況が、ナチスのような思想の広まりを助長し、ヒトラーの台頭をもたらした。 ナチスは選挙を通じて比較第一党となり、首相として権力を獲得した後、憲法に定められた合法的な権限をもって権力を拡大していった。
	では、どのような人がヒトラーを支持したのだろうか？もう一度、先ほどの資料の後段部分を確認しよう。	T：資料提示 S：資料読解	⑯	
	どのような人がスケープゴーティングに加担しやすいのか？	T：発問する S：答える		アドルノらは権威主義的性格の人が差別的言動を行う傾向があると指摘した。
	権威主義的パーソナリティとは何か？	T：発問する T：説明する		因襲主義、権威への服従などを特徴とした反民主主義的イデオロギーを受容しやすい性格のこと
		T：資料提示 S：資料読解	⑱	エーリッヒ・フロム『自由からの逃走』：権威主義的パーソナリティ フロムは、自由になったことによって、何でも自由にといわれても、よりどころがないとどうしていいかわからなくなる。よって自由を放棄（逃走）したくなる。中産階級ほどこうした不安が募りやすい。実際にナチスを支持したのも、中産階級に多い、と説明している。
	当時の人々がナチス・ドイツを支持した背景を次のように説明した書籍もある。	T：資料提示 S：資料読解	⑲ ⑳	ハンナ・アーレント『全体主義の起源』 全体主義とは、個人よりも全体の利益を優先する、という理念の元、個人が政府に異を唱えることを禁ずる思想・政治体制のこと 全体主義が成立した背景に、国民国家の出現と人種思想、民族的ナショナリズムといった思想の隆盛がある 大衆社会の到来によって、ナチスの功名なマスメディア扇動のため、全体主義へと傾倒していったこと

				ナチスの隆盛は近代以降の社会が潜在的に抱えていた矛盾に起因すること。その意味では、現代でも起こりうる。
終結：まとめと時事への課題設定	解釈1はどのような解釈だったか？	T：発問する　S：答える		解釈1「ナチス党の暴走（第2次世界大戦）は他の要因よりもヒトラー個人の責任によるところが大きい。」
	その根拠となる事実は？	T：発問する　S：答える		ヒトラーに優れた演説家の素養があったこと そのヒトラーによって、ナチス党は暴走し、ついには戦争に突入したこと 権力を維持するために、教化と恐怖による政治を断行したこと
	その根拠を支える概念は？	T：発問する　S：答える		演説技法に見られる心理学の応用 民主主義社会における情報の重要性
	解釈2はどのような解釈だったか？	T：発問する　S：答える		解釈2「ナチス党の暴走（第2次世界大戦）はヒトラー個人の責任というよりも社会的な要因の方が大きい。」
	その根拠となる事実は？	T：発問する　S：答える		世界恐慌まではナチス党の勢力が拡大しなかったこと 勢力拡大したのは、当時の人々が持っていた不満を解消する政策を標榜したからに過ぎないこと 開戦当初は、ヒトラーの支持率も高かったこと
	その根拠を支える概念は？	T：発問する　S：答える		スケープゴーティング 全体主義 権威主義的パーソナリティ
	どちらの解釈の方が説得力があっただろうか。次時では、これらの解釈を援用しながら、ウクライナ侵攻がなぜ起こったか、考察・構想し、その解釈の結果を論理的に説明しよう。	T：発問する		

2―3　ウクライナ侵攻の原因について考えるための情報を得て、実際に考察・構想し、その成果を論理的にまとめよう	導入：調べ学習の課題確認	前時までの学習をふまえ、「なぜ、ウクライナ侵攻がなされたのか？」について、考察・構想しよう。	T：課題提示		
		どんな情報があれば、この侵攻の原因分析ができるだろうか？	T：発問するS：答えるT：発問する		プーチン大統領の支持率支持率が高ければ、解釈2の方が優位といえ、低ければ解釈1の方が優位と考えられるため
		仮に支持率が高くとも、それが本当の支持率なのか、情報統制や恐怖政治による支持率なのか、見分けられるか？			
		支持率だけで判断するのは危険。他にどんな情報があれば、この侵攻の原因分析ができるだろうか？	T：発問するS：答える		（例）近年のロシアという国家（社会）の情勢＝ロシア国民に不満や不安が高まるような状況だったのか。プーチンによる暴走かどうか＝暴走を可能にする社会制度を強引に確立していないか。プーチンの思想＝それ以前の指導者に比べ、国家の方針を変質させたか否か恐怖政治（反対派の粛清や弾圧）をしている事実はあるか。なぜ、NATOは東方拡大をしたのか？なぜ、ウクライナはNATOに加盟しようとしたのか？
		これら6つの情報に加え、支持率を調べるグループを設定し、7グループそれぞれで調べ、結果を報告すること。その際、何の資料を根拠としたか、その資料をどう評価するか、説明すること。	T：指示するS：グループワーク		
	展開：調べ学習の実施と成果の発表	※展開は、この導入で例として出したものを、ネットを使って調べ学習したという前提で展開している。			
		支持率グループ、調べる学習の成果を発表してください。	T：指示するS：答える		2022年3月末：支持率83パーセント、不支持率15パーセント2021年11月（侵攻前）：63パーセント2022年2月（侵攻直前）：71パーセント

				2018年の年金改革の際に、支持率が39パーセントまで下落 おおむね70パーセント台を維持
その情報源は？	T：発問する S：答える	㉑		
この数字、どう判断する？	T：発問する S：答える			（例） 独立系なので信用できる。 支持は恐怖による見せかけかもしれないが、判断できない。 コロナによる不況 それ以外は難しい（探しきれなかった）。
近年のロシアという国家（社会）の情勢グループはどうか？	T：発問する S：答える			
それだけでは、ロシアの状況が分かりにくい。例えば、こんな資料がある。	T：資料提示 S：資料読解	㉒		IMF（国際通貨基金）に見通しによればロシアは回復基調だと予測 ロシアは資源国。コロナでもっとも打撃を受けるのは第三次産業。ロシア経済への影響は比較的軽微と考えられる。
その資源価格の推移は？	T：資料提示 S：資料読解	㉓ ㉔		資源【天然ガスと原油】の価格推移。 資源輸出に頼るロシアでは、この価格によって、経済的な打撃の多寡が推察される。コロナによって落ち込んだことは確か。
貧困率やジニ係数はどうか？	T：資料提示 S：資料読解	㉕		ジニ係数も貧困率も、日本よりはよく、OECD加盟国42か国中、ジニ係数は20位（0.32、日本は15位で0.33、数字が多いほど格差が大きい）。貧困率は22位（11.5、日本は12位で15.7）ということ
以上の情報から、どう考えるか？	T：発問する S：答える			コロナによる不況というのは、それほどでもなかったということか。 よくわからない。
実際、ロシア経済はどういう状況か？	T：資料提示 S：資料読解 T：説明する	㉖		端的に言って、ソ連崩壊後、危機的状況 2000年以降10年間は、繁栄（プーチンによる功績もある） 2010年以降は、停滞（失速）
暴走を可能にする社会制度を強引に確立したりしていないか、はどうか？	T：発問する S：答える	㉗		2020年に改憲。現在は4期目。当初の憲法では4期以上の多選禁止。そのため、過去（08～12年）は、いったん首相に就いた時期も。今回の改憲により24年に任期が切れた後も、大統領選に出馬して当選すればさらにあと最大2期（12年間）務めることが可能となり、事実上の「終身大統領制」に道を開いたと言える。ただロシアは大統領を直接投票によって選ぶ。

		プーチンの思想は？	T：発問する S：答える	㉘	プーチン氏の論文「ロシア人とウクライナ人の歴史的一体性について」
				⑥	軍事侵攻直前　プーチン大統領演説全文 独立国家としてのウクライナの存在を否定 ウクライナには多数のロシア人がいることに着目し…。 ナチス・ドイツの民族的ナショナリズムの思想に類似（ネオ・ユーラシア主義）
		恐怖政治（反対派の粛清や弾圧）をしている事実はあるか？	T：発問する S：答える	㉙	デモを弾圧するプーチン
		なぜ、NATOは東方拡大をしたのか？	T：発問する S：答える	㉚	戦争を生起させないヨーロッパの枠組みを拡大することが米国にも安全を提供すること 拡大によって新規加盟国が直面する問題を自ら解決するインセンティブを与える（民主主義国の拡大）。 東欧の旧独裁国家からすれば、NATOに加盟すれば、民主主義諸国の一員と認められるという思惑もあり、結果的に東方拡大しただけともいえなくもない。
		なぜ、ウクライナはNATOに加盟しようとしたのか？	T：発問する S：答える	㉛	最大のメリットは集団的自衛権の獲得。ただいくつかの条件があり、当面の加入は困難（2008年に加盟を拒否）
	まとめ：最終課題の提示と時事への課題設定	これらの事実を踏まえて、この侵攻がなぜ起こったのか、自分の考えを論理的に構築し、まとめよう。その際、自らの考えと相いれない事実をどう考えるか、またもう一方の解釈をどう評価するか、それらを含めて説得力のあるわかりやすい文章として構築すること。	T：最終課題を提示する S：自身の解釈を文章化する		（例1） ウクライナ戦争は、NATOの東方拡大がもたらしたものであり、仮にプーチン大統領でなかったとしても、起こりえたものと考える。その根拠としては、侵攻開始にあたって支持率が向上したことがあげられる。そもそも、情報統制によって見せかけの支持率という可能性もないではないが、プーチンの失政（2018年の年金改革）の際に、支持率が39パーセントまで下落したという事実もある。もし情報統制等が徹底されているのであれば、こうした事実は起こりえない。よって、現在の高い支持率は、ロシア国民の総意ととらえることが自然である。 （例2） ウクライナ戦争は、やはりプーチンの暴走によるものと解釈するのが自然である。最大の根拠は、プーチンが憲法

					を改正してまで実現させた長期政権にある。過去は一度首相に退き、今回は憲法改正。こうした状況はナチスドイツの総統に類似する。支持率が高いのも、こうした長期政権下で反対すれば、粛清や暗殺される可能性かあるためでしかなく、それをもって国民の総意ととらえるのは無理がある。事実、プーチン政権化では、反対派の新興財閥や政治家、記者らの殺害・殺害未遂および不審死が相次いでいる。
		次の時間は、それぞれの論述について、グループで議論、分析、検証する時間である。	T：次時の課題提示		
展開3	導入：本時の課題提示	6人組に分かれる（要約を披露した3人組を二つずつ）。6人で、ウクライナ侵攻がなぜ起こったかに関するそれぞれの考えを確認し、最も論理的に説得力があったものを決めること。評価の観点は、7つ（各5点）、計35点満点として、点数化しよう。	T：グループ分けを指示　T：課題の詳細を提示　T：ワークシート（採点表）を配布		明快性、論理性と無矛盾性（一貫性）を有する文章に必要な要素（※）展開1（2時間目）参照
	展開：グループワークによる課題の実施	グループワークに取り組むこと。	T：指示する　S：グループ学習　T：机間巡視		
	展開2：結果の公表と他グループからの再評価	各グループ、もっとも評価の高かったものを公表してください。誰のものかは言わなくても構いません。なぜ、そのように評価したかも一緒に説明してください。他の班の皆さんは、この評価に納得できますか？	T：指示する　S：グループごとに説明　T：発問する　S：答える		

	もしあなたが、採点者なら、どのように採点しますか、またなぜですか？他者の評価と自身の評価が大きく違う場合、なぜ違うのかを意識し、自身の考えるわかりやすい文章というものの条件と具体がそれでいいのか、再考してみること	T：発問する S：答える T：説明する		
終結：まとめ	本単元では、ナチスドイツの事例を手がかりに、ウクライナ侵攻がなぜ起こったか、について論理的に考察、構想し、その成果をまとめた。その際出てきたのが大衆化という現象	T：まとめる		大衆化（大衆社会）と戦争というもの 現代も大衆化した社会であること 最初の課題図書の内容（戦争は大衆の意志の総和によっておこるということ）
	歴史とは何か。決して暗記するだけの教科ではない。現代的な課題に対する、歴史の資料や解釈をもとにした探究の機会は授業外にもある。	T：説明する		最初の課題図書の内容（歴史とは過去と現在の対話である。）
	今回の学習を踏まえ、様々な現代的な課題に関して、関心を持ち、探究してみること	T：課題提示		近代化やグローバル化がいかなる現代的課題をもたらしているか。・グローバル化とコロナ・近代化と格差など

資料出典
①2022年2月24日の読売新聞の号外（URL：https://www.yomiuri.co.jp/world/20220224-OYT1T50100/、最終閲覧2022年9月8日）
②NHK おうちで学ぼう！　for School ウクライナ情勢（URL：https://www3.nhk.or.jp/news/special/ukraine/、最終閲覧2022年9月8日）
③同上
④衆議院ホームページ（URL：https://www.shugiin.go.jp/internet/itdb_annai.nsf/html/statics/topics/ketugi220301.html、最終閲覧2022年9月8日）
⑤日経新聞ホームページ（URL：https://www.nikkei.com/article/DGXZQOGN020UR0S2A300C2000000/、最終閲覧2022年9月8日）
⑥NHK ホームページ軍事侵攻直前　プーチン大統領演説全文（URL：https://www3.nhk.or.jp/news/html/20220304/k10013513641000.html、最終閲覧2022年9月8日）
⑦Thie, Greg, Thie, Jean, *NAZI POWER In Germany*, Stanley Thrones, 1989, p. 62.
⑧Lee, Stephen, *WEIMAR and NAZI GERMANY*, Heinemann Educational Books, 1996、第2章6節。
⑨高田博行『ヒトラー演説 熱狂の真実』中央公論新社、2014年、pp. 69-76。など。

⑩マネージャーや営業マンのスキルアップ情報満載魔法剣乱れ打ち（URL：https://www.n-links.co.jp/web/nblog/eigyo/hitler/、最終閲覧2022年 9 月 8 日）
⑪前掲⑦、pp. 70-73。
⑫同上、pp. 42-45。
⑬同上、pp. 52-65。
⑭二井正浩編著『レリバンスの視点からの歴史教育改革論―日・米・英・独の事例研究―』風間書房、2022、p. 181。
⑮前掲⑬、pp. 34-43。
⑯人はなぜスケープゴートを作り出すのか？（URL：https://synodos.jp/opinion/society/18244/、最終閲覧2022年 9 月 8 日）
⑰前掲⑮、pp. 14-21、pp. 47-51、pp. 66-69。
⑱エーリッヒ・フロム著、日高六郎訳『自由からの逃走 新版』東京創元社、1952年。
⑲牧野雅彦『精読　アレント「全体主義の起源」』講談社、2015年。
⑳前掲⑰、pp. 40-41。
㉑NHK ホームページ プーチン大統領 支持率 "4 年ぶりに80％超" 独立系の調査機関（URL：https://www3.nhk.or.jp/news/html/20220402/k10013563961000.html、最終閲覧2022年 9 月 8 日）
㉒IMF 世界経済見通しパンデミック中の回復（URL：https://www.imf.org/ja/Publications/WEO/Issues/2021/10/12/world-economic-outlook-october-2021、最終閲覧2022年 9 月 8 日）
㉓コモディティ統計資料原油価格の推移（URL：https://pps-net.org/statistics/crude-oil、最終閲覧2022年 9 月 8 日）
㉔コモディティ統計資料天然ガス価格の推移（URL：https://pps-net.org/statistics/gas3、最終閲覧2022年 9 月 8 日）
㉕ロシアの貧困・格差 統計データ（URL：https://www.globalnote.jp/post-2739.html?cat_no=604、最終閲覧2022年 9 月 8 日）
㉖ソ連崩壊から30年が経過したロシア経済の軌跡～権力のスムーズな移行が最大の課題（URL：https://www.murc.jp/wp-content/uploads/2021/02/report_210209.pdf、最終閲覧2022年 9 月 8 日）
㉗東京新聞記事 ロシアで改憲成立 78％賛成 プーチン氏「終身大統領」に道（URL：https://www.tokyo-np.co.jp/article/39491、最終閲覧2022年 9 月 8 日）
㉘「ロシア人とウクライナ人の歴史的一体性について」（URL：https://cruel.org/books/putin/PutinRusUKSame_j.pdf、最終閲覧2022年12月 8 日）
㉙時事通信社配信記事 ロシアで「反戦デモ」 即時弾圧、プーチン政権に危機感（URL：https://www.jiji.com/jc/article?k=2022022501113&g=int、最終閲覧2022年 9 月 8 日）
㉚金子譲「NATO の東方拡大―第一次拡大から第二次拡大へ―」『防衛研究所紀要』第 6 巻第 1 号、2003年、pp. 55-69。
㉛外務省ホームページ 北大西洋条約機構（NATO）について（令和 4 年 7 月）（URL：https://www.mofa.go.jp/mofaj/files/100156880.pdf、最終閲覧2022年 9 月 8 日）

執筆者作成

5．まとめに代えて―このような単元を構想・実践するために―

　本章の目的は、AQA の GCSE の試験問題を手掛かりに解明したイギリス
の歴史学習におけるレリバンスに関する知見と、「歴史総合」という科目に
ついての新学習指導要領の記述とを踏まえた、高等学校の「歴史総合」の授
業試案「ナチズムと大衆社会」を構想・提案することであった。

　研究の成果としては、両者の分析から抽出できた4つのレリバンスをすべ
て取り入れた授業試案「ファシズムと大衆社会」を実際に構想・提案できた
ことである。

　あくまでも分析結果に忠実に、その具体化だけを念頭に試案を策定した。
実践にあたっては生徒の実態等を考慮し、部分的に実施するなどといった実
践者による更なる構想が肝要となろう。その意味でも、以下、カリキュラ
ム・マネジメントの重要性と必要性を指摘し、本章の結びとしたい。

　カリキュラム・マネジメントとは、各学校や各教師それぞれが、中・長期
的な視点も取り入れながら、学校や地域、子どもの実態などに合わせて、学
習指導要領等を踏まえつつ、教育課程を不断に見直し、実践・評価・改善し
ていく一連の営み、のことを指す。

　「歴史総合」において、上記のような単元を構想・実践するためには、ま
ずもって、子どもの実態などに合わせて、学習指導要領等を踏まえつつ、教
科書等をもとに、こうした単元として策定できなければならない。その意味
で短期のカリキュラムをマネジメントできる必要がある。加えて、こうした
単元を実践するには、長期的にカリキュラムを構想し、このための時間を確
保しなければならない。限られた時間数でこうした授業を実践するには、年
間レベルでのカリキュラム・マネジメントに基づく時間配分こそ肝要であろ
う。さらに、こうした授業を実践するには、教科等横断的な学習（他教科や
他領域との連携）も必要といえる。

　こうしたカリキュラム・マネジメントを十全に駆使し、単元を構築・実践

していくことが、「歴史総合」に真に求められるレリバンスの実現につなが
るのではないだろうか。

（熊本大学　竹中伸夫）

【註】

⑴拙稿「英国における評価問題を手がかりとした歴史学習のレリバンス」二井正浩編
　著『レリバンスの視点からの歴史教育改革論―日・米・英・独の事例研究―』風間
　書房、2022年、pp. 165-185。

⑵文部科学省『高等学校学習指導要領（平成30年告示）解説 地理歴史編』東洋館出版
　社、2019年。

⑶前掲⑴

⑷宮城道良「『経済危機と第２次世界大戦』の授業―民衆の『侵略に対する抵抗』」歴
　史教育者協議会『歴史地理教育』925、2021年、pp. 64-69。

⑸早川和彦「これまでの授業を『歴史総合』に読み替えよう―『ナチ独裁の成立』の
　授業を例として」歴史教育者協議会『歴史地理教育』928、2021年、pp. 50-55。

⑹西牟田哲哉「歴史総合『大衆化』の時代と『戦争』の授業 ―３つの実践を『問い』
　でつなぐ―」『世界史教育研究』第８巻、2021年、pp. 59-68。

⑺牧野和也「批判的意思決定力の育成をめざす歴史授業開発―高校『歴史総合』単元
　『ファシズムにおける大衆の行為と意識の分離・変容』の場合―」鳴門社会科教育
　学会『社会認識教育学研究』第37号、2022年、pp. 31-40。

お わ り に

　本書は JSPS 科研費「生徒と歴史教育との学習レリバンス構築に関する事例収集・分析とそのデータベース化」（JP19H01683；研究代表者　二井正浩）の成果の一つであり、はじめに述べたように、前著『レリバンスの視点からの歴史教育改革論―日・米・英・独の事例研究―』（風間書房、2022年）の後継書である。

　2019年度から開始したこの科研は、当初「諸外国では、どのようにして生徒と歴史教育の間にレリバンスを構築しようとしているのか」という問いを立て、レリバンスの構築に関わる歴史教育の好事例を諸外国に求め、それらを収集・分析し、データベース化して広く日本の歴史教育者に情報提供することを目指していた。しかし、新型コロナウイルス感染症（COVID-19）の流行のため、研究は大きく制約された。前著が国内外のレリバンスを視点とした歴史教育改革に関する文献等の研究を中心としているのはその為である。

　新型コロナウイルス感染症の流行は現在も続いている。そのような中、本書は英・米・独の文献等の研究に加え、国内外で収集した歴史授業実践なども考察に加えることができたことは貴重な成果だと考えている。

　末筆ながら、授業実践の収集や実践に協力して下さった国内外の学校、先生方、生徒の皆さん、そして本書出版を快くお引き受けいただいた風間書房社長風間敬子氏、編集にご助言をいただいた斉藤宗親氏に心からお礼申し上げたい。

2023年 2 月15日

二井正浩

執筆者紹介（執筆順）

二井正浩（にい　まさひろ）
成蹊大学経済学部教授。近著は『教科教育学研究の可能性を求めて』（風間書房、2017年、編著）、『社会系教科教育学研究のブレイクスルー—理論と実践の往還をめざして—』（風間書房、2019年、共著）、『歴史教師のビリーフに関する国際比較研究—日本・スイス・カナダの三か国調査—』（風間書房、2023年、共著）など。

空　健太（そら　けんた）
文部科学省初等中等教育局教育課程課教科調査官／国立教育政策研究所教育課程研究センター教育課程調査官。近著は『子どものための哲学教育ハンドブック』（東京大学出版会、2020年、共著）、『新・教職課程演習第17巻　中等社会系教育』（協同出版、2021年、共著）など。

原田智仁（はらだ　ともひと）
滋賀大学教育学部研究員。兵庫教育大学名誉教授。近著は『高等学校　新学習指導要領　社会の授業づくり』（明治図書、2022年、単著）、『初等社会科教育の理論と実践—学びのレリバンスを求めて—』（教育情報出版、2022年、編著）など。

中村洋樹（なかむら　ひろき）
四天王寺大学人文社会学部社会学科講師。近著は「中等歴史教育における真正の学習と歴史的議論の論述— *Reading, Thinking, and Writing About History* を手がかりにして—」（全国社会科教育学会編『社会科研究』第87号、2017年、1-12頁、単著）、「高校世界史における教科固有性に根ざした汎用的能力の育成—論述指導と評価実践に着目して—」（教育目標・評価学会編『教育目標・評価学会紀要』第31号、2021年、43-52頁、単著）など。

宇都宮明子（うつのみや　あきこ）
島根大学教育学部准教授。近著は『新しい歴史教育論の構築に向けた日独歴史意識研究—構成的意味形成を図る日本史授業開発のために—』（風間書房、2020年、単著）、『学校教育を深める・究める』（三恵社、2022年、共著）、『歴史教師のビリーフに関す

る国際比較研究―日本・スイス・カナダの三か国調査―』（風間書房、2023年、編著）
など。

服部一秀（はっとり　かずひで）
山梨大学大学院総合研究部教育学域教授。近著は『社会系教科教育学研究のブレイク
スルー―理論と実践の往還をめざして―』（風間書房、2019年、共著）、「小学校中学
年社会科におけるメタ・ヒストリー学習の方略―ドイツ事実教授教科書の分析から
―」（日本社会科教育学会編『社会科教育研究』No.140、2020年、53-65頁、単著）な
ど。

田中　伸（たなか　のぼる）
岐阜大学教育学部准教授。近著は『子どものための哲学教育ハンドブック―世界に広
がる探究学習―』（東京大学出版会、2020年、訳者代表）、"Culture and Tradition at
School and at Home"（University of Turku、2021年、共著）、『子どものための哲学
（P4C）教育論』（東京大学出版会、2023年、編著）など。

宮本英征（みやもと　ひでゆき）
玉川大学教育学部准教授。近著は『世界史単元開発研究の研究方法論の探究―市民的
資質育成の論理―』（晃洋書房、2018年、単著）、『高校社会「歴史総合」の授業を創
る』（明治図書、2019年、共著）、『つまずきから授業を変える！　高校歴史「PDCA」
授業＆評価プラン』（明治図書、2022年、編著）など。

竹中伸夫（たけなか　のぶお）
熊本大学大学院教育学研究科准教授。近著は『社会形成科社会科論―批判主義社会科
の継承と革新―』（風間書房、2019年、共著）、『新・教職課程演習第17巻中等社会系
教育』（協同出版、2021年、共著）、『初等社会科教育の理論と実践―学びのレリバン
スを求めて―』（教育情報出版、2022年、共著）など。

レリバンスを構築する歴史授業の論理と実践
——諸外国および日本の事例研究——

2023年 3 月20日　初版第 1 刷発行

編著者　　二　井　正　浩

発行者　　風　間　敬　子

発行所　　株式会社　風　間　書　房
〒101-0051　東京都千代田区神田神保町 1-34
電話 03(3291)5729　FAX 03(3291)5757
振替 00110-5-1853

印刷　太平印刷社　　製本　高地製本所